中国社会科学院
"登峰战略"优势学科"气候变化经济学"
成果

气候变化经济学系列教材

——总主编 潘家华

气候变化经济学导论

Introduction to the Economics of Climate Change

主编 ■ 潘家华 张莹

中国社会科学出版社

图书在版编目(CIP)数据

气候变化经济学导论/潘家华，张莹主编. —北京：中国社会科学出版社，2021.10（2023.1 重印）
ISBN 978-7-5203-8173-4

Ⅰ.①气… Ⅱ.①潘…②张… Ⅲ.①气候变化—影响—经济发展—研究 Ⅳ.①F061.3

中国版本图书馆 CIP 数据核字（2021）第 055463 号

出 版 人	赵剑英	
项目统筹	王 茵	
责任编辑	黄 晗	
责任校对	李 剑	
责任印制	王 超	

出　　版	中国社会科学出版社	
社　　址	北京鼓楼西大街甲 158 号	
邮　　编	100720	
网　　址	http://www.csspw.cn	
发 行 部	010-84083685	
门 市 部	010-84029450	
经　　销	新华书店及其他书店	

印刷装订	北京君升印刷有限公司	
版　　次	2021 年 10 月第 1 版	
印　　次	2023 年 1 月第 2 次印刷	

开　　本	710×1000　1/16	
印　　张	16.25	
字　　数	270 千字	
定　　价	88.00 元	

凡购买中国社会科学出版社图书，如有质量问题请与本社营销中心联系调换
电话：010-84083683
版权所有　侵权必究

气候变化经济学系列教材
编 委 会

主　　　编：潘家华

副　主　编：赵忠秀　齐绍洲　庄贵阳

执行副主编：禹　湘

编委会成员：（按姓氏笔画排序）
　　　　　　王　丹　王　谋　王　遥　关大博
　　　　　　杨　庆　张　莹　张晓玲　陈　迎
　　　　　　欧训民　郑　艳　蒋旭东　解　伟

气候变化经济学导论编委会

主　　　编：潘家华　张　莹

副 主 编：郑　艳　陈洪波　王　谋

编委会成员：（按姓氏笔画排序）
　　　　　　刘　杰　齐绍洲　欧训民　巢清尘
　　　　　　程　思

总　　序

气候变化一般被认为是一种自然现象，一个科学问题。以各种自然气象灾害为表征的气候异常影响人类正常社会经济活动自古有之，虽然具有"黑天鹅"属性，但灾害防范与应对似乎也司空见惯，见怪不怪。但20世纪80年代国际社会关于人类社会经济活动排放二氧化碳引致全球长期增温态势的气候变化新认知，显然超出了"自然"范畴。这一意义上的气候变化，经过国际学术界近半个世纪的观测研究辨析，有别于自然异变，主要归咎于人类活动，尤其是工业革命以来的化石能源燃烧排放的二氧化碳和持续大规模土地利用变化致使自然界的碳减汇增源，大气中二氧化碳浓度大幅快速攀升、全球地表增温、冰川融化、海平面升高、极端天气事件频次增加强度增大、生物多样性锐减，气候安全问题严重威胁人类未来生存与发展。

"解铃还须系铃人"。既然因之于人类活动，防范、中止，抑或逆转气候变化，就需要人类改变行为，采取行动。而人类活动的指向性十分明确：趋利避害。不论是企业资产负债表编制，还是国民经济财富核算，目标函数都是当期收益的最大化，例如企业利润增加多少，经济增长率有多高。减少温室气体排放最直接有效的就是减少化石能源消费，在给定的技术及经济条件下，会负向影响工业生产和居民生活品质，企业减少盈利，经济增长降速，以货币收入计算的国民福祉不增反降。而减排的收益是未来气候风险的减少和弱化。也就是说，减排成本是当期的、确定的、具有明确行动主体的；减排的收益是未来的、不确定的、全球或全人类的。这样，工业革命后发端于功利主义伦理原则而发展、演进的常规或西方经济学理论体系，对于气候变化"病症"，头痛医头，脚痛医脚，开出一个处方，触发更多毛病。正是在这样一种情况下，欧美一些主流经济学家试图将"当期的、确定的、具有明确主体的"成本和"未来的、不确定的、全球的"收益综合一体分析，从而一门新兴的学科，即气候变化经济学也就萌生了。

由此可见，气候变化经济学所要解决的温室气体减排成本与收益在主体与时间上的错位问题是一个悖论，在工业文明功利主义的价值观下，求解显然是困难的。从1990年联合国气候变化谈判以来，只是部分的、有限的进展；正解在现行经济学学科体系下，可能不存在。不仅如此，温室气体排放与发展权益关联。工业革命以来的统计数据表明，收入水平高者，二氧化碳排放量也大。发达国家与发展中国家之间、发展中国家或发达国家内部富人与穷人之间，当前谁该减、减多少，成为了一个规范经济学的国际和人际公平问题。更有甚者，气候已经而且正在变化，那些历史排放多、当前排放高的发达国家由于资金充裕、技术能力强，可以有效应对气候变化的不利影响，而那些历史排放少、当前排放低的发展中国家，资金短缺、技术落后，受气候变化不利影响的损失多、损害大。这又成为一个伦理层面的气候公正问题。不论是减排，还是减少损失损害，均需要资金与技术。钱从哪儿来？如果筹到钱，又该如何用？由于比较优势的存在，国际贸易是双赢选择，但是如果产品和服务中所含的碳纳入成本核算，不仅比较优势发生改变，而且也出现隐含于产品的碳排放，呈现生产与消费的空间错位。经济学理论表明市场是最有效的。如果有限的碳排放配额能够通过市场配置，碳效率是最高的。应对气候变化的行动，涉及社会的方方面面，需要全方位的行动。如果一个社区、一座城市能够实现低碳或近零碳，其集合体国家，也就可能走向近零碳。然而，温室气体不仅仅是二氧化碳，不仅仅是化石能源燃烧。碳市场建立、零碳社会建设，碳的核算方法必须科学准确。气候安全是人类的共同挑战，在没有世界政府的情况下，全球气候治理就是一个艰巨的国际政治经济学问题，需要国际社会采取共同行动。

作为新兴交叉学科，气候变化经济学已然成为一个庞大的学科体系。欧美高校不仅在研究生而且在本科生教学中纳入了气候变化经济学的内容，但在教材建设上尚没有加以系统构建。2017年，中国社会科学院将气候变化经济学作为学科建设登峰计划·哲学社会科学的优势学科，依托生态文明研究所

（原城市发展与环境研究所）气候变化经济学研究团队开展建设。2018年，中国社会科学院大学经批准自主设立气候变化经济学专业，开展气候变化经济学教学。国内一些高校也开设了气候变化经济学相关课程内容的教学。学科建设需要学术创新，学术创新可构建话语体系，而话语体系需要教材体系作为载体，并加以固化和传授。为展现学科体系、学术体系和话语体系建设的成果，中国社会科学院气候变化经济学优势学科建设团队协同国内近50所高校和科研机构，启动《气候变化经济学系列教材》的编撰工作，开展气候变化经济学教材体系建设。此项工作，还得到了中国社会科学出版社的大力支持。经过多年的努力，最终形成了《气候变化经济学导论》《适应气候变化经济学》《减缓气候变化经济学》《全球气候治理》《碳核算方法学》《气候金融》《贸易与气候变化》《碳市场经济学》《低碳城市的理论、方法与实践》9本252万字的成果，供气候变化经济学教学、研究和培训选用。

令人欣喜的是，2020年9月22日，国家主席习近平在第七十五届联合国大会一般性辩论上的讲话中庄重宣示，中国二氧化碳排放力争于2030年前达到峰值，努力争取2060年前实现碳中和。随后又表示中国将坚定不移地履行承诺。在饱受新冠肺炎疫情困扰的2020年岁末的12月12日，习近平主席在联合国气候雄心峰会上的讲话中宣布中国进一步提振雄心，在2030年，单位GDP二氧化碳排放量比2005年水平下降65%以上，非化石能源占一次能源消费的比例达到25%左右，风电、太阳能发电总装机容量达到12亿千瓦以上，森林蓄积量比2005年增加60亿立方米。2021年9月21日，习近平主席在第七十六届联合国大会一般性辩论上，再次强调积极应对气候变化，构建人与自然生命共同体。中国的担当和奉献放大和激发了国际社会的积极反响。目前，一些发达国家明确表示在2050年前后实现净零排放，发展中国家也纷纷提出净零排放的目标；美国也在正式退出《巴黎协定》后于2021年2月19日重新加入。保障气候安全，构建人类命运共同体，气候变化经济学研究步入新的境界。这些内容尽管尚未纳入第一版系列教材，但在后续的修订和再版中，必将得到充分的体现。

人类活动引致的气候变化，是工业文明的产物，随工业化进程而加剧；基于工业文明发展范式的经济学原理，可以在局部或单个问题上提供解决方案，但在根本上是不可能彻底解决气候变化问题的。这就需要在生态文明的发展范式下,开拓创新,寻求人与自然和谐的新气候变化经济学。从这一意义上讲,目前的系列教材只是一种尝试,采用的素材也多源自联合国政府间气候变化专门委员会的科学评估和国内外现有文献。教材的学术性、规范性和系统性等方面还有待进一步改进和完善。本系列教材的编撰团队,恳望学生、教师、科研人员和决策实践人员,指正错误,提出改进建议。

潘家华

2021 年 10 月

前　　言

应对气候变化是21世纪人类面临的最为紧迫和严峻的挑战。全球科学界已经证实，人类活动排放二氧化碳等温室气体引起全球增温，使极端气候事件的发生频次增加和灾变强度增大，并引致冰川融化及海平面上升，对自然生态系统与社会经济造成严重的不利影响，需要深刻认识气候变化的潜在影响规模以及应对之策。气候变化影响认知与应对实践的经济学理论解析和方法体系，有着自身的鲜明特征，已经形成一门新兴的经济学分支领域。

全球对气候变化问题的日趋重视是推动气候变化经济学发展的重要动力，而气候变化的国际公共物品属性和跨学科背景，也使传统的经济学理论和分析框架无法完美的解决气候变化问题。气候变化经济学目前尚无完整的理论体系，是一门充满生命力的新兴学科。亟待重点研究气候变化背景下维系和提升气候生产力的理论及相应的方法、制度、机制和政策体系，构建具有坚实学理支撑的气候变化经济学学科体系、学术体系、话语体系及教材体系。积极探索理论创新来推动应对气候变化的社会经济发展范式转型。本书是气候变化经济学系列教材的导论，肩负纲举目张的梳理学科脉络的重任。从2018年启动教材编写工作以来，构建了跨学科的作者团队，共同推进框架梳理和内容编写的过程，迄今二年时间终于面世。

本书的主要内容分为九个章节。首章为绪论，概述了气候变化经济学的研究内容，介绍气候变化经济学的产生与演进进程、研究体系和研究的意义。

第二章为气候变化经济学的理论重构，将气候要素引入经济系统，界定经济格局中的气候生产力概念，来重新讨论气候变化经济学的理论属性和范式转型方向。

第三章为气候变化问题的科学基础和认知，介绍了气候变化科学的发展，气候系统的变化，气候变化的影响和方向，气候系统的稳定性及可持续发展的协调等重要内容。

第四章为适应气候的变化经济分析，主要介绍适应气候变化的重要概念与内涵，气候变化影响与适应的经济学分析，适应气候变化的政策以及适应气候变化与可持续发展的关系。

第五章为减缓气候变化的经济分析，主要介绍减缓气候变化的重要概念与方案，减缓气候变化的经济分析，部门层面减缓战略与措施，减缓气候变化的政策与减排路径。

第六章为气候变化的国际政治经济分析，主要介绍了气候变化国际政治经济分析的基本概念，应对气候变化的国际进程与挑战，应对气候变化的国际政治经济学分析以及关键议题。

第七章为气候变化经济评估方法学，在总结了气候变化分析方法体系的基础上，围绕不确定性分析方法学，气候变化归因分析，气候变化影响与政策选择，技术评估与协同效应分析，国际谈判与碳排放权分配以及低碳经济评价等几方面介绍了相关的重要问题和分析方法。

第八章为应对气候变化问题的政策工具，主要介绍了减缓和适应气候变化的政策工具类型，对比分析各类政策工具的特点与局限性。

第九章为气候变化经济学的研究范式转型，总结了过往气候变化经济分析范式、分析工具、气候政策工具和国际合作机制研究的局限性。针对气候变化经济分析的现实需求，对未来发展方向进行了总结与展望

本教材的定位与特点如下。本书作为国内第一本关于气候变化变化经济学的导论，对气候变化经济学理论框架和重要问题进行了系统性的梳理。本教材适用于高等学校经济学、气候变化相关专业的辅修课或专业课，可供本科生、研究生根据学习需要开展选择性教学和阅读。

本教材作者团队既包括高校和研究机构长期参与应对全球气候变化相关问题研究的专业学者，还包括为中国参与全球气候变化国际谈判提供政策建议的研究人员，研究领域覆盖与气候变化经济学分析相关的自然科学和社会科学领域。

本书作为气候变化经济学系列教材的导论，目标在于为对气候变化经济学分析感兴趣的学生建立起基本的学科架构，总结学科研究的重要问题、方法学和发展方向，使学生和读者通过学习和阅读本书基本了解学科发展进程、现

状、面临的局限性和范式转型的必要性，并可对其中感兴趣的重点问题按图索骥的在其他教材中找到更加详细的内容介绍。

本书围绕全球气候变化目前的一些热点和难点，向读者介绍国际上最新的理论和实践，并创新性的提出了包括经济系统中的气候要素、经济格局中的气候生产力等新概念，对西方主导的气候变化经济分析体系做了有益的拓展，引导学生与读者通过学习本书深入思考该如何对这一充满生命力的新学科进行更深的延伸与探索。

本书由来自高校和研究机构的作者共同编写完成。主编为中国社会科学院学部委员、北京工业大学生态文明研究学院潘家华和中国社会科学院生态文明研究所的张莹，副主编为中国社会科学院生态文明研究所的郑艳、陈洪波和王谋。其中，陕西师范大学的刘杰执笔本书第一章，潘家华执笔本书第二章，中国气象局国家气候中心的巢清尘执笔本书第三章，郑艳与北京大学现代农学院的解伟共同执笔本书第四章，清华大学学能源环境经济研究所的欧训民执笔本书第五章，王谋执笔本书第六章，张莹执笔本书第七章，武汉大学经济与管理学院的齐绍洲与湖北经济学院程思共同执笔本书第八章，陈洪波执笔本书第九章。此外，中国人民大学环境学院研究生金诗佳协助完成书稿校对工作，特此一并表示感谢。

目　　录

第一章　绪论 ……………………………………………………………（1）
　　第一节　气候变化经济学概述 ………………………………………（1）
　　第二节　气候变化经济学的产生与演进 ……………………………（3）
　　第三节　气候变化经济学研究体系 …………………………………（12）
　　第四节　气候变化经济学研究的意义 ………………………………（17）
　　第五节　结构安排 ……………………………………………………（20）

第二章　气候变化经济学的理论重构 …………………………………（22）
　　第一节　经济系统中的气候要素 ……………………………………（22）
　　第二节　经济格局中的气候生产力 …………………………………（29）
　　第三节　气候变化经济学的理论属性 ………………………………（33）
　　第四节　气候变化经济学的研究范式 ………………………………（36）

第三章　气候变化问题的科学基础和认知 ……………………………（40）
　　第一节　气候变化科学的发展 ………………………………………（40）
　　第二节　气候系统的变化 ……………………………………………（47）
　　第三节　气候变化的影响与风险 ……………………………………（56）
　　第四节　气候系统的稳定性及与可持续发展的协调 ………………（66）

第四章　适应气候变化的经济分析 ……………………………………（73）
　　第一节　适应气候变化的概念和内涵 ………………………………（73）

第二节　气候变化影响与适应的经济学分析 …………………… (77)
　　第三节　适应气候变化的政策 …………………………………… (89)
　　第四节　适应气候变化与可持续发展 …………………………… (94)

第五章　减缓气候变化的经济分析 ………………………………… (101)
　　第一节　减缓气候变化的概念和方案 …………………………… (101)
　　第二节　减缓气候变化的经济分析 ……………………………… (109)
　　第三节　部门层面减缓战略与措施 ……………………………… (114)
　　第四节　减缓气候变化的政策与减排路径 ……………………… (125)

第六章　应对气候变化的国际政治经济分析 ……………………… (136)
　　第一节　基本概念 ………………………………………………… (136)
　　第二节　应对气候变化国际进程与特征 ………………………… (138)
　　第三节　应对气候变化的国际政治经济学分析 ………………… (145)
　　第四节　应对气候变化国际政治经济学关键议题 ……………… (148)

第七章　气候变化经济分析方法学 ………………………………… (154)
　　第一节　气候变化经济分析方法体系概览 ……………………… (154)
　　第二节　不确定性分析方法学 …………………………………… (160)
　　第三节　气候变化归因分析 ……………………………………… (168)
　　第四节　气候变化影响与政策选择 ……………………………… (170)
　　第五节　技术评估与协同效应分析 ……………………………… (179)
　　第六节　国际谈判与碳排放权分配 ……………………………… (185)
　　第七节　低碳经济评价 …………………………………………… (189)

第八章　应对气候变化问题的政策工具 …………………………… (194)
　　第一节　适应气候变化的政策工具 ……………………………… (194)
　　第二节　减缓气候变化的政策工具 ……………………………… (201)
　　第三节　应对气候变化主要政策工具的比较 …………………… (222)

第九章 气候变化经济分析的范式转型与未来发展方向 …………（227）
　第一节　气候变化经济分析的范式转型 …………………………（227）
　第二节　气候变化经济分析的现实需求 …………………………（231）
　第三节　未来发展方向展望 ………………………………………（234）

附录　英文缩写对照表 ……………………………………………（239）

第一章

绪　　论

工业革命以来，人类活动燃烧化石能源、工业过程以及农林和土地利用变化排放的大量二氧化碳留在大气中，是造成全球性气候变化的主要原因。为了应对气候变化带来的各种严峻挑战，需要全球尽快实现碳达峰和碳中和，将气温上升幅度控制在安全范围内，这要求各个国家和地区都要迅速行动起来。气候变化经济学目标在于建立合理的经济分析框架，理解与评估气候变化的潜在影响，为正确做出行动决策提供基础。

本章对气候变化经济学的研究对象和基本内涵进行了界定，通过回顾气候变化经济学的历史发展脉络与发展方向，构建出当前气候变化经济学的研究体系，为系统性理解和学习气候变化经济学奠定基础。

第一节　气候变化经济学概述

气候变化是指在自然气候变异之外由人类活动直接或间接地改变地球大气成分所导致的气候改变。人类活动排放二氧化碳（CO_2）等温室气体引起全球增温，一方面可能改变气候格局，使极端气候事件的发生频次增加和灾变强度增大；另一方面可能导致冰川融化及海平面上升，对自然生态系统与社会经济造成严重的不利影响。如果没有强有力的行动尽快降低温室气体排放水平并积极适应气候变化，发生灾难性后果的风险将非常高，不仅会深刻影响人类生产生活方式，还将威胁子孙后代的生存安全。因此，应对气候变化是21世纪人类面临的最为紧迫和严峻的挑战，需要深刻认识气候变化的潜在影响规模以及确定应对之策。气候变化影响认知与应对实践的经济学理论解析和方法体系，有着自身的鲜明特征,已经形成一门新兴的经济学分支领域。在经济学理论层面,气候变化经济学需要回答所研究的核心经济学问题;在实践层面,需要对应对气候变化、降低气候风险的政策工具进行经济评估。

随着气候变化问题的出现,研究气候变化经济学问题就成为许多经济学家们的重要使命,代表性学者包括诺贝尔经济学奖得主罗伯特·索洛(Robert Solow)、肯尼斯·阿罗(Kenneth J. Arrow)、约瑟夫·斯蒂格利茨(Joseph Stiglitz)、威廉·诺德豪斯(William D. Nordhaus)等,以及世界银行(World Bank)前首席经济学家尼古拉斯·斯特恩(Nicholas Stern)、英国剑桥大学经济系教授帕萨·达斯古帕塔(Partha Dasgupta)、哈佛大学环境经济学家马丁·魏茨曼(Martin Weitzman)等。这些学者运用以效率为核心的西方经济学理论基础去分析实现气候保护目标的成本与收益,并提出各自认为具有经济效率的最优气候政策。与经济效率相关的气候变化经济学分析的核心问题主要包括:气候变化的影响和风险、温室气体排放"负外部性"及其内部化、温室气体排放与发展权益以及控制温室气体排放的政策工具选择等。

然而,以效率为核心的西方经济学理论并不能完全解决气候变化问题,主要原因是忽略了公平性原则,表现为两个方面:一是温室气体排放与经济发展水平和生活品质在当前的能源生产和消费格局下呈线性关联,因而排放具有发展权益的内涵;发展权是人权的基本要素,不能够被剥夺,要公平享有。二是当今世界正在遭受的气候变化负面影响可归因于已经完成工业化进程的发达国家向大气中排放的份额占绝大多数的温室气体,但发展中国家面对气候灾变影响更为脆弱。这种气候变化归因与影响的不平等性要求那些在过去排放了绝大多数温室气体的发达国家承担更大的减排责任,并帮助发展中国家采取适应气候变化的行动。尝试从公平、可持续性原则出发开展气候变化经济学分析的主要机构或经济学者包括:英国全球公共资源研究所(Global Commons Institute),巴西政府1997年提交的"巴西案文"(Brazil Proposal),瑞典斯德哥尔摩环境研究所(Stockholm Environment Institute),德国全球变化咨询委员会(German Advisory Committee on Global Change),诺奖得主阿玛蒂亚·森(Amartya Sen)、乔治·阿克洛夫(George A. Akerlof),潘家华领衔的中国社会科学院气候变化经济学研究团队,清华大学的何建坤研究团队,中国科学院的丁仲礼研究团队,国务院发展研究中心气候变化问题研究课题组等。与公平性相关的气候变化经济学研究的主要核心问题包括:碳排放历史责任的界定、碳排放额度的公平公正分配以及一个有效益、有效率和平等的应对气候变化的全球方案。

气候变化经济学作为一门新兴的学科，是在效率与公平原则下研究气候变化规模、影响和实现气候保护目标的经济学理论体系、方法体系和政策体系，采用的研究方法主要包括成本收益分析或边际分析以及不确定性条件下的伦理选择。

然而，气候变化经济学必须要考虑，应对气候变化如何促使社会经济发生结构性调整与优化，特别是从高碳经济向低碳经济的转型。当高碳含量的化石能源与资本、劳动力、技术进步一同构成经济发展的关键投入要素，在实现低碳经济转型过程中如何提高碳要素生产力的原理、方法和政策研究必须采用超越边际分析的方法论。在此背景下，作为一门新兴分支学科的气候变化经济学，其进一步发展和完善还需重点研究气候变化背景下维系和提升气候生产力的理论及相应的方法、制度、机制和政策体系，要解决的核心经济学问题是应对气候变化的社会经济发展范式转型。从转型经济学视角探讨气候变化经济学的范式创新能够适应未来气候变化在自然科学、经济学和社会伦理学方面认知深化，构建具有坚实学理支撑的气候变化经济学学科体系、学术体系、教材体系及话语体系。

第二节　气候变化经济学的产生与演进

一　气候变化经济学的起源
（一）以气候变化为核心的全球环境危机出现

气候变化是一个典型的全球尺度环境问题，气候变化经济学思想观点的渊源可以追溯到20世纪70年代关于世界环境问题的广泛讨论。1972年，在瑞典斯德哥尔摩召开联合国人类环境大会，尝试探讨有效解决环境问题的途径；1984年，根据第38届联合国大会决议成立世界环境与发展委员会，并于1987年发表《我们共同的未来》报告。该报告提出了两个重要观点：一是环境危机、能源危机和经济发展危机，三者密不可分；二是地球上的（化石）资源和能源远远不能满足人类发展需求，我们必须为当代人和下一代人的利益改变发展模式；表明全球环境问题与治理具有交叉性、长期性、全球性和公平性，成为全球气候变化及其治理的重要思想来源。

1972年联合国人类环境大会之后,大气CO_2浓度升高引发温室效应的科学认识得到普及,气候变化对社会经济可持续发展的影响逐渐成为国际社会关注的焦点。人类活动的规模已经开始对全球气候产生干扰,许多科学家研究认为气候变化会造成严重的或不可逆转的破坏性后果,需要科学分析有关气候变化成因、潜在环境和社会经济影响以及可能的解决对策等重大问题。

较早关注气候变化问题、为气候变化经济学研究贡献重要学术思想的著名经济学家托马斯·谢林(Thomas Crombie Schelling)和埃莉诺·奥斯特罗姆(Elinor Ostrom)均为诺贝尔经济学奖获得者。以他们为代表的一批经济学家站在学术前沿,围绕CO_2排放、温室效应和气候变化治理积累了丰富的经济学分析成果。1977年,谢林首次探讨了CO_2和温室效应问题,并在担任美国经济学联合会会长期间发表了主题演讲《全球变暖的若干经济学问题》,对温室效应成因、气候变化及经济后果的不确定性、降低碳排放的全球治理手段等方面的分析,成为气候变化经济学的奠基性文献之一[1]。1990年,奥斯特罗姆在其代表作《公共事物的治理之道:集体行动制度的演进》中探讨了"公地悲剧""囚徒困境"和"集体行动逻辑"理论模型的局限性[2],提出了自主组织和治理公共事务的新模式,并将其思想应用于气候变化问题的经济学分析之中,为此后提出全球气候治理的多中心模式奠定了理论基础。

(二)国际组织对气候变化经济学研究的推动

与此同时,以联合国为主的国际组织也成为推动关于气候变化学术研究的重要动力。1988年,世界气象组织(World Meteorological Organization,WMO)和联合国环境署(United Nations Environment Programme,UNEP)建立了政府间气候变化专门委员会(Intergovernmental Panel on Climate Change,IPCC),力图在全面、客观、公开和透明的基础上对全球气候变化最新成果进行科学评估,为政府决策和社会各界提供有关气候变化的最新科学认知,并提供适应或

---

[1] Thomas Crombie Schelling, "Some Economics of Global Warming", *American Economic Review*, Vol. 82, No. 1, 1992, pp. 1–14.

[2] Elinor Ostrom, Randall Calvert, Thrainn Eggertsson, "Governing the Commons: The Evolution of Institutions for Collective Action", *American Political Science Review*, Vol. 86, No. 1, 1993, pp. 249–279.

减缓气候变化影响的相关建议。自 1988 年成立之初，IPCC 就着手评估气候变化的影响及确定可能的应对策略，并分别于 1990 年、1995 年、2001 年、2007 年和 2014 年先后发布五次气候变化评估报告，具有较为权威的政策参考价值，加深了社会各界对气候变化及气候变化经济学的理解，推进了全球应对气候变化进程。

专栏 1-1　IPCC 及其评估报告

　　1988 年 11 月，WMO 和 UNEP 根据联合国大会决议，联合建立了 **IPCC**，旨在就气候变化问题为国际组织和各国决策者提供科学咨询，共同应对气候变化。**IPCC** 是一个政府间科学评估与咨询机构，由联合国环境署和世界气象组织成员国组成，负责气候变化相关议题的科学评估活动安排、实施，并审查通过各种报告。**IPCC** 下设三个工作组和一个专题小组，分别负责气候变化的自然科学基础，气候变化的影响、适应和脆弱性，减缓气候变化和编制国家温室气体清单的方法和指南。**IPCC** 主要任务是以科学问题为切入点，在全球范围内就气候变化及其影响、脆弱性、适应和减缓气候变化等有关问题，以各类公开发表的，尤其是经过匿名评审程序的学术刊物发表的文献资料为基础，按照审议通过的评估程序和议事规则，从科学、技术、社会、经济等方面进行评估，所撰写的评估报告全文经过科学界和各国政府评审，在修改完善后提交 **IPCC** 全会审核通过，对报告的《决策者概要》需要进行逐行审议，达成共识而不是投票通过。所形成的具有政治共识的科学评估报告，为国际组织和各国决策者提供科学支撑。

　　自 **1990** 年起，**IPCC** 已经组织编写出版了一系列评估报告、特别报告、技术报告和指南等，对国际社会科学认识气候变化及其影响与应对、国际气候谈判进程产生了重要影响，已经成为气候变化领域的科学权威信息源，被决策者、科学家和社会其他各界广泛使用。

　　IPCC 分别于 **1990 年、1995 年、2001 年、2007 年、2014 年**发布了五次气候变化科学评估报告。第六次评估报告编写工作于 **2017** 年启动，计划在 **2021** 年完成。

> 第一次评估报告（FAR）和 1992 年发布的补充报告的结论表明：1890—1989 年的 100 年里，全球平均气温上升了 0.3℃—0.6℃。
>
> 第二次评估报告（SAR）：再次确认全球升温的事实，并在归因上指出人类社会经济活动的贡献。
>
> 第三次评估报告（TAR）：对气候变化的评估更为准确，给出了中值和不确定范围。20 世纪全球地面平均气温增加了 0.6℃±0.2℃，约比 SAR 的值大 0.15℃。
>
> 第四次评估报告（AR4）：根据近百年全球地表平均温度升高的观测事实，气候时空变化的新进展，不仅更新了 100 年地表温度线性趋势（1906—2005）为 0.74 [0.56℃—0.92℃]，还给出近 50 年的线性变暖趋势（每 10 年 0.13 [0.10℃—0.16℃]）几乎是近 100 年两倍的结论。
>
> 第五次评估报告（AR5）：进一步扩大评估的气候变量范围和时间尺度，并减少不确定性。报告指出 1880—2012 年，全球地表平均温度大约上升了 0.85℃，陆地增温大于海洋，高纬度地区大于中低纬度地区，冬半年大于夏半年。
>
> 资料来源：联合国政府间气候变化专门委员会（IPCC），https：//archive.ipcc.ch/news_and_events/outreach.shtml。

为形成一个有效力、有效率和公平的全球解决方案，根据 IPCC 完成的第一次气候变化评估报告，面对气候变化这一人类未来的严峻挑战，联合国于 1990 年组建政府间气候变化谈判委员会，并在 1992 年达成《联合国气候变化框架公约》。1994 年生效后的第 1 次缔约方会议（COP1）对全球温室气体减排谈判的法律文件进行了授权，并于 1997 年召开的第 3 次缔约方大会（COP3）上达成要求附件Ⅰ（即已完成工业化）国家全面减排、限排的《京都议定书》，自上而下地规定了工业化国家的减（限）排目标、技术及资金安排。《联合国气候变化框架公约》为应对未来气候变化设定了减排进程，建立了气候变化国际治理的长效机制，极大地推动了制度经济学在气候变化经济学研究领域的不断深化和发展。

> **专栏1-2　《联合国气候变化框架公约》**
>
> 　　《联合国气候变化框架公约》（United Nations Framework Convention on Climate Change，UNFCCC）是1992年5月9日联合国政府间谈判委员会就气候变化问题达成的框架性公约，于1992年6月4日在巴西里约热内卢举行的联合国环发大会（地球首脑会议）上签署。UNFCCC是世界上第一个为全面控制CO_2等温室气体排放以应对全球气候变暖给人类经济和社会带来不利影响的国际公约，为国际社会应对全球气候变化进行国际合作提供了一个具有国际法律意义的基本框架。公约于1994年3月21日正式生效，随后每年举办一次缔约方会议，在UNFCCC框架下开启国际气候谈判，形成了《京都议定书》、"巴厘路线图"和《巴黎协定》等代表性成果。

二　气候变化经济学的演进

进入21世纪以后，气候变化经济学研究沿着三个方向不断深入发展。一是减缓气候变化经济学理论与政策研究，经济学核心议题是气候变化不确定性条件下的宏观经济分析、微观经济学原理和气候风险管理对策；二是适应气候变化的影响和脆弱性分析，推动适应气候变化的经济学研究得到极大发展；三是应对气候变化的国际治理机制研究，核心议题是公平、可持续框架下的国际气候制度构建。

（一）立即大幅减排抑或渐进式减排的经济学论争

气候变化产生的不利影响具有不确定性，难以全面和准确量化其经济代价。2005年，由英国政府资助，著名经济学家斯特恩领衔对气候变化的经济学问题进行综合评估。2006年底，斯特恩小组提交《气候变化经济学：斯特恩报告》，从气候变化的经济代价入手来认识减缓气候变化的经济理性[1]。该报告从成本收益角度比较了减缓气候变化对自然和人类社会经济系统的贴现收益与减缓成本之间的关系，从而得出"早减排、少受损"的结论，同时该报告提出了包括税收、贸易或法规等政策手段以实现长远的低成本、高回报气候

---

[1] Nicholas Stern, *The Economics of Climate Change: The Stern Review*, Cambridge, UK: Cambridge University Press, 2006.

减缓目标。

该报告关于气候变化的经济分析是综合、全面和长期的,得到学术界一定程度的认同,但也存在较为尖锐的经济学论争,引发人们对气候变化经济学问题的深层次思考。美国三位诺贝尔经济学奖得主索洛、斯蒂格利茨和森对报告给予了高度评价和赞赏,认为报告中采用低贴现率,重视代际公平,具有经济学理性。阿罗通过对贴现率的实际运算,认为《斯特恩报告》通过了成本收益检验。英国国内的一些学术研究机构如廷达尔(Tyndall)中心和皇家科学院,也对报告内容积极予以肯定。但也有一些著名的经济学家对该报告的研究方法和结论提出了质疑。欧洲大陆的一些经济学家批判的主要涉及量化分析中采用偏低的贴现率、过于简化的经济学分析模型、没有考虑人类采取的有效适应举措等。英国剑桥大学经济系主任达斯古帕塔教授从公平的伦理学角度指出,报告中模型设定了 0.1% 这一几乎为零的极低贴现率不符合现实,质疑报告的政治性高于学术性。美国耶鲁大学教授、2018 年诺贝尔经济学奖得主诺德豪斯更是直接质疑《斯特恩报告》提出的"立即大幅度减排"结论,提倡温室气体减排的"政策斜坡理论",即开始小幅削减,中后期待经济和技术进一步发展后再较大幅度削减[①]。

基于气候变化的复杂性和结果的不确定性,哈佛大学的魏茨曼等经济学家指出,气候变化温升分布应服从厚尾分布,而西方主流经济学家模拟气候变化所采用的传统的成本收益方法都是基于瘦尾的概率分布(如正态分布)[②],因而大大低估了气候灾难发生的可能性及其严重程度。2007 年,魏茨曼据此对传统的建模思路提出了批评,提出需要根据厚尾分布修正气候敏感系数、效用函数和损失函数。魏茨曼的研究为不确定性条件下气候变化的公共决策研究开辟了一条新的道路,对气候变化的经济分析和政策决策产生了重大影响。随后,理查德·托尔(Richard Tol)、西蒙·迪茨(Simon Dietz)和弗兰克·艾克曼(Frank Ackerman)等学者基于厚尾分布理论估算得出的结果颠覆了诺德豪斯所提倡的采取渐进式减排行动的"气候政策斜坡"建议,支持"立即大幅度减排"的政策选择。

---

① William D. Nordhaus, "A Review of the Stern Review on the Economics of Climate Change", *Journal of Economic Literature*, Vol. 45, No. 3, September 2007, pp. 686 – 702.

② 基于厚尾分布推导出的"悲观定理"和"预防原则"见 Weitzman 等 2009 年和 2013 年的系列气候变化经济学文章。

面临各种不同的声音，斯特恩在已有经济学评估的基础上进行了相关经济理论梳理，于2008年在《美国经济评论》发表长篇文章回应各种质疑与批评，明确提出气候变化经济学的概念，成为一篇开创性的经典文章[①]。相比于2006年的评估报告，斯特恩在《美国经济评论》的论文中，理论和方法探讨较为系统规范。斯特恩认为，气候变化经济学问题涉及范围非常宽泛，包括金融、法律、伦理、福利经济学、公共经济学和环境经济学等领域。这篇文章初步刻画出气候变化经济学的理论构架，具有划时代的意义。

（二）适应气候变化经济学分析的快速发展

自20世纪90年代以来，IPCC第二工作组围绕气候变化影响的重要性和紧迫性、适应性和脆弱性议题开展科学评估，凸显各国应加强适应行动和国际合作的必要性。然而，发达国家长期以来注重减排而忽略适应议题。自2009年以来，在以基础四国（BASIC，即巴西、南非、印度和中国）为代表的主要发展中国家的积极推动下，适应成为联合国气候变化大会的主流议题之一。2015年达成的《巴黎协定》进一步明确提出"减少脆弱性、增强适应能力和恢复力"的全球适应目标，适应在全球气候治理中的地位大幅提升。2018年10月全球适应委员会在荷兰海牙成立，旨在提高全球适应的政治关注度，提升全球适应的领导力，以加速和扩大全球适应行动和增强恢复力。

国际机构和部分学者针对发展中国家的迫切适应需求开始启动适应气候变化的经济学分析。IPCC第二工作组第五次科学评估报告《影响、适应与脆弱性》单独设置"适应气候变化的经济学"一章，评估识别了适应气候变化的协同效益，表明有必要将成本收益分析引入气候变化风险评估和适应决策。2013年，安尼尔·马坎迪亚（Anil Markandya）组织编写《适应气候变化经济学手册》，阐述了适应气候变化经济学的基本内容、关键议题和主要领域。2019年，由沃尔夫冈·布赫霍尔茨（Wolfgang Buchholz）等组织编写的《气候政策协同效益：新的理论进展与实证发现》围绕适应气候变化的"三重红利"议题论述开展适应气候变化成本收益分析的必要性和主要方法。这些研究测算了发展中国家的适应成本，为建立适应气候变化国际资金机制提供了依据。此外，发展中国家积极推动在气候变化公约下设立"损失与损害"谈判

[①] Nicholas Stern, "The Economics of Climate Change", *The American Economic Review: Papers & Proceedings*, Vol. 98, No. 2, 2008, pp. 1–37.

议题，将减贫、公平、保险、移民等诸多与发展中国家权益密切相关的议题纳入谈判进程。

自 2010 年开始，中国社会科学院潘家华领衔的气候变化经济学研究团队围绕适应议题，开展了系统性研究工作[①]。首先，提出了发展导向的适应气候变化经济学分析，对于变化中的气候，需要开展具有针对性、组合型的技术性适应、工程性适应和制度性适应，同时在规划中明确发展型适应和增量型适应；其次，提出了气候容量经济学分析，环境容量、生态容量、水容量是气候容量的衍生物，气候容量刚性下的生态移民是气候移民，具有明确的政策含义。中国科学院地理科学与资源研究所刘燕华[②]、中国农业科学院居辉[③]等相关学者构建了中国适应气候变化技术框架，进行适应技术分类，并在农业领域开展适应气候变化的案例研究工作。适应气候变化理论认知的进步也促进了微观实证分析的发展，国内众多学者围绕适应对粮食产量、农村地区脆弱人口的可持续生计的影响机制进行经验分析，为宏观层面的适应成本收益研究提供了微观基础。

（三）公平和可持续的国际气候制度构建

应对气候变化需要减少温室气体排放和适应气候变化，在相当程度上是集体行动问题和发展权益问题。国际气候治理需要超越一般的边际分析或成本收益分析方法，从制度经济学、国际政治经济学、后福利主义理论出发分析气候变化的经济学属性，构建公平、效率和可持续的国际气候治理机制。

美国著名政治经济学家、2009 年度诺贝尔经济学奖得主奥斯特罗姆从全球集体行动视角反思了气候治理"单中心"模式的局限性，创新性地提出了

[①] 潘家华、郑艳：《适应气候变化的分析框架及政策涵义》，《中国人口·资源与环境》2010 年第 10 期；郑艳、潘家华、谢欣露、周亚敏、刘昌义：《基于气候变化脆弱性的适应规划——一个福利经济学分析》，《经济研究》2016 年第 2 期；潘家华等：《气候容量：适应气候变化的测度指标》，《中国人口·资源与环境》2014 年第 2 期。

[②] 吴绍洪、潘韬、刘燕华等：《中国综合气候变化风险区划》，《地理学报》2017 年第 1 期；冯爱青、高江波、吴绍洪等：《气候变化背景下中国风暴潮灾害风险及适应对策研究进展》，《地理科学进展》2016 年第 11 期；钱凤魁、王文涛、刘燕华：《农业领域应对气候变化的适应措施与对策》，《中国人口·资源与环境》2014 年第 5 期。

[③] 居辉、陈晓光、王涛明、姜帅：《气候变化适应行动实施框架——宁夏农业案例实践》，《气象与环境学报》2011 年第 1 期；居辉、李玉娥、许吟隆、姜帅：《气候变化适应行动实施框架》，《气象与环境学报》2010 年第 6 期；居辉、许吟隆、熊伟：《气候变化对我国农业的影响》，《环境保护》2007 年第 11 期。

基于个人、社区、组织和区域合作的低于全球层面的"多中心"气候治理框架①。2006 年在美国伯克利（Berkeley）举办的中美气候变化经济学论坛上，美国学者乔治·阿克洛夫指出，气候变化涉及发展权益，全球减排并不纯粹是经济问题，更是伦理问题。大气温室气体排放空间属于全人类，每个人都应该有权公平享用，个人或国家无权占用他人或其他国家的排放空间。是否应该确保发展权益相应的排放空间，并不是一个成本与收益的问题，而是一个基本的对与错的问题。

国内学术界开展国际气候治理的研究起步早、成果多、影响大。中国社会科学院潘家华于 2002 年最早从学理上界定了人文发展的碳排放需求，拓展了以人际碳公平为核心的规范经济学分析，提出了一个公平、效率和可持续的全球碳预算方案。以人均历史累计排放为基础的全球碳预算方案，不仅在国内学术界取得较为广泛的共识，而且在国际政府智囊圈也获得了较为广泛的认同②。国内多家研究机构的研究小组也从不同视角提出人均历史累计碳排放的思路和方法。国家气候中心的任国玉等③在强调历史责任的"巴西案文"基础上，分析了人均历史累计碳排放的全球增温贡献率及其责任区别。清华大学的何建坤等④通过对"紧缩与趋同"方案的公平含义分析，提出了"发达国家须先低于人均，发展中国家要先高于人均，然后趋同"的概念。国务院发展研究中心"应对全球气候变化"课题组⑤将人均历史累计碳排放按国别建立账户，进行平衡管理。中国科学院的丁仲礼研究组⑥根据各国人均历史累计碳排放的实际情况，进行了历史亏空、未来短缺、基本平衡和总体盈余四个国家类

---

① Elinor Ostrom, "A Polycentric Approach for Coping with Climate Change", *Annals of Economics and Finance*, Society for AEF, Vol. 15, No. 1, May 2009, pp. 97 – 134.

② 潘家华:《人文发展分析的概念构架与经验数据——以对碳排放空间的需求为例》,《中国社会科学》2002 年第 6 期; 潘家华、朱仙丽:《人文发展的基本需要分析及其在国际气候制度设计中的应用——以中国能源与碳排放需要为例》,《中国人口·资源与环境》2006 年第 6 期; 潘家华、陈迎:《碳预算方案: 一个公平、可持续的国际气候制度框架》,《中国社会科学》2009 年第 5 期。

③ 任国玉、徐影、罗勇:《世界各国 CO_2 排放历史和现状》,《气象科技》2002 年第 3 期。

④ 何建坤、刘滨、陈文颖:《有关全球气候变化问题上的公平性分析》,《中国人口·资源与环境》2004 年第 6 期。

⑤ 国务院发展研究中心"应对全球气候变化"课题组、张玉台、刘世锦、周宏春:《应对气候变化的国际经验及其启示》,《发展研究》2009 年第 12 期。

⑥ 丁仲礼、段晓男、葛全胜、张志强:《2050 年大气 CO_2 浓度控制: 各国排放权计算》,《中国科学 (D 辑: 地球科学)》2009 年第 8 期。

别的划分。

2000年以后,在京都机制得不到充分实现的情况下,经过2009年哥本哈根气候大会无果而终的挫折,近200个缔约方终于在《联合国气候变化框架公约》下于2015年达成《巴黎协定》,形成自下而上的弱约束强共识法律属性的制度安排,是一个公平合理、全面平衡、持久有效、具有法律约束力的管控气候变化的共同协议,该协定也成为气候变化全球治理的一个制度性贡献。

三 气候变化经济学的发展方向

全球应对气候变化进程在曲折中前进,但实现2℃甚至1.5℃温升控制目标的减排路径尚面临很大缺口,形势越发紧迫。20世纪80年代起,西方主流经济学尝试构建气候变化经济学理论、方法和政策体系,但其效率导向的模型不能提供全球低碳转型的解决方案,难以为中国经济社会转型发展的现实情况提供指导,也不能有力支撑全球生态文明发展范式变革的实践进程。

应对气候变化的紧迫性将促使社会经济发展理念和发展方式发生根本性变革,人类社会的文明形态也由工业文明迈向生态文明。在此背景下,气候变化经济学的研究范式亟待转型。

第三节 气候变化经济学研究体系

一 气候变化经济学研究体系

气候变化经济学从产生到现在已经取得了巨大的发展,其研究体系也已相对完善。在综合梳理了国内外学者研究成果的基础上,从理论、方法和政策实践层面梳理当前气候变化经济学研究体系,并将其分为五个重要的方面(如图1-1):一是气候变化实证经济学研究;二是全球气候治理规范经济学研究;三是气候风险及理性选择的学理研究;四是气候变化经济学的方法论研究;五是应对气候变化的政策体系研究。

(一) 气候变化实证经济学研究

新范式下的气候变化经济学研究将探索基于生态文明理念的经济学理论、方法和政策体系,核心是经济社会转型发展进程中气候生产力的维系和提升。

气候变化实证经济学需要从理论分析、经验实证两个层面展开。理论分析层面，需要正视气候生产力，将其视为经济发展的核心要素之一。除了从概念上就气候生产力的内涵和水平进行勾画外，还需要就气候生产力各要素之间的函数关系进行深入探讨。由于气候要素具有交叉性、关联性特征，气候生产力的研究不是现行经济学研究中一个福利最大化或者成本最小化的单一目标函数所能精准描绘的。在经验分析层面，需要基于理论分析框架，从全球、国家或区域层面对气候生产力进行测定，在不同层面揭示气候生产力的大小及生产力各要素之间的定量关系，探索提升气候生产力的方式和途径。

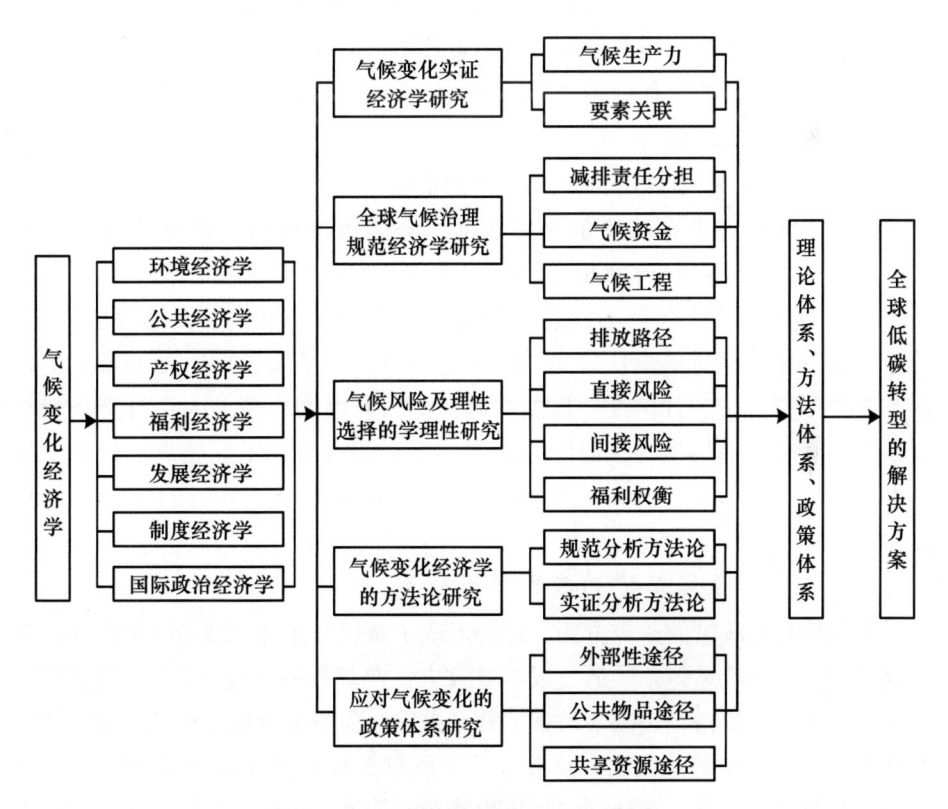

图1-1　气候变化经济学学科体系

（二）全球气候治理规范经济学分析

全球气候治理需要从制度经济学、国际政治经济学视角开展规范经济学分析。气候变化经济学的重点领域需要从制度规范方面，围绕以《巴黎协定》为代表的国际气候协议的实施情况辨析不同国家减排责任分担原理，并利用气候资金、气候工程等手段解决全球气候问题。

（三）气候风险及理性选择的学理研究

气候风险研究，是一个理性选择的理论命题，是长期抉择，而不是工业文明范式下基于短期利益的理论预期。该领域的研究主要侧重三个方面：一是未来全球温室气体排放路径的不确定性，以及温升的厚尾效应；二是全球温室气体排放给气候系统带来的直接风险；三是气候变化与复杂人类社会经济系统相互作用产生的系统性风险。应对气候风险的理性选择研究需要从经济、社会和自然生态多个层面进行脆弱性分析与风险评估，重点关注气候变化可能引发的系统性风险，充分权衡代内与代际的福利均衡问题，从而更好地为降低和管理气候风险的决策提供依据。

（四）气候变化经济学的方法论研究

气候变化经济学方法论的研究，可以分为规范分析方法和实证分析方法。规范分析方法以价值判断为前提，回答"应该是什么"的问题。实证分析方法只回答"是什么"的问题。围绕气候变化影响评估、减缓气候变化、适应气候变化、碳排放责任分担、低碳经济评价等核心议题，已经形成了以成本收益分析方法、计量经济模型、博弈论、局部均衡模型、可计算一般均衡模型、综合评估模型为核心的方法学体系。随着研究不断拓展、延伸，技术经济方法、情景分析方法也逐渐被纳入气候变化经济分析的方法论体系之中。

（五）应对气候变化的政策体系研究

在气候变化政策的研究方面，已经形成了减缓气候变化政策、适应气候变化政策为主体的政策体系。通过成本收益方法测算气候变化的社会经济损失，以此设定碳排放价格，是减缓政策的核心内容。与碳定价相关的减缓政策主要有碳税、碳排放权交易机制。目前，关于碳排放权交易市场政策的内容比较多，涉及财政、税收、碳金融、可再生能源政策等。另外，气候变化具有极大的不确定性和风险性，减缓气候变化具有长期性，使得适应政策成为一种必然选择，重点是利用各类适应措施和适应规划，提高气候变化脆弱地区、国家或社会群体的发展韧性水平。目前，中国在适应气候变化的理论框架、分析方法、适应政策的规划与实施等方面还处于前期探索阶段。

二 气候变化经济学研究方法

现有的气候变化经济学研究方法可以分为规范分析方法和实证分析方法。在气候变化经济学研究中,既要采用规范分析方法研究气候变化问题的学理属性和本质特征,又要运用实证分析方法研究气候变化问题的因果关系和数量特征。通过综合运用规范分析方法和实证分析方法,力求解释气候变化问题的核心经济学原理,以此作为制定应对气候变化政策的科学依据。

(一) 规范分析方法

规范分析方法是经济学常用的方法之一,需要依据一定的价值判断标准,对经济事务和经济现象作出定性的判断。在气候变化经济学研究中,规范分析方法用于分析气候变化经济学研究对象"应该是什么"的问题。气候变化成本收益分析中的贴现率选择、应对气候变化的政策选择、公平和可持续的国际气候治理机制构建、气候变化经济学研究范式转型等问题均需要采用规范分析方法。

(二) 实证分析方法

实证分析方法也是现代经济学常用的研究方法之一,对经济事务和经济现象作出因果关系推断,可以进一步分为理论实证分析和经验实证分析。在气候变化经济学研究中,实证分析方法用于分析气候变化经济学研究对象"是什么"的问题,不涉及任何价值判断。理论实证分析方法基于可生成的模型进行数理推导,依据经济学理论对模型参数符号作出事前判定。经验实证分析方法进一步利用社会经济观测、调查或统计数据,对事前判定的模型参数进行定量分析,验证研究对象的因果关系和数量特征。气候变化影响评估、协同效益分析、气候政策实施的有效性评价、气候变化国际合作中的博弈、气候生产力测度等均需要运用实证分析方法。

三 气候变化经济学政策体系

应对气候变化的政策体系主要分为减缓政策和适应政策。如果从经济学属性角度看,解决气候变化的政策途径可以进一步分为外部性途径、公共物品供给途径、资源共享途径。

(一) 外部性途径:碳税抑或碳交易

由于温室气体排放者没有考虑排放产生的温升效应,因而具有经济学意义上的外部性特征。英国经济学家阿瑟·塞西尔·庇古（Arthur Cecil Pigou）于20世纪20年代在其福利经济学分析中就给出了外部成本内部化的处方，通过征收环境税，消除经济活动对环境的负面影响。CO_2排放到大气中引发温室效应，产生人类社会经济发展所不需要而且带来不利影响的"负外部性"。如果对排放到大气的CO_2课征碳税，就会形成一种市场激励，使碳的排放具有成本，从而减少化石燃料的消费，降低CO_2的排放。从理论上讲，如果税率与社会成本相等同，碳税是具有市场效率的。但是，气候变化的外部性具有全球性、长远性、巨大的不确定性和不可逆性，社会成本的估算具有较大不确定性，而且市场波动会造成碳税的减排效果出现不确定性。

在这样一种情况下，为了确保碳排放总量不超过大气环境容量，可以通过科学评估确定社会经济活动排放到大气中的碳总量。这一总量可以通过行政手段强制确定，但排放总量的使用则可以交由市场确定，使温室气体排放产生最大的收益，这就是控制温室气体排放的"限额—交易体系"或碳排放交易体系。通过排放交易体系，将温室气体排放外部成本通过市场手段内部化。但是，无论是碳税或是碳交易，都需要采取国际一致行动，避免碳泄漏，保障贸易公平。

（二）公共物品供给途径：多种供给方式

气候变化影响涉及每一个人，因而具有纯公共物品属性；而减少温室气体排放或适应气候变化，影响的是特定地区或群体，因而具有一定的准公共物品、局地性特征。解决公共物品问题的供给存在两大难题：第一，对于全球公共物品来说，其供给超越了国家层面、主权国家和国家集团的范围，需要全球合作；第二，如何超越威斯特伐利亚困境[①]，强迫搭便车的国家进入提供全球公共物品的机制当中。应对气候变化作为一种全球公共物品，可以有多种贡献方式[②]：第一，削减全球温室气体排放。主要措施可以包括能源效率提高、燃料替代、转向可再生能源以及对燃烧矿物燃料的发电厂排放的废气进行碳捕获。第二，基础研究的投入。全新的能源和相关技术知识是公共物品。第三，

---

① 在由1648年《威斯特伐利亚和约》所衍生并在西方世界得到发展的国际法当中，未经主权国的同意，义务就不能被强加于该主权国身上。

② Scott Barrett, "Proposal for a New Climate Change Treaty System", *The Economists' Voice*, Vol. 4, No. 3, 2007.

从大气中直接去除 CO_2。植树、防止森林砍伐、用铁给海洋施肥以吸收大气中的 CO_2。第四，减少照射地球的太阳辐射量，从而抵消大气中温室气体浓度上升的效应。第五，适应气候变化，如增高泰晤士河岸以防止伦敦洪水灾害就是一种地方公共物品。

（三）资源共享途径：公平、效率和可持续的国际气候制度

在一定范围内，碳排放水平与生活质量成正相关，即排放量越高，则生活质量就越好，社会发展水平也就越高。碳的减排与资金技术水平明确相关，温室气体排放作为一种公共资源，每一个人都有分享的权利，而不是一种简单的外部性，通过庇古税或限额贸易就能够实现公正公平分配。因此，碳排放涉及人类发展的基本需求，需要构建一个公平、有效率和可持续的国际气候制度，才能保障人均碳排放的公平分配。

保障发展权益，实现碳公平，同时又要满足温升控制目标，有基本需求和碳预算两种不同路径。基本需求是一种自下而上的方法思路，通过界定人的基本需求及标准，再根据各国国情对基本需求进行调整，考察各国满足基本需求的碳排放能否满足全球长期目标，再进行调整和反馈，界定人的基本需求及标准。而碳预算则是一种自上而下的思路。首先确定全球长期目标而获取一个全球碳预算总的额度。其次，将这一碳预算额度按发展权益公平分配。各国在给定的碳预算额度内根据国情进行调整。如果碳预算额度不能满足人的基本需求，则需要考虑政策调整和排放路径安排，使得自上而下的分配方案能够保证基本需求和发展权益。

第四节 气候变化经济学研究的意义

一 气候变化经济学研究的理论意义

研究气候变化经济学首先是由于经济学科理论研究上的需要，大致有以下两个方面原因。

（一）促进理论经济学的学科建设

传统环境经济学、公共经济学、福利经济学等基本理论和分析框架解决全球气候变化问题具有必然的局限性：传统环境经济学、公共经济学理论提出了税收、产权或公共物品供给途径的气候政策，却忽视了发达国家与发展中国家

之间、富人和穷人之间、当代人与后代人之间的公平性；全球气候治理的集体行动机制缺乏效率，福利经济学理论无法提出更有效率解决办法，需要从政治经济学、制度经济学视角推进多中心的全球气候治理机制。应对气候变化的紧迫性要求气候变化经济学研究范式转型，探索从工业文明范式向生态文明范式转型的气候变化经济学理论、方法学和政策创新，从而构建系统完整、理论严谨、方法科学、解释力强、接受度高、具有中国特色的气候变化经济学理论体系、学科体系、方法体系和话语体系。气候变化经济学研究有利于将社会经济发展过程与资源配置、环境政策、生态文明建设、可持续发展战略等内容紧密结合起来，建立解决气候变化这一人类最大挑战的基本理论和分析框架，评价和指导相关政策。

（二）完善应用经济学的学科建设

应用经济学主要涉及将理论经济学的基本原理应用于研究国民经济各个部门、各个专业领域的经济活动和经济关系的规律性，或对非经济活动领域进行经济效益、社会效益的分析而建立的各个经济学科。由于气候变化对自然和社会经济系统的影响具有全球性、区域性、部门性和行业性特征，气候变化经济学研究将促进该学科与应用经济学学科的进一步融合发展，出现一部分具有创新性的交叉学科或交叉研究领域。例如，国际贸易商品中隐含碳排放测度及责任划分促进了气候变化与国际贸易研究方向的发展；碳交易、绿色投融资催生出气候金融学或绿色金融学的出现；气候目标约束下能源生产与消费的转型促进了能源与气候变化研究方向的发展；由高碳经济向低碳经济的转型产生了碳排放核算方法学、低碳经济评价方法学、低碳城市等新兴研究方向。

二 气候变化经济学研究的现实意义

研究气候变化经济学还源于气候政策实践的需要。研究气候变化经济学的最终目的在于应用对气候变化问题内在规律的正确认识来指导气候政策的制定，以降低气候变化风险对自然系统和社会经济系统的不利影响，促进经济的可持续发展，其现实意义有以下三个方面。

（一）构建更优化的气候政策体系

当前国际、国内气候治理面临的挑战主要有三个方面：一是气候变化巨大的风险性和不确定性使得成本收益方法难以准确估计碳排放的社会成本，制约了以碳价格为基础的气候政策效果；二是以国家为主体的单中心气候治理体系没有达到预期目标，整体缺乏效率；三是以功利主义为基础、强调效率优先的西方气候变化经济学不能提供全球低碳转型的解决方案，难以很好解释中国经济社会转型发展的现实情况。因此，开展气候变化经济学研究，考虑温升厚尾分布，能够优化不确定条件下碳排放社会成本计算结果，为基于碳价格的市场化政策工具提供科学依据；通过气候变化影响评估、碳排放权公平分配引入发展权益的权重，体现代内公平、人际公平；构建企业、社会以及区域合作为主体的多中心治理体系，有利于提高应对气候变化集体行动的有效性；气候变化经济学研究范式转型，强调人与自然和谐，提供全球低碳转型的解决方案。总之，发挥气候变化经济学交叉性、复合性和综合性的学科优势，能够为气候治理政策体系的优化、完善提供学理基础、方法论支撑。

（二）推动生态文明建设

中国已经明确了2035年和2050年两大历史节点的生态文明建设的目标愿景，即2020—2035年要总体形成节约资源和保护环境的空间格局、产业结构、生产和生活方式，实现生态环境质量根本好转；2035—2050年全面形成绿色发展方式和生活方式，人与自然和谐共生，建成美丽中国。与此同时，从现在起到21世纪中叶，是中国全面落实应对气候变化《巴黎协定》的关键时期，要实现2030年CO_2等温室气体排放达峰目标和2050年中长期低碳排放目标，这与中国生态文明建设目标愿景的历史节点具有高度的契合性。现阶段基于自然的解决方案已经成为一项非常具有成本有效性的应对气候变化政策，将可持续利用自然资源纳入应对气候变化政策和行动框架，最大限度发挥自然的作用，增强应对气候变化的有效性，充分反映了应对气候变化与生态文明建设在倡导人与自然和谐共生这一理念上的高度一致性与激励相容性。因此，开展气候变化经济学研究，促进经济社会绿色低碳的深刻转型，将是对中国生态文明建设的巨大贡献，也是对全球生态安全保护的有效引领。

（三）促进社会经济可持续发展

气候变化是当前人类面临的最大威胁，危及地球生态安全和人类生存与发展。采取应对气候变化的政策行动可以通过多个途径促进社会经济可持续发展，助力联合国《2030年可持续发展议程》的实现。第一，应对气候变化已经极大地推动了世界范围内能源体系的革命性变革和社会经济发展方式的转变，低碳发展成为世界潮流。研究气候变化经济学可以推动低碳技术创新，带来新的经济增长点，促进经济高质量发展。第二，评估气候变化社会经济影响有利于制定更加科学合理的减缓和适应对策，规避气候变化不利影响，提高气候变化脆弱地区经济发展抗灾韧性，特别是有助于农村地区采取适应气候变化措施、改善农村劳动力供给水平、提高劳动生产率以及减少贫困现象。第三，应对气候变化政策还具有广泛的协同效益，可以有效降低区域大气污染水平、改善公众健康和提高生活质量。

第五节　结构安排

按照上述逻辑分析，本书结构共分为九章。

本章为绪论，主要界定气候变化经济学的研究对象和基本内涵，梳理气候变化经济学的历史发展脉络与发展方向，总结当前气候变化经济学的研究体系，总结应对气候变化的政策选择，明确气候变化经济学研究的理论意义和实践意义。

第二章为气候变化经济学的理论重构，创新性地梳理了经济系统中的气候要素，提出经济格局中的气候生产力概念，基于这些概念，对气候变化经济学的理论属性进行了再讨论，并深入探讨为何气候变化经济学需要进行范式转型。

第三章为气候变化问题的科学基础和认知，主要介绍气候变化科学的理论基础和现代气候变化科学的进展，从全球和区域尺度考察已经观测到的气候系统变化，分析气候变化对主要区域与领域的影响和风险，以及气候变化认知的确定性和不确定性问题。

第四章为适应气候变化的经济分析，主要介绍适应气候变化的重要概念与内涵，对比分析适应气候变化经济分析所需的主要经济学理论和分析方法及其适用性与局限性，梳理国内外适应气候变化的经济政策，辨析适应气候变化与可持续发展之间的内在逻辑关系。

第五章为减缓气候变化的经济分析，在介绍减缓气候变化经济分析相关基本概念的基础上，阐述减缓气候变化的主要分析方法和分部门的减缓措施、减缓气候变化的政策分类和未来气候目标情景下的减排路径。

第六章为应对气候变化的国际政治经济分析，主要从理论层面探讨全球气候治理的原则基础和治理模式，并为全球气候治理中减缓、适应、资金、技术等关键要素的认知和解决方式提供方法论和技术支持。

第七章为气候变化经济分析方法学,主要总结关于气候变化经济分析的方法体系,分类阐述不确定性分析方法学、气候变化归因方法学、气候变化影响评估方法学、技术评估与协同效应分析方法学以及国际气候谈判与碳排放权分配方法学的相关理论认知与研究实践。

第八章为应对气候变化问题的政策工具,按照市场化和非市场化政策工具进行划分,分别介绍减缓和适应气候变化的政策工具类型,对比分析各类政策工具的特点与局限性。

第九章为气候变化经济分析的范式转型与未来发展方向,对基于传统西方经济学理论的气候变化经济学分析范式进行批判性反思,指明构建生态文明发展范式下的气候变化经济学创新发展方向。

延伸阅读

1. [美] 威廉·诺德豪斯:《管理全球共同体:气候变化经济学》,梁小民译,东方出版中心2020年版。
2. 王灿、蔡闻佳:《气候变化经济学》,清华大学出版社2020年版。
3. 李宾:《气候变化的宏观经济分析》,中国经济出版社2018年版。
4. [英] 尼古拉斯·斯特恩:《尚待何时?应对气候变化的逻辑、紧迫性和前景》,齐晔译,东北财经大学出版社2016年版。

练习题

1. 传统气候变化经济学的定义是什么?
2. 简要论述气候变化经济学产生与演进过程中的代表人物及其贡献。
3. 气候变化经济学发展到现在总体研究体系包括哪些方面?
4. 简要论述比较气候变化经济学的研究方法与政策选择的类型及其差异性。
5. 气候变化经济学研究的意义包括哪些方面?

第 二 章

气候变化经济学的理论重构

本章试图对气候变化经济学的理论基础进行重构,首先将气候要素引入传统的经济分析系统,探讨生态系统生产力与气候要素特征,以及气候容量的要素及测度指标。其次,通过梳理这些要素的特征和性质,将气候生产力的概念引入经济分析框架,并据此对气候变化经济学的理论属性进行再讨论。基于工业文明的发展范式下的经济学认知建立的西方经济学,伦理基础是功利主义,难以解决气候变化问题,因此针对气候变化经济学的理论根基构建必须要进行范式的转型。

第一节 经济系统中的气候要素

宏观经济学分析中考虑的生产力要素多为以劳动力与资本等为代表的生产要素;自然要素多作为外在给定条件。然而,在气候变化背景下,自然因素,尤其是气候条件对劳动生产力或资本回报率有着重要的影响力,不可忽略。这就意味着,在生产力分析中,气候的生产力需要受到关注。在现有文献中,相关的研究多为气候对粮食、畜牧业和林业的产出影响,鲜有针对气候生产力的经济学分析。

气候变化是一个具有不确定性但又有着巨大风险的科学问题,涉及利益格局,需要理性行动,因而经济学探析就成为认知和实践的理论和方法学基础。然而,经济学理论体系宏大,学说庞杂。所以要建立气候变化经济学体系,首先需要从经济生产的角度来厘清气候变化的症结所在,并重构气候变化经济学的理论研究框架。

经济系统中的生产，自然因子是基础条件或投入。而自然的主要影响或决定因子，与气候条件直接关联。生态承载力或土地承载能力，其基础的自然要素显然是气象因子，因而气候容量决定生态承载力或环境容量。环境就是生产力，气候因素是本底条件。

那么，如何认知气候生产力，气候生产力的要素有哪些，气候生产力与经济学中的生产力要素及测度又有什么关系？要解答这些问题，首先要对生产力概念中的自然要素进行辨析，其次考察生态系统生产力的内涵，生态承载力的界定，以及自然生产力的供给与人类社会经济的关系。在此基础上，分析气候生产力的内涵和要素及其对于气候变化经济学范式转型的意义。

一 政治经济学分析中生产力的自然要素

18世纪80年代亚当·斯密《国富论》，强调"看不见的手"和基于比较优势的自由贸易，重在静态的财富。19世纪40年代德国历史学派经济学的代表人物李斯特[①]，在其经典著作《政治经济学的国民体系》中第一次提出生产力理论，表明财富的生产力比之财富本身，会重要许多倍，这一生产力不但可以使已有的和已经增加的财富获得保障，而且可以使已经消失的财富获得补偿。

李斯特认为生产力是创造财富的源泉，包括物质、精神和自然生产力。李斯特的自然生产力，主要指的是作为劳动对象的特定地区的"现存的天然资源"。对农业而言，指土地资源的富饶程度；对工业来说，指风力、水力、矿产等工业所需要的各种资源。自然生产力并不是一个恒量，它随精神生产力、科技和工业的发展而发展。对于一个国民经济体的生产力，李斯特界定为政治生产力（即国家整合和协调的能力）、精神生产力（即科技文化教育艺术）、自然生产力（即特定地区的天然资源）、物质生产力（即工具力或物质资本）和个人生产力（个人进行劳动创造的能力）而形成的总体生产力。李斯特的经济思想及理论重视的是生产力，而不是交换价值或财富。李斯特用动态的生产力概念置换静态的财富，把动态分析引入成

---

① 弗里德里希·李斯特（Freidrich Liszt，1789—1846）是古典经济学的怀疑者和批判者。1841年出版《政治经济学的国民体系》（*The National System of Political Economy*），系统批判了英国古典经济学家亚当·斯密提出的比较优势的贸易理论，提出财富的生产力数倍于财富的生产力理论。

本—收益分析模型之中。

马克思主义的政治经济学所考察的生产力，是生产满足人们需要的产品的能力，体现着人们适应、利用和改造自然的能力[①]。其中生产力要素和我们日常所讲的"生产要素"是一致的。马克思所讲的劳动过程的简单要素是劳动、劳动对象和劳动资料。马克思把自然力也作为生产力发展的要素，认为"大工业把巨大的自然力和自然科学并入生产过程"，如利用水力、风力发电，利用太阳能等。马克思在资本论中对生产力的分析，侧重点不在于生产力的测度，而在于生产力与生产关系之间的相互作用，即前者对后者的决定性作用以及后者对前者的反作用。

在现代经济学分析中，生产力所描述的是生产效率的各种测度，表示为单位投入的产出比，包括要素例如劳动、资本生产力；对于单个要素集合不能解释的那一部分生产力，则称之为多要素生产力"Multifactor Productivity"（MFP）或全要素生产力"Total Factor Productivity"（TFP）。Abramovitz[②] 认为 TFP 只是一个"无从知晓的测度"，因为数学分析中它只是一个残差，可能包括期望的因素诸如技术和组织创新，也涵盖一些并不是期望的因素，例如测度误差、遗漏变量、加总偏差、模型偏误等。因此 TFP 与生产力的关系并不完全清晰。

从前文的分析中可见，无论是古典经济学、马克思主义经济学，还是当代经济学，或将自然作为财富的一种表现形式，或作为生产力的一个核心要素，但在量化分析和测度中，多考虑劳动、资本和总体的生产力，将自然要素作为外在因子。不仅如此，在传统的经济学分析中，并未将自然因子与气候关联起来，对于气候在自然要素中的关键和决定性地位几乎没有涉及。但是，有关生产力的理论和分析测算方法，对于气候生产力的认知和要素分析，有着重要的理论和方法论意义。

二 生态系统生产力中的气候因子

生态系统的生产力分析，考察的是自然要素，将社会经济因子作为给定条

---

① 卫兴华：《马克思的生产力理论超越了西方经济学》，《人民日报》2017 年 4 月 10 日第 7 版。
② Abramovitz M., "Resource and Output Trends in the United States since 1870", *American Economic Review*, Vol. 46, No. 2, 1956, pp. 5 – 23.

件，讨论自然条件下的产出能力或水平，所涉及的自然因子，涵盖了决定性的气候要素。在生态学中，生产力是指生态系统中生物量的生成速率。它通常以单位时间单位面积（或体积）的质量单位表示，例如每年单位平方米克数（$g/m^2 \cdot yr$）。质量单元计量采用干物质或生成的碳质量。植物的生产力被称为初级生产力，而以植物为营养来源的生物例如食草动物的生产力，称为二级生产力。

初级生产力（Primary Productivity）是指绿色植物利用太阳光辐射能进行光合作用，即太阳光 + 无机物质 + H_2O + CO_2→热量 + O_2 + 有机物质，把无机碳（CO_2）固定、转化为有机碳（如葡萄糖、淀粉等）这一过程的能力。一般以每天、每平方米有机碳的含量（克数）表示。初级生产力又可分为总初级生产力和净初级生产力。

$$CO_2 + H_2O + 光 + N \rightarrow CH_2O + P + O_2$$

式中，CO_2是大气重要组分，是气候变化温室效应的关键气体。H_2O是气候循环的主要因子，是生命之源。光则是决定地球气候带的决定性因子，四季周而复始，也源于太阳辐射的变化。N 代表自然界中的营养元素，也包括各种微量矿物元素，既来自土壤，也来自大气。绿色植物通过光合作用所形成的，则是生命有机体的含有蛋白质（P）和蛋白质微量元素的组织结构碳水化合物（CH_2O）和释放出来的氧气（O_2）。荒漠之所以初级生产力低下，制约因素是水的严重短缺；而冻土带的生产力偏低，则是因为太阳辐射偏弱，温度过低，植物光合作用，能量严重不足。只有辐射（温度）和降水（水分）适宜的地区，才能有较高的生产力（见表 2-1）。

表 2-1　　　　生态系统生产力水平与气候要素特征

	生物质生产力	全球总面积	总产出	决定性的气候要素
	$gC/m^2/yr$	万 km^2	亿吨 C/yr	
耕地（1, 4）	650	1700	110.0	温（辐射）湿（降水）适宜
荒漠（4）	3	5000	1.5	湿（降水）欠缺
河口湾（3）	1800			温（辐射）湿（降水）适宜
沼泽和湿地（1）	2500			温（辐射）湿（降水）适宜

续表

	生物质生产力	全球总面积	总产出	决定性的气候要素
	gC/m²/yr	万 km²	亿吨 C/yr	
温带森林（1）	1250	1900	240.0	温（辐射）偏低
热带雨林（2）	2000	800	160.0	温（辐射）湿（降水）富足
冻土带（1，4）	140			温（辐射）过低

资料来源：（1）Ricklefs, Robert E.; Miller, Gary Leon, *Ecology* (4th ed.), Macmillan, 2000, p.192；（2）Ricklefs, Robert E. Miller, Gary Leon, *Ecology* (4th ed.), Macmillan, 2000, p.197；（3）Spalding, Mark, Corinna Ravilious, and Edmund Green, *World Atlas of Coral Reefs*, Berkeley, CA: University of California Press and UNEP/WCMC 2001；（4）Park, Chris C., *The Environment: Principles and Applications* (2nd ed.), Routledge, 2001, p.564。

生态系统生产力，显然取决于气候要素的水平和要素的组合状况。但是，经济学意义上的生产力所关注的社会总产出、劳动生产力、资本产出，以及技术进步等，在这一系统中并没有得到体现。我们所说的气候生产力，不仅仅是一个自然科学概念，在气候变化的态势下，更需要揭示的是其经济学，或政治经济学内涵。

三 气候因素决定的容量分析

经济学意义上的生产力视气候要素为外生，而生态学意义上的生产力又视经济要素为给定。从静态意义上看，经济学意义上的生产力和生态系统生产力中的气候要素所决定的，是一种容量或承载力概念。潘家华等[①]在考察社会经济系统的发展边界时，得出的结论表明，各种承载力或容量，最终均取决于气候要素所决定的气候容量。

容量或承载力（Capacity, Carrying Capacity）强调特定生态环境系统所能承载人类活动的能力或水平，尽管承载力是一个以资源禀赋为约束变量的静态指标，但与技术手段、社会选择和价值观念等关联密切，因而这一概念也有相对属性。容量的研究主要包括两种视角，一种是基于生态系统

---

① 潘家华、郑艳、王建武、谢欣露：《气候容量：适应气候变化的测度指标》，《中国人口·资源与环境》2014 年第 24 期。

生产力的生物承载力,如土地承载力、水资源承载力、生态承载力、环境容量等;另一种是考虑社会经济系统消费或需求与生态系统生产力的关系,探讨生态环境和自然资源对人类发展的约束,多采用人口承载力或生态足迹的测度。

气候容量的内涵或基础不仅包括温度、光照、降水、蒸发量等气候资源要素,还包括气候风险,如干旱、暴雨、台风等极端气候事件,海平面上升等,因为气候风险也是影响特定地区综合承载力的重要因素之一。气候容量的承载对象不仅局限于土地、水资源、生态系统及人口承载力,还包括特定产业(如农业)或特定地区的社会经济系统。

通常讨论的生态、水资源、土地、环境承载力,从严格意义上讲只是表征,最终都受制于,或取决于主要由辐射和降水所组合而形成的气候容量,因而准确讲,应该称为气候衍生容量。这些衍生容量或承载力在很大程度上受制于气候要素的水平或组合,但诸如技术进步和科学管理等人为的技术、经济和社会活动可以使一定气候容量下的生态系统、水资源、土地、环境对人口和社会经济系统的承载力得以提升(见表2-2)。例如,人工生态系统的承载能力,可以通过植树造林、草场改良、湿地重建、水坝灌渠等资本、技术和劳动力投入,而提升系统的产出水平,例如提升生物质产量、增加载畜量、提高生物多样性水平等。一个地区降水而形成的地表水、地下水累积所形成的水资源总量是一定的,但是,农业节水、工业提升循环用水率,也可以提高水资源承载力。单位土地面积的产出所支撑的土地承载力,也可以通过灌溉、改良土壤、培育新品种而得以提高。大气环境容量理论上不可以提高,但是,可以通过技术手段减少排放,从而维系或提高气候要素的生产力水平。

需要强调的是,一旦社会经济的投入或干扰终止,生态系统的初级生产力经过一定(或长或短)时间的自我调整,会恢复到自然状态。这也是为什么中东的石油财富可以建造世界第一高楼,却不能建造热带或温带森林生态系统并具有相应气候容量下的初级生产力的原因。

如果说容量或承载力是从供给方面考察自然约束,生态足迹则是从需求侧来看需要多大的容量或承载力。生态足迹被定义为生物生产性区域面积,用以满足人们所需的各种产品和服务,包括水果和蔬菜、鱼、木材、纤维、化石燃料燃烧所排放的二氧化碳的吸收以及建筑和道路的空间。生物承载力是能够再生人们对自然所需产品和服务的生产性的区域面积①。

表 2-2　　　　　　　　气候容量的要素及测度指标

	气候要素	测度	具体指标	容量提升或稳定的政策途径
气候容量	太阳辐射	温度	平均温度、积温注1	温室气体减排、太阳光辐管理
	水循环	降水	年平均降水量	水库蓄水、远距离调水
	极端事件注2	极端天气事件	极端（高、低）温、干旱、洪涝、台风	防灾减灾
衍生容量	水资源承载力	地表径流、地下水	人均可利用水资源（如不小于500立方米）注3	借助工程措施改变时空格局
	生态承载力	生态平衡	初级生产力（如载畜量）生物多样性指数（高中低）	借助技术措施改变需求或提高效率
	土地承载力	土地生产力	人均可利用土地资源 人均土地产出量	工程加技术措施

注：(1) 积温是农业常用的一个概念，指作物在整个生长发育期间所需要的最低限度的温度（热量）条件，是逐日平均气温的累积值。农业生产受到特定地区的平均温度和某一作物所需的总有效积温的限制；(2) 极端事件包括极端天气和气候事件，是指出现的某个天气或气候变量值高于（或低于）该变量观测值区间的上限（或下限）端附近的某一阈值；(3) 可参考国际标准或现状标准，如我国大部分城市人均水资源占有量在500立方米以下，城市化建设需要考虑这一最低限度的承载力。参见（IPCC，2012）不同国家自然灾害占GDP的比重。

资料来源：笔者整理。

　　生态足迹分析方法被广泛使用在地球的可持续发展评估。它可以用来衡量和管理资源的利用和评估个人、社区、国家或地区生活方式的可持续性，考察的对象包括商品、服务、组织、产业部门、社区、城市、地区和国家。目前每一个世界公民平均有约2.7的全球平均公顷生态足迹，但是，地球上具有生物生产力的土地和水资源，人均只有2.1全球公顷。这意味着，人类已经超过全球生物承载力的30%，当前地球村居民的生活正在不可持续的耗竭"自然资本"。

---

① William E. Rees, "Ecological Footprints and Appropriated Carrying Capacity: What Urban Economics Leaves Out", *Environment and Urbanazation*, Vol. 4, No. 2, 1992, pp. 121-130.

第二节　经济格局中的气候生产力

一　气候生产力的类型

按照李斯特关于财富生产力的分析，气候生产力可以简单地理解为气候资产保值增值的能力或水平。这里的气候资产，包括气候要素资产，尤其是水循环而形成的降水、太阳辐射而输入的热能；气候衍生资产，例如与气候要素水平相适应的生态系统资产存量和水平；气候系统资产即在一定气候系统下的全部或部分区域的各种资产（包括自然和人造资产）的总和。

气候生产力也包括或受制于科学技术手段和水平，以及人们对于气候系统和要素的保护或破坏程度。在原始状态下，气候生产力经过了一个漫长的自我改善和提升的过程。自然的气候力经过数以千年乃至万年而使岩石风化成为土壤，经过水力和重力作用而冲击成为平原、水域。最终形成与气候要素组合系统相适应的生态系统生产能力和水平，例如热带雨林、荒漠、冻原生态系统。由于没有资本、技术的介入，这一自然状态的产出水平和能力为原生或初级气候生产力。需要注意的是，原生气候生产力通过自身的积累不断提升生态资产的存量和水平，而得以不断增加。植物通过光合作用而生长，枯枝落叶改良土壤，生物多样性维系统平衡。所以，我们有原始森林这样的资产，也有鄱阳湖、太湖这样的湖泊湿地生态系统。当然，原生气候生产力也是变化的，所谓沧海桑田，"三十年河东，三十年河西"，动态的过程，自我调节。原生气候生产力也存在时间和空间上的波动。

原生气候生产力较为低下，而且具有较大的波动性，不能满足人类社会经济发展的需要。在这样一种情况下，气候生产力的劳动和资本要素投入，实现一定程度上的气候自然要素的时空再配置，形成二次气候生产力，气候自然要素资源得到了较为充分和更有效的利用，减缓了原生气候生产力在时间和空间上的波动性和极端（灾害）性。一方面，改变宏观格局，例如，筑堤坝约束水流防洪灾、修沟渠导引水流应对干旱。尤其是水库蓄水，不仅维系人工生态系统的农产品生产能力，还使城市和工业稳定供水，而保障城市和工业的平稳运行，还有利于自然生态系统的初级生产力。例如，美国加州的调水工程、中国的克拉玛依城市的调水、南水北调，均是劳动和资本对气候要素降水的时空再配置，使得农业、城市和工业得以维系正常运行，提升了气候系统的整体生产力水平。另一方面，则是改善微观格局。例如，工商业设施和居民生活设施的空调和供热，玻璃房、塑料大棚的温室生产，通过资本、技术和劳动的投入，使局地的微气候环境要素满足生活和生产的需要。而且，新材料、新设备的投入，也可减少微气候环境的维护成本。

二次气候生产力在资本、技术和劳动力的有效投入下，得到极大的提高。但是，由于二次气候生产力的能源基础——化石能源燃烧而排放大量的温室气体，引致全球气候变化，使得全球地表温度普遍升高，从而改变地球气候系统格局，极端或灾害气候事件强度更大、频次更高，从而减低气候生产力。试想，如果水循环发生变化，降水格局发生改变，没有降水量，也就没有水可以蓄，河流湖库没有水，时空再配置自然就没有可能了。不仅这样，原生气候生产力也会出现衰退。联合国气候变化专门委员会所作出的评估表明，由于温度升高引致的气候系统变化，会造成农作物减产而危及粮食安全，生物多样性锐减而造成生态系统失衡以及长远的系统崩溃。二次气候生产力改变了自然，使人类的欲望不断膨胀，生态足迹超越了气候容量，这一生产力不可能维系。这就需要与气候系统稳定相适应的三次气候生产力，远景零碳排放的气候生产力。资本、技术和劳动等生产力要素促使碳生产力不断提升，而最终无碳。零碳的可再生能源全面取代高碳的化石能源，便是三次气候生产力的实现过程。

三次气候生产力表明在生产力的不同阶段和水平，碳构成各个阶段的关键指标。原生气候生产力是一种自然生产力，能源来源是太阳光辐射通过光合作用而固定，是零碳的，自身可持续的，但生产力水平较低，不能满足社会经济发展的需要。二次气候生产力也可称为工业气候生产力，特征是工业化规模化大生产，改变了气候要素的自然格局，放大了气候要素资产，效率高，生产力水平高。除了太阳辐射能外，主要是能源密集度高但高碳、高污染的化石能源，对气候系统产生破坏，不可持续。三次气候生产力也可称为生态气候生产力，特点是气候要素资产的高效利用而形成的零碳高生产力。生态气候生产力系统排除了高碳的化石能源，完全依赖太阳辐射能，光合作用固定碳，光伏和光热利用保障能源供给。三次气候生产力之所以称为生态气候生产力，是因为这一生产力还需要相应的气候和生态友好的资本、技术、生产和消费方式（见表2-3）。

表 2-3　　　　　　　　各种生产力的要素内涵比较

		劳动	资本（技术）	自然	碳（温室气体）
生产力		要素	要素	要素的对象，外生	忽略
生态生产力		无视或外生（给定）	无视或外生（给定）	光、热、水、土地、植物、动物	忽略
承载力（容量）		边界约束	效率因子	气候因子（光热水）、衍生系统（生态、环境）	碳足迹
气候生产力	原生（自然）	忽略	忽略	光、热、水、土地、植物、动物	零碳
	二次（工业）	要素	要素	光、热、水、土地、植物、动物	要素（化石能源）
	三次（生态）	要素	要素	光、热、水、土地、植物、动物	零碳（可再生能源）

资料来源：笔者整理。

二　气候生产力的水平

宏观意义上的国民经济生产力，是在一个时点例如一年内的总产出，也就是 GDP，是一个特定社会制度资产结构下的生产力的状态描述；而两个时点之间的变率，便是动态的生产力，例如一个经济体 GDP 的年际变率，即经济增长率。而生产力的各个组成要素，也具有静态和动态的生产力内涵。例如劳动力，单位时间内的劳动力的单个产出或平均产出，便是劳动生产力。而不同时点之间的劳动生产力变率，即劳动生产力的增长率。单位面积土地在一定时间内例如一年的总产出，例如亩产，便是土地生产力。如果与基年或参考年份进行比较，则有动态的增产率。生态系统的初级或二级生产力，也有静态的状态或水平，例如单位面积蓄积量、单位面积产草量、单位面积载畜量、区域生物多样性指数等。如果与某一基准时点或参考年份进行比较，则有动态的生态系统生产力的变化率。

对于气候生产力的水平，可以从空间、要素和系统总体等层面加以分析。在空间尺度，可以是地球系统、气候带、气候区、行政区、小气候，乃至于微气候。生态足迹测定的是需求，但对应的是全球气候生产力，生物生产性的有光合作用固碳能力的地域面积。热带、亚热带、温带、寒温带、寒带、极地，显然是以气候要素太阳辐射强弱来进行气候生产力的自然区域划分的。而热带雨林、亚热带森林、半干旱草原、干旱荒漠、戈壁则是以水循环提供的湿度水平划分气候生产力地区的。地貌起伏形成的阳坡和阴坡、自然和人工的湖泊水系，则在同一气候带与相邻地区形成有较大差异的小气候，例如阳坡光热充裕，阴坡则水汽较好。人工控制的微气候，包括温室、暖房、空调房等，可以根据需要恒温恒湿。人类有能力改变微气候，但是改变不了大气候。中东石油开采产生的巨额财富，应该说是工业气候生产力的极大释放，形成了大量的人造资产，但不能超越气候要素约束革命性的改变气候生产力，例如不可能在戈壁沙漠人造森林。即使是可以小范围人工种植，一旦人工补水终结，气候生产力就会复原。

在要素层面，除了经济学意义上的劳动和资本等因素外，主要指太阳辐射、大气降水，以及组合而成的各种气候条件。在自然气候生产力水平下，太阳能主要通过光合作用提供包括人类的异养生物的营养和热量需求。在工业气候生产力水平下，则可以通过温室等手段将太阳热能加以储存利用，并出现太阳光热、光伏商业利用的端倪。而在生态气候生产力水平下，无论是在温湿适宜的高自然生产力地区，还是在没有水的荒漠和戈壁、海滩，太阳光伏和光热利用，会提供人类社会经济的基本上的能源保障，成为就业、收入的支柱型行业。维持和提高气候生产力的重点，还在于控制和减缓极端气候要素的负面冲击。在自然气候生产力水平下，水循环的波动性造成的洪涝旱灾冲击自然生产力，引发社会灾难。在工业气候生产力水平下，通过资本投入和技术改进，堤坝和建筑强度提高，有效地抵御了洪涝台风的破坏，保障了社会经济系统的稳定运行。另外，从长远看，工业气候生产方式如果不能有效控制温升幅度，则人类不可能适应气候要素的极端灾变性。

在气候要素组合或系统整体层面，气候生产力的决定因子比较复杂。在自然气候生产力状态下，生态系统表现出自我适应、演化，资产保值增值，提高和维系气候生产力。但气候要素的极端波动性，也会破坏自然生产力。例如，干旱和洪灾。但是，生态系统有自我修复能力，自然气候生产力可以得到自我复原。社会经济发展对自然气候生产力的竭泽而渔的生产方式，例如毁林开荒、围湖造田、草原垦殖、过度抽取地下水，引发水土流失、生物多样性减少、生态系统失衡，自然生产力退化乃至消失。如果人类停止对自然的破坏尚在可逆范围内，自然生产力可以自然恢复；如果已然不可逆转，则气候生产力消失。古楼兰国废墟就是一个气候生产力全然消失的例证。气候变化通过影响气温、降水等气候要素以及水资源、生态系统等衍生系统，从而对初级生产力、人口承载力、社会经济发展潜力带来相应的影响。如果气候变化导致的温升使得青藏高原的冰川消失，西北沙漠绿洲依靠冰雪补水的气候生产力，就将不复存在。降水、温度及其均值变化（变率）是影响特定地区长期植被覆盖的最重要因素。中国北方地区20年的气象和遥感数据分析表明①，该地区生态系统的初级生产力由于温度升高、降水减少而显著降低，其中气候变化对于初级生产力下降的贡献率为90%，土地利用变化的影响只占到10%。从20世纪30年代的半殖民地半封建的农业社会到今天中国基本实现工业化和现代化，与400毫米年等降雨量相重叠的人口地理分界线胡焕庸线②，并没有因为工业生产力的提高和基础设施的投入，而大幅改变这一分界线两侧的人口和经济比例结构。从这一意义上讲，气候是生产力的终极基础，保护气候就是保护生产力。

由于自然对人类社会经济发展有一定的边界约束，各种承载力、容量从较为次要的层面，将气候要素作为重要因子加以考虑。在气候变化条件下，纯然经济学的生产力分析和自然的生态系统生产力分析需要加以整合，从源头考察生产力的内涵和水平，这就成为气候生产力研究的基础。在气候变化背景下，人类生产力的发展，必须要考虑长远未来，需要纳入碳，也需要在不同层面揭示气候生产力和提升气候生产力的方式和途径。这些内容不仅是气候变化经济学的重要研究内容，也是经济学的基础性研究重点。

第三节 气候变化经济学的理论属性

从经济学属性认知上讲，气候变化是外部性问题，也是"公地悲剧"问题或公共物品问题；从公平视角来看，气候变化涉及发展权问题，也是发展本身的问题；从不确定性和风险认知上看，气候变化时间跨度特别长，全球变暖的潜在社会经济影响具有高度不确定性。正是因为有认知上的多元化，不同学

---

① 高志强：《土地利用和气候变化对农牧过渡区生态系统生产力和碳循环的影响》，《中国科学》2004年第10期。

② 胡焕庸：《中国人口的分布、区划和展望》，《地理学报》1990年第2期。

术部门，甚至同一学术机构或同一个学者，在考虑学科归属时视角各异，有的把它当作环境经济学问题，有的把它视为公共经济学研究范畴。如果从不确定性下资源的代内与代际分配涉及公平与效率范畴，气候变化也可归入发展经济学、规范经济学、制度经济学以及福利经济学。显然，气候变化经济学具有交叉性、复合性、综合性。

如果考察气候变化的本源，显然是一个具有典型意义的外部性问题，因为气候变化是以地表温度升高为表征，科学观测和分析表明地表升温与大气二氧化碳浓度升高相关联。气候变化经济学分析的逻辑则为：全球地表增温是由温室气体排放引起的，但温室气体排放者不承担这个成本，而是由他人、社会和后代人承担，所以是外部性问题。如果属性这样认定，经济学处方很简单，就是外部成本内部化，通过征收碳税，将二氧化碳排放的收益与气候变化产生的外部成本以税收的形式抵消。排放没有收益，当然就不会排放了；即使有排放，从社会收益视角看，碳排放在抵消外部成本后还有收益，是净收益。这一处方看似简单，但认知并不完全准确，也存在操作困难。气候变化的外部成本难以核算，也缺乏一个全球政府来实施外部性内部化的气候政策[①]。

气候变化似乎是一个"公地悲剧"问题。大气二氧化碳排放空间没有边界，谁都可以自由排放，排放所产生的收益归排放者，排放引发的气候变化，则由全体承担。如果气候变化从属性上看属于"公地悲剧"，处方也很简单，符合产权经济学范式，明确大气排放空间的产权，然后建立碳市场，通过产权交易实现碳排放数量的效率配置。但是，产权途径也有其局限，不能解释气候变化的全部和复杂性。我们没有一个世界政府，谁来确认产权？大气空间的使用在一定范围内有着非竞争性和非排他性，因而排放空间具有公共物品的属性[②]，产权难以界定分割，而且涉及发展权益问题，产权途径解决不了问题。

如果说全球碳排放空间是公共物品，那么碳排放空间的使用不能由市场竞争实现帕累托最优，而应该由政府负责。

气候变化实质上是一个发展问题，因为碳排放权本质上是发展权的一部分。碳排放的数量和水平，无论从历史还是现实上考察，都与生活品质、发展

---

① 阿罗认为全球气候变化不同于其他环境问题，是一种全球公共损失，主要因为温室气体留存时间特别长、影响持久，温室气体产生的外部性是全球性的、影响范围更大。

② 全球碳排放空间存在最大容量限制，温室气体排放超过一定阈值使得这类公共物品出现一定的"拥挤性"，碳排放空间表现为有限的非竞争性和非排他性，属于准公共物品。

水平呈线性关系。所以，碳排放关乎发展权，发展权就具有人权的内涵，不能够被剥夺，要公平享有。如果这样，处方也比较简单，就是人均分配；如果考虑历史排放，人均历史累计排放，公正公平分享占有。但是，什么是碳排放权？还存在理论上解释的困难，因为碳排放不是一个必需品，没有碳排放的能源服务，照样能够保障生活品质。所以，碳并不重要，关键在发展。在实践中还存在怎么界定排放责任、如何实现公平与公正的分配这一问题。

气候变化是发展问题，就成为发展经济学命题，因为气候变化是因发展而产生的，通过发展可以减缓和使得适应能力有根本提升。但是这一认知也存在学理和政策上的困境，因为高碳能源在发展过程中能够提供最低成本的能源服务，与碳减排形成冲突，而且富人、发达国家的排放水平高。从发达国家的文献分析看，高排放的富裕国家的减排难度也比较大；发达国家实际上减排的幅度和速度远低于预期，没有能够给低排放的发展中国家作出示范。实践中问题更多更复杂。谁应该做什么？应该做多少？如何做？就成为制度经济学、规范经济学的问题，这个处方要求什么呢？通过谈判达成国际协议，明确法定条款，规定法律义务。从 1990 年开始气候变化多边谈判、1992 年达成《联合国气候变化框架公约》到 1997 年《京都议定书》的缔结，再到 2015 年达成《巴黎协定》，这些都是从制度经济学层面作出的国际气候制度安排。

对于气候变化这样一个不确定性问题，达成协议需要很多妥协。但是，气候变化的风险是没有任何妥协的，它是一种自然存在，在我们遵循气候制度的情况下，出现风险怎么办？不承担国际义务者、搭便车者，例如 2000 年布什政府退出《京都议定书》、2017 年特朗普政府退出《巴黎协定》，怎么办？气候变化经济学，还需要从气候风险视角来考察我们怎样应对气候变化，进行系统的经济学分析。全球增温对于自然生态系统和人类社会经济系统有着巨大的负面影响，经济损失具有非线性，存在着长尾效应，长尾概率不是特别高，但是风险越来越大，系统崩溃的风险需要管控。正如汽车保险是小概率事件，但一旦出现，就是确定性事件。正是因为这样，斯特恩在气候变化经济学分析中，采用风险管控的成本收益分析，防范气候变化引致的可能的灾难性风险。

关于气候风险的研究，在气候变化经济学领域里应该说是非常重要的一个问题。理论上存在不确定性和贴现率到底应该如何选取的问题，过低的贴现率存在代际不公平，对成本分摊也带来了困难。温室气体排放空间利用有明确的社会经济运行或者分配目标，社会可以作出最优的选择。根据福利经济学的希克斯—卡尔多补偿原理，即使有损失，也可以通过补偿平衡。如果收益能够补偿损失，福利水平还有提升，则是社会优化的体现。20世纪70年代以后，美国学者罗尔斯提出正义论，在"无知面纱"即做社会选择的人不知道自己将来是穷人、富人，抑或能人、笨人，基本的社会选择标准就是"最大—最小原理"，使社会最弱势部分群体的收益或者他们的福利最大化。气候变化风险研究在实践上也存在信息不对称问题，风险究竟有多大？有多快？信息仍然不完整。

可见，对气候变化经济学属性的认知不同，有着不同的经济学分析途径。从目前研究看，涉及碳税、碳预算管理、碳市场、碳公平原理研究、气候风险管控研究。斯特恩关于气候变化经济学评估的分析，在2006年完成后受到了国际社会广泛的关注，也有很多经济界、理论界的质疑。为回应这些质疑，斯特恩2007年在《美国经济评论》上写的一篇长论，对气候变化经济学进行解读，其中最关注的一点在于选用 0.1% 的低贴现率，使得未来的风险在当前也是一个巨大的损失。因而得出结论，需要每年拿出 1%—5% 的 GDP 用以防范气候风险，就可以保证气候的安全。这样一个分析研究关键在于信息本身的问题。强调外部成本内部化的环境经济学研究，应该说汗牛充栋，数量巨大。通过可计算一般均衡模型，发现碳的市场价值，通过定价，实现碳减排。在气候变化经济学研究中，美国学界是外部成本内部化最典型的代表，哈佛、斯坦福的一批学者非常明确地将温室气体排放定义为外部性问题，强调效率优先，避免涉及公平和发展权益问题。而发展中国家的学者多考虑公平与发展权益问题。可见，气候变化经济学的理论认知与分析，有着明确的国际政治立场站位，其内在的或深层次的，是政治与权益内涵。

第四节　气候变化经济学的研究范式

由于气候变化的经济学属性使然，气候变化经济学只能是交叉性的，自然科学与人文社会科学的交叉，人文社会科学又是人文科学与社会科学的交叉。英国学者迈克尔·戈拉博（Michael Grubb）出版的《星球经济学》，实际上就界定了气候变化经济学的框架，确认地球的自然边界、生态安全、社会发展、效率配置，具有交叉性、复合性、综合性。如何在经济学领域加以定位呢？更准确地讲，应该称为气候变化政治经济学，是政治属性非常突出的或具有决定性作用的经济学分析研究。西方经济学是伴随工业革命而发展的，工业文明的范式特征明确，对气候变化问题难以寻求有效的解决途径。从这一意义上讲，经济学的全部体系都是工业文明的发展范式下的经济学认知，功利主义的导向和标准，国家利益优先、当代人优先。当前有关的气候变化经济学研究，从属于工业文明的发展模式，伦理基础是功利主义，经济学范式上需要变更，基于工业文明理念的公共经济学、福利经济学，从根本上讲不能解决气候变化问题。

按照工业文明的经济学范式，世界的发展和未来将来是无解的。在工业文明范式下，国家利益优先、利润最大化、共赢与和谐不符合工业文明的基本理念，利益冲突是根本存在的，是不可和解的。发达国家历史上的强势地位还在不断延续，发展中国家发展需求还会不断提升。在这样一种情况下，发达国家、富人需要维护自身的利益，穷人需要提升自身发展潜力。对于二氧化碳排放空间，发达国家的需求居高不下，发展中国家潜在需求巨大。从需求增量上看，未来谁需要更多的碳排放空间？需求增加，一是生活质量的提升，二是人口数量的增长。发达国家生活质量需求已经接近饱和乃至于超饱和，人口数量已经抵达甚至越过峰值。而且随着技术进步，需求还会不断下降。而欠发达的低收入发展中国家，生活质量普遍偏低，人口数量快速增长。例如非洲刚果，根据联合国人口统计署的数据，刚果占世界人口的比例，1950年只有全世界人口的0.48%，到2015年已经到了1.05%，占比增加超过了1倍，按中等生育率人口预测数据，到2100年占比甚至高达3.5%。从绝对数量上看，1950年只有1200万，2100年达到3.9亿（中等生育率），150年人口净增加超过30倍。即使人均排放不增加，总排放需求也要增加30多倍。对于快速发展的新兴经济体，多数因循发达国家的老路。改革开放以后中国采用发达国家的工业化常规道路，人均二氧化碳排放从20世纪70年代不足世界平均水平的25%，到目前超过世界平均水平的40%；同期占世界比重从7%到目前的近30%。如果印度按照中国这样的发展模式，印度是什么样的碳排放需求呢？截至2020年，印度人口13.8亿，在21世纪中叶可望超过17亿人。如果碳公平，是人均占有，是当代人的公平？还是未来人的公平？在这样的范式下，印度生活质量提升碳排放按目前的格局至少需要增加4倍，人口数量还要增长1/3。按照工业文明的经济学范式，应该说是无解的，没有范式上的转型，没有内在的认知上的变化，发达国家人均碳排放下降困难，发展中国家需求上升幅度巨大。发展中国家历史上排放少，是气候变化的受损者；但碳排放作为一个发展问题、外部性问题，风险是全球性，全人类的。所以，必须在发展范式上有新的、全面的、根本上的转型。新的社会经济发展范式，多学科交叉融合，属于转型经济学研究。价值基础、发展目标、制度规范、消费选择必须是低碳的与气候友好的，研究气候变化背景下维系和提升气候生产力的理论以及相应的制度、机制和体系。如果要就气候变化经济学转型发展方向进行界定，无疑需要这样一种定位。

气候变化经济学科建设应该涵盖三个重要的方面：一是气候变化经济学理论研究；二是全球治理规范经济学研究；三是气候风险理论选择的学理性研究。作为一个现实和应用经济学问题，还必须要开展气候变化经济学方法论研究和政策实践分析。

从学理上讲，气候是具有生产力的。保护环境就是保护生产力，改善环境就是发展生产力。从这一意义上讲，气候就是生产力。怎样使气候生产力能够得以维系、得以提升、得以改进？这是气候变化经济学最根本的一个理论问题。气候要素具有交叉性、关联性特征，不是现在经济学研究中一个福利最大化或者成本最小化的单一目标函数所能精准描绘的。如果经济形态要成为一种适应气候变化的新气候经济，则要求相应的生产、分配、消费，应该有相应的体系模式。

全球气候治理需要从制度经济学、国际政治经济学视角开展规范经济学分析。在制度规范方面，气候变化经济学研究的重大问题包括《巴黎协定》、减排责任分担、气候资金、气候工程等议题。

关于气候风险研究，是一个理性选择的理论命题，是长期抉择，而不是工业文明范式下短期利益下的理论预期。考虑到温升影响，脆弱性分析与评估、适应能力、潜力与极限约束均涉及系统性风险。

关于气候变化方法论的研究，全球盘查，碳预算管理问题，情景分析，低碳评估与规划等，均需要方法论创新。碳金融也有一些理论问题需要探讨，但在操作层面，主要还是一个政策和方法研究。气候变化政策研究方面，碳市场政策内容比较多，涉及财政、税收、金融、可再生能源政策等。

从学科建设的角度看，气候变化经济学作为一个新兴的学科体系，理论架构工作才刚刚起步。建立气候变化经济学的学科体系、学术体系、教材体系、话语体系，需要创新与探索，体现中国特色、兼容西学、建立一个真正能够指导人类应对气候变化行动和经济决策的学科体系。

延伸阅读

1. 潘家华：《气候变化经济学》（全二卷），中国社会科学院出版社 2018 年版。

2. 潘家华、庄贵阳、陈迎：《减缓气候变化的经济分析》，气象出版社 2003 年版。

3. ［美］戴维·古德斯坦、［美］迈克尔·英特里利盖托：《气候变化与能源问题：从自然科学与经济学视角》，王海林译，东北财经大学出版社 2018 年版。

4. ［澳大利亚］邬若素：《邬若素气候变化报告》，张征译，社会科学文献出版社 2009 年版。

练习题

1. 政治经济学关于生产力的自然要素分析有哪些内容？
2. 气候容量的内涵包括哪些因素？
3. 气候容量的测度指标以及容量提升或稳定的政策途径包括哪些？
4. 气候生产力可以分为哪些类型，其要素内涵有何区别？
5. 气候变化经济学的学科体系建设需要考虑哪些重要内容？

第三章

气候变化问题的科学基础和认知

为应对解决气候变化问题带来的各种影响，首先应具备针对气候变化问题的科学认知，本章首先系统梳理了气候变化科学的理论基础和现代气候变化科学的进展，包括针对气候系统的观测、气候模式的发展以及人类社会对气候变化认知的理论基础。其次，介绍了气候系统的变化事实，包括气候的历史变化趋势、观测到的全球气候系统变化以及中国的气候变化现实。再次，介绍了气候变化造成的影响与风险，包括气候变化的影响与风险评估方法，气候变化对主要领域和全球主要地区带来的影响和风险等。最后，介绍了气候系统的稳定性及与可持续发展的协调问题。

第一节 气候变化科学的发展

一 气候变化科学的理论基础

气候变化自古有之，而本教材所讨论的是"现代气候变化科学"，它的产生和发展已经历了近两百年。大量的理论、观测和研究表明，自18世纪60年代工业革命以来，人类社会大量使用化石燃料、排放CO_2等温室气体，加上不合理的土地利用、毁林等活动，导致全球气候系统的各种气候要素呈现变暖的态势，气候变化成为影响人类社会可持续发展的重大问题。

（一）天气、气候、气候系统与气候变化

天气是指短时间尺度内天气各要素的状态，如高温、降水、台风等。气候是指各个天气要素在一定时段内的平均状态，常用冷暖干湿来表示。地球表层的大气圈、水圈、冰冻圈、生物圈和岩石圈表层五个圈层相互作用，组成高度复杂的气候系统（如图 3-1）。当代气候变化是指气候系统五大圈层的变化。气候系统内部在太阳辐射的作用下产生一系列的复杂过程，有连续的外界能量输入，且其各个组成部分之间通过物质和能量交换紧密地相互联系和影响着，所以气候系统是一个非线性的开放系统。气候系统随时间演变的过程既受到自身内部动力学的影响，也受到外部强迫如火山爆发、太阳活动变化的影响，还受到人为强迫如不断变化的大气成分和土地利用变化的影响。

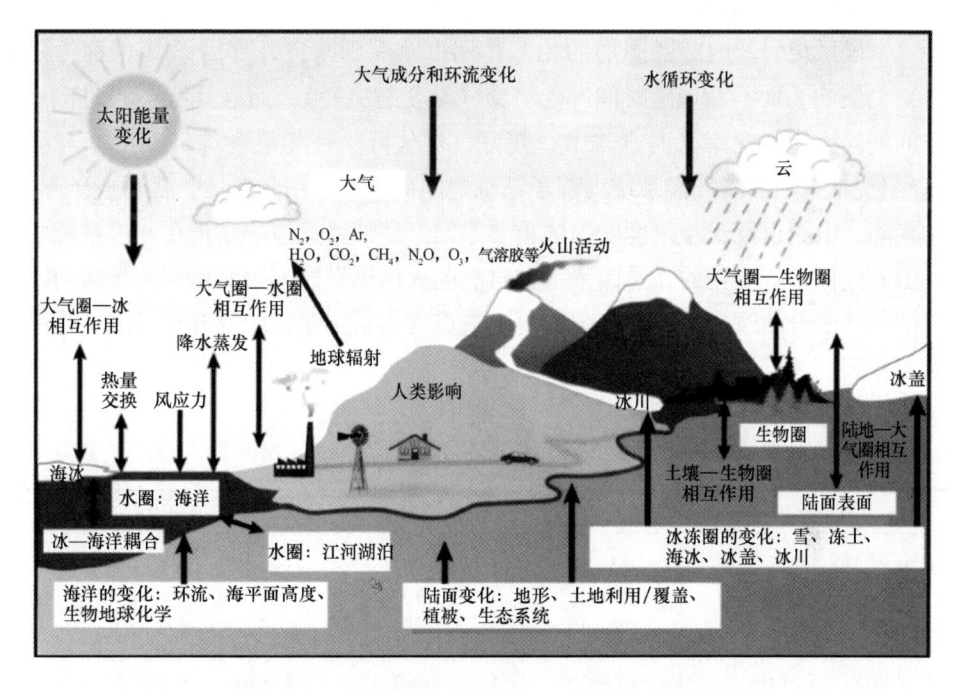

图 3-1 气候系统各组成部分、过程和相互作用

资料来源：IPCC，*Climate Change 2007：The Physical Science Basis*，Contribution of Working Group I to the Fourth Assessment Report of the Intergovernmental Panel on Climate Change，Cambridge United Kingdom and New York：Cambridge University Press，2007.

气候变化是指可识别的（如使用统计检验）持续较长一段时间（典型的为 30 年或更长）的气候状态的变化，包括气候平均值和/或变率的变化。离差值越大，表明气候变化的幅度越大，气候状态不稳定性增加，气候敏感性也增大。IPCC 把"气候变化"定义为"气候状态的变化，这种变化可以通过其特征的平均值和/或变率的变化予以判别（如通过统计检验），这种变化将持续一段时间,通常为几十年或更长的时间"。《联合国气候变化框架公约》则把"气候变化"定义为"在可比时期内所观测到的在自然气候变率之外的直接或间接归因于人类活动改变全球大气成分所导致的气候变化"。因此,前者的定义包括了"人为气候变化"和"自然气候变率",而后者的定义只涉及"人为气候变化"。目前国际社会关注的气候变化,主要是指由于人为活动排放温室气体造成大气组分改变,引起以变暖为主要特征的全球气候变化。

(二) 气候系统的演变

气候系统因其内部各圈层的相互作用以及受到来自外部因子(也称为强迫)的影响,而不断地随时间发生演变(渐变与突变),而且具有不同时空尺度的气候变化与变率(月、季节、年际、年代际、百年尺度等气候变率与振荡)(见表 3-1)。气候系统内部子系统之间的相互作用和反馈,是形成年际、年代际、世纪以及千年尺度变率的重要原因。外部强迫因子是指在气候系统之外引起气候系统变化的强迫因素,如自然的火山爆发、太阳变化和人类活动产生的大气成分的改变,外部的强迫也是造成气候系统年代际到万年尺度变化的重要原因。

表 3-1　　　　　　　气候变化的时间尺度及原因

气候变化	时间尺度(年)	温度变化幅度(℃)	气候变化主要原因
1. 地质时期 　　大冰期—大间冰期 　　间冰期—冰期	10^4—10^9 10^7—10^8 10^4—10^5	10 10 10	太阳变化、地球轨道参数变化、大陆漂移、造山运动、极移、火山活动
2. 冰后期(历史时期)	10^2—10^3	1—2	太阳辐射、火山活动
3. 现代气候变化(近百年)	10^1—10^2	0.5	太阳辐射、火山活动、人类活动
4. 气候振荡(年际)	10^0—10^1	1—2	气候系统内部的相互作用
5. 气候异常(月际)	10^{-1}—10^0	3—5	大气环流异常

资料来源:巢清尘、徐影:《气候变化》,《中国气象百科全书——气象科学基础卷》,气象出版社 2016 年版,第 258—261 页。

二　现代气候变化科学的进展

为有效应对气候变化问题,国际上开展了一系列的大型科学研究计划,如世界气候研究计划（World Climate Research Programme，WCRP）、国际地圈生物圈计划（International Geosphere-Biosphere Programme，IGBP）、国际全球环境变化人文因素计划（International Human Dimensions Programme on Global Environmental Change，IHDP）、国际生物多样性计划（An International Programme of Biodiversity Science，DIVERSITAS）等。近年来又不断强化自然科学和社会科学的融合，建立了未来地球（Future Earth）科学计划。

（一）气候系统的观测

气候系统的长期观测结果是气候变化的重要资料基础和气候模式发展的必要支撑，综合的多圈层全球气候变化观测系统是提供高质量气候变化资料和相关产品，了解气候系统过去和现在详细信息的基础。气候系统的观测主要包括实地观测和遥感观测两种手段。实地观测主要指在某一地点对气候系统要素直接获取的观测结果。早期的测量站点很少，仪器比较原始，缺乏系统性，资料质量控制弱。系统性仪器观测大约是从 1850 年开始，到 19 世纪，测量站点数量仍然很少，覆盖面也不够，主要以对大气观测为主。到 20 世纪，特别是中期以后，随着船舶、浮标、探空气球、雷达、卫星等观测手段的出现，观测更为全面和系统，资料也逐渐规范标准化。卫星遥感是当代气候系统观测的一种重要的遥感手段。最近几十年来，气象卫星和其他类型的卫星提供了地—气系统辐射收支、陆表植被、土地使用、土壤特征和海面温度等信息，为解决海洋、沙漠、高山等地区记录稀少的问题开辟了新途径，使得对地球气候的观测范围在数量级上增加了几倍。同时，对空间和时间特征描述的增加，也进一步降低了对气候系统认识的不确定性。另外，器测观测前历史自然档案以及树轮、深海沉积物岩芯、冰芯等气候代用资料的研究，提供了历史时期从区域到全球尺度气候和大气成分变化的信息，这些都为深入认识和理解气候变化提供了重要信息[①]。

国际上实施的全球气候观测系统（GCOS）强调气候系统整体观测，分为大气、海洋、陆地三个观测子系统，利用实地和空基观测技术，获取大气、海洋、陆地系统关于气候的物理、化学和生物特征参数，提供所有用户共享（见表 3-2）。

---

① 巢清尘等：《IPCC 气候变化自然科学认识的发展》，《气候变化研究进展》2014 年第 1 期。

表 3 – 2　　GCOS2010—2015 年执行计划（IP – 10）基本气候变量

领域		基本气候变量
大气（包括陆面、海面和冰面以上）	表面[1]	气温、风速和风向、水汽、气压、降水、地表辐射收支
	高空大气[2]	温度、风速和风向、水汽、云特征、地球辐射收支（包括太阳辐照度）
	大气成分	二氧化碳、甲烷、其他长生命周期温室气体[3]、臭氧和气溶胶及其前体物[4]
海洋	表面[5]	海表温度、海表盐度、海平面、海况、海冰、海表洋流、海色、二氧化碳分压、海洋酸度、浮游植物
	次表层	温度、盐度、洋流、营养物、二氧化碳分压、海洋酸度、氧、海洋示踪物
陆地		河流流量、水利用、地下水、湖泊、积雪、冰川和冰帽、冰盖、多年冻土、反照率、地表覆盖（包括植被类型）、光合有效辐射、叶面积指数、地上生物量、土壤碳、火干扰、土壤湿度

注：（1）指接近地面的标准高度处的测量；（2）至平流层顶；（3）包括 N_2O，CFC_S，$HCFC_S$，HFC_S，SF_6，PFC_S；（4）尤其是指 SO_2，HCHO，CO；（5）包括表面混合层的测量，通常在上部 15 米范围内；（6）基本气候变量：是指用以表征气候特征的单个物理、化学和生物学变量或一组紧密相关的变量，其对于表征气候系统及其变化至关重要，且应具观测技术上的可行性和成本效益。

资料来源：World Meteorological Organization, The Global Observing System for Climate: Implementation Needs, WMO Pub No. GCOS – 200, April 1, 2016。

（二）气候模式的发展

气候模式是气候系统的数值表现形式，它建立在气候系统各部分的物理学、化学和生物学特性及其相互作用和反馈过程的基础上，并解释部分其已知特性（如图 3 – 2）。

早期的数值天气预报模式都是区域性的，1956 年全世界第一个真正的大气环流模式（General Circulation Model，GCM）由诺曼·菲利普斯（Norman Phillips）推出。20 世纪 60 年代到 80 年代初，气候模式逐渐开始发展和应用，并逐渐可以模拟出大气环流、水分循环的季节变化，甚至能模拟出副热带沙漠、季风、热带辐合带等。现代气候模式的多个发展分支主要是源于 20 世纪 60 年代发展起来的这些模式。

20 世纪 70 年代中期到 80 年代初，自然科学家开始研究气候变化。通过敏感性实验，研究地质时期海陆分布、地球轨道要素的变化，以及历史时期太阳辐射、CO_2、极冰、海温的变化对气候变化的影响。

自 20 世纪 80 年代以来，随着全球气候观测系统的不断完善、国际大型外场观测试验的成功实施以及高性能计算机的飞速发展，为气候模式的迅猛发展提供了基础和条件。气候模式的复杂程度和模拟能力得到了显著的提高，目前已成为研究全球和区域气候的形成及变异、气候系统各圈层之间的相互作用以及全球变化等的有力工具。

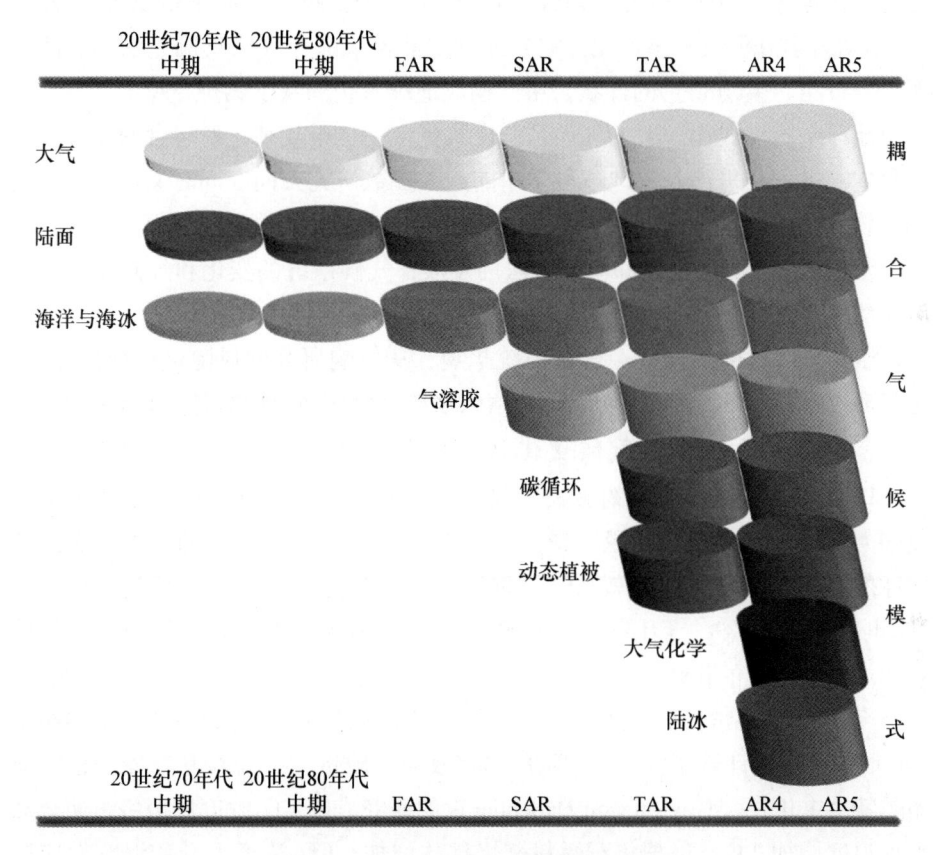

图3-2 近几十年来气候模式的发展

注：FAR［IPCC第一次（1990）评估报告］；SAR［IPCC第二次（1996）评估报告］；TAR［IPCC第三次（2001）评估报告］；AR4［IPCC第四次（2007）评估报告］；AR5［IPCC第五次（2014）评估报告］。

资料来源：IPCC, *Climate Change 2014*: *The Physical Science Basis*, Contribution of Working Group I to the Fifth Assessment Report of the Intergovernmental Panel on Climate Change, Cambridge, United Kingdom and New York: Cambridge University Press, 2014。

自21世纪以来，随着地球科学各分支学科的相互渗透与逐渐融合，进而明确提出地球系统的概念后产生了地球系统模式。由于地球系统把大气圈、水圈、冰冻圈、岩石圈和生物圈作为一个相互作用的整体来考虑，因此原有的研究方法和研究手段已经不能完全适应地球系统科学研究的需要。地球系统模式是基于地球系统中的动力、物理、化学和生物过程建立起来的数学方程组（包括动力学方程组和参数化方案）来确定其各个部分（大气圈、水圈、冰雪圈、岩石圈、生物圈）的性状，由此构成地球系统的数学物理模型。

地球系统模式比一般的气候系统模式更多、也更复杂，所包含的物理、化学和生物过程几乎涉及了地球科学中的绝大多数研究方向，同时又与计算机硬件及软件技术的发展高度相关，它的研制还是一个巨大的系统工程。

正是基于观测、模型和研究方法的发展，气候系统的变化和气候变化影响研究都得以不断深化，从有限的个例研究逐渐形成了对某个领域的全球性研究，从自然生态系统逐渐向社会经济系统扩展，从影响研究向风险治理视角发展。这些都为我们全面、客观、系统认识气候系统的变化和影响奠定了重要基础。

（三）人类社会对气候变化认知的理论基础

1824年，法国科学家约瑟夫·傅里叶（Joseph Fourier）提出了地球上覆盖的大气层（像一层"毛毯"或"温室玻璃"一样）使地球的温度比裸露的地球的温度高，即"温室效应"。1867年，英国科学家约翰·廷达尔（John Tydall）测量了CO_2、CH_4等分子的辐射特性，阐明了大气中微量的温室气体对地球温度变化的作用，这项分子物理学的研究是当代气候变化理论的核心。1896年，瑞典科学家斯凡特·奥古斯特·阿伦尼乌斯（Svante August Arrhenius）首次定量计算了大气中CO_2的温室效应。1938年，英国科学家盖依·斯图尔特·卡伦德（Guy Stevant Callendar）的研究表明CO_2浓度加倍后可使全球平均温度增加2℃，他把化石燃料燃烧排放增加、CO_2浓度上升和温室效应联系在一起，指出人类活动可能造成明显的气候变化。后来，日本科学家真锅淑郎（Syukuro Manabe）、美国科学家朱莉·查尼（Jule Charney）进一步建立了完善的理论，对CO_2浓度与气候变化的关系（气候敏感性）进行了评估，认为大气CO_2浓度增加一倍后会引起全球升温1.5℃—4.5℃。[①]

理论要经过实际测量的验证，才能构成科学。19世纪50年代之后，随着

[①] 胡永云：《全球变暖的物理基础和科学简史》，《物理》2012年第8期。

气象观测站的建立,以及后来陆续发展的对海平面、冰川等要素观测、仪器观测气候的变化成为最真实的验证工具。1958年,美国夏威夷观象台开始进行CO_2等温室气体浓度观测。人类系统性研究气候变化的序幕正式揭开。19世纪几位科学家奠基性的理论工作与其后大量观测数据的结合,使现代气候变化的研究成了一门理论与实际相结合的科学体系,成了一门由大量感性认识与规律性的理性认识相印证的新兴学科。

专栏3-1　温室气体

温室气体,是指大气中能够捕获或吸收来自地球表面反射的长波红外辐射、对地球有保温作用(温室效应)的气体成分,其中自然存在的温室气体主要包括水蒸汽(H_2O)、二氧化碳(CO_2)、臭氧(O_3)、甲烷(CH_4)、氧化亚氮(又称笑气,N_2O)等,完全由人类制造的即人造温室气体主要包括氯氟碳化物(CFCs)、全氟碳化物(PFCs)、氢氟碳化物(HFCs)、含氯氟烃(HCFCs)及六氟化硫(SF_6)等。1997年12月联合国气候变化大会在日本京都通过的《京都议定书》中确定6种温室气体,即CO_2、CH_4、N_2O、HFCs、PFCs和SF_6;在2012年12月卡塔尔多哈召开的联合国气候变化大会上增加了三氟化氮(NF_3)。

第二节　气候系统的变化

一　气候的历史变化趋势

为了揭示气候变化过程和规律,了解更早的气候环境变化情况,科学家常利用一些自然或人文的代用资料进行古气候变化重建。一类是历史资料,如考古发掘文物、历史文献等;另一类是各种天然气候记录,包括树木年轮、地层中的生物化石、植物孢粉、各类沉积物的特征,以及各种自然地理因子变迁的痕迹等。如使用冰芯气泡法,可获得距今几十万年以来大气中CO_2、CH_4、N_2O等温室气体的浓度。

专栏 3-2　古气候

　　古气候是指现代气候以前的气候，包括历史气候和地质时期气候。历史时期的气候变化同地质时期的气候变化是一样的，只是幅度较小而已，但气候变化的幅度比现代气候变化要大得多。古气候信息能够提供自然驱动作用下气候变化的长期趋势和变率，因而能为更好地认识当前气候变化，并为气候变化的归因和气候模式的改进提供基础。

　　根据气候记录、史料和考古材料分析，世界和我国的气候都经历着长度为 10^0—10^8 年的各种时间尺度的变化。地球起源以来的约 46 亿年中，气候曾发生过多次巨大变化。几亿年的地球气候史以温暖时期与寒冷时期交替出现为基本特点。我国气候学奠基人竺可桢先生首先采用古代文字记载、物象等手段，恢复了我国 5000 年来的气候演变，成为世界上研究古气候变化的一个里程碑。

　　古气候的变化是由自然原因造成的。过去 100 万年中最大的气候变化是冰期循环。地球辐射平衡的变化是古气候变化的主要驱动力，但不同时期气候变化的原因各不相同。过去 300 万年中冰期以一定的周期循环往复，这与米兰科维奇循环相联系。根据米兰科维奇循环理论，近几百万年由于地球轨道参数的变化，气候具有周期为 10 万年左右的冰期—间冰期循环。这种自然的轨道强迫可在几千年时间尺度上影响关键的气候系统（如全球季风、全球海洋循环、大气温室气体浓度等）。

　　大气中的 CO_2 并不是导致冰期变化的主要原因，但它在冰期中也起着重要的作用。在几百万年时间尺度上，CO_2 浓度由于地质构造的活动而发生变化，构造活动影响着海洋、大气和固体地球之间的 CO_2 交换速率。太阳辐射能量的变化是过去气候变化的另一个可能原因，辐射能量变化的主要原因是太阳黑子和耀斑的变化。近几十年的观测表明，太阳的输出能量以 11 年的周期发生着轻微的变化（变化幅度接近 0.1%）。太阳黑子观测及宇宙产生的同位素资料都给出了太阳活动长期变化的证据。资料分析及模式结果表明，太阳变率和火山活动很可能是过去 1000 年中在工业化时代开始之前气候变化的主要原因。

（一）温度的变化

一般认为，对地质时期温度的估计从中生代（距今 2.3 亿—0.67 亿年）起才比较可靠。据赫尔曼·弗洛恩（Herman Floen）估计，中生代时的年平均温度在两极附近为 8℃—10℃，低纬度热带地区为 25℃—30℃。新生代（距今约 6700 万年以来）气候的主要特征是中纬度温度缓慢地下降，而热带地区却无明显变化。大约在距今 500 万年以前，南极地区已出现冰盖。距今 330 万—300 万年（上新世），地球上的气候都是较为温暖的，温度比工业革命前高 2℃—3℃，与此同时，地球上的冰盖大幅减少，海平面比现在高 15—25 米。到距今 250 万年，北半球冰岛等地区也开始出现山岳冰川，以后格陵兰等地的现代冰川又相继形成。于是，地球气候逐渐进入一个新的大冰期，即第四纪大冰期。第四纪大冰期始于大约距今 200 万年以前，结束于 1 万—2 万年以前。第四纪气候是以大陆冰盖和中、高纬度山岳冰川为主要特征，统称为第四纪大冰期。在第四纪内，依据冰川覆盖面积的变化，可划分出几次冰期和间冰期。冰期气温平均比现代低 8℃—10℃。末次冰盛期（2.65 万—1.9 万年前），全球变冷 4℃±0.8℃，全球平均地表温度比工业革命前低 3℃—8℃。间冰期气温比现代高，末次间冰期全球平均温度比工业革命前高 1℃—2℃。末次冰消期，全球平均地表温度增加了 3℃—8℃，年均增加速率为 0.3℃—0.8℃。冰后期（约从 1 万多年前开始），全球气温逐渐上升，冰川覆盖的面积相应缩小，海平面随之上升，地球气候又进入较为温暖的时期。全新世（距今 1.15 万年）以来，在距今 8000—6000 年期间全球年平均温度比工业工业革命前高 0.7℃，北半球高约 1℃。近 2000 年来，当前的全球温度比过去至少 500 年的记录要高，甚至有可能超过过去 1000 年的温度。

在北半球，1983—2012 年很可能是过去 800 年来最暖的 30 年，可能是近 1400 年以来最暖的 30 年；北半球 1983—2012（1963—2012）年期间的平均温度很可能比 1200—1899 年期间任何 30 年（或 50 年）平均温度都要高[①]。

中国约在 8500 年前进入大暖期，8500—7200 年前以升温为主要特征，7200—6000 年前是大暖期中最稳定最温暖的阶段，6000—5000 年前开始降温，气候有较大波动，4200—4000 年前出现明显的冷事件。自此中国也开始了夏、

---

① IPCC, *Climate Change 2013*: *The Physical Science Basis*, Cambridge, United Kingdom and New York: Cambridge University Press, 2013.

商、周三代，时至今日大致经历了13个气候阶段，总共约4000年时间，每个阶段300—400年不等。夏朝到商朝初期，是中国仰韶文化时期，气候温暖。然后，进入商冷期。大约公元前1300年盘庚迁殷，气候回暖，直至武王伐纣。但是在商末3200年前后有一次降温。西周初气候回暖，以后一段时间气候不稳定，到战国时气候又转凉。近2000—3000年有了更多的古气候系列，自西汉到民国以来又经历了7个冷暖交替的阶段。这3000年温度变化的总趋势是变冷，一直到小冰期末期的19—20世纪气候变暖。

（二）温室气体浓度的变化

工业革命前（1750）冰芯封存的这些温室气体（CO_2、CH_4、N_2O）保持了最天然的状态。100万年前的温室气体浓度资料目前还具有相当的不确定性，它超出了目前所能获取的南极冰芯的范围。在过去的80万年，据冰芯记录的CO_2、CH_4、N_2O的浓度最大值为300 ppm（ppm表示"百万分之一"浓度）、800 ppb（ppb表示"十亿分之一"浓度）、300 ppb（温暖的间冰期），最小值约为180 ppm、350 ppb、200 ppb（寒冷的冰期）。2017年的CO_2（405.5 ppm）、CH_4（1859 ppb）、N_2O（329.9 ppb）浓度水平远远超过了冰芯记录的近80万年时期的浓度。

大气中CO_2浓度在工业革命前一直相当稳定，约为280 ppm。工业革命前80万年，CO_2浓度一直处在180—300 ppm之间，其中工业革命前7000年在260—280 ppm之间波动。在工业革命前1.1万年至7000年间，冰芯记录的大气CO_2浓度降幅约7 ppm，随后直到1750年工业革命时代CO_2浓度增加了20 ppm。工业革命前7000年大气CO_2浓度在千年尺度上变幅为20 ppm，百年尺度上变幅约为10 ppm。与工业革命以来人类所导致的CO_2浓度增加相比，工业革命前1.1万年以来CO_2浓度变化非常缓慢，其变化幅度比工业化以来增加幅度小5倍多[①]。大气CH_4浓度在工业革命前约为715 ppb。工业革命前65万年间，CH_4浓度在320—790 ppb之间波动。工业革命前7000年，CH_4浓度在千年尺度上变幅为125 ppb，而在百年尺度上变幅为40 ppb。大气N_2O浓度在工业革命前约为270 ppb，末次冰盛期N_2O浓度为202±8 ppb，全新世早期为270 ppb。据IPCC AR5结果，工业革命前7000年N_2O浓度在百年尺度上的变幅为10 ppb。

---

① IPCC, *Climate Change 2013: The Physical Science Basis*, Cambridge, United Kingdom and New York: Cambridge University Press, 2013.

大气中另外的温室气体如氟氯烃、醛类以及一些氮和硫的氧化物，都是工业革命以来人类活动过程中排放到大气中的。大多数长寿命的含卤素气体（如氯氟碳化物），在自然过程只能生成数量很少，在制冷工业发展前，大气中并没有这种气体成分。

二 观测到的气候系统变化

IPCC 第五次评估报告综合了国际上各方面研究结果对全球气候变化的基本事实给出了评估意见，结合世界气象组织发布的气候状况报告①，其主要结论如下（如图3-3）。

（一）气温升高

近130多年（1880—2012）来，全球地表平均温度上升约0.85℃。其中，陆地增温大于海洋，高纬度地区大于低纬度地区，冬半年大于夏半年。与1850—1900年相比，2003—2012年的10年全球地表平均温度上升了0.78℃。最近30年是自1985年以来连续最暖的三个10年，也是近1400年来最暖的30年。2017年是有记录以来全球三个最暖年份之一，并且是明显未受厄尔尼诺影响的有记录以来最暖年份。另外两个分别是2015年（第三暖年）和2016年（最暖年），比工业革命前水平（1850—1900）高约1.1℃±0.1℃。全球九个最暖年份都出现在2005年以后，五个最暖年份出现在2010年以后。2013—2017年的五年平均温度也是有记录以来的最高值，比1981—2010年平均值高了0.4℃，比工业革命前高了1.0℃。

（二）海洋变暖

近40年来，气候系统增加的净能量中有90%以上储存于海洋，其中60%储存在海洋上层（0—700米），致使其变暖。海洋上层的热含量增加了17×10^{22}焦耳，洋面附近的升温幅度最大。全球海洋热含量处于创纪录的水平，2017年0—700米深度层平均海洋热含量达15.8×10^{22}焦耳，0—2000米的热含量为23.4×10^{22}焦耳也是有记录以来的最高值。尽管最近两年海平面变化相对稳定，但自2017年中期以来，又呈继续上升趋势。2004—2015年海平面上升速度为3.5mm/年，而之前十年为2.7mm/年。

---

① World Meteorological Organization, *Statement on the Status of the Global Climate in 2017*, Geneva, WMO – No. 1212, March 22, 2018.

(三) 冰雪量显著减少

1971年以来全球冰川普遍出现退缩,平均每年约减少2260亿吨的冰体。

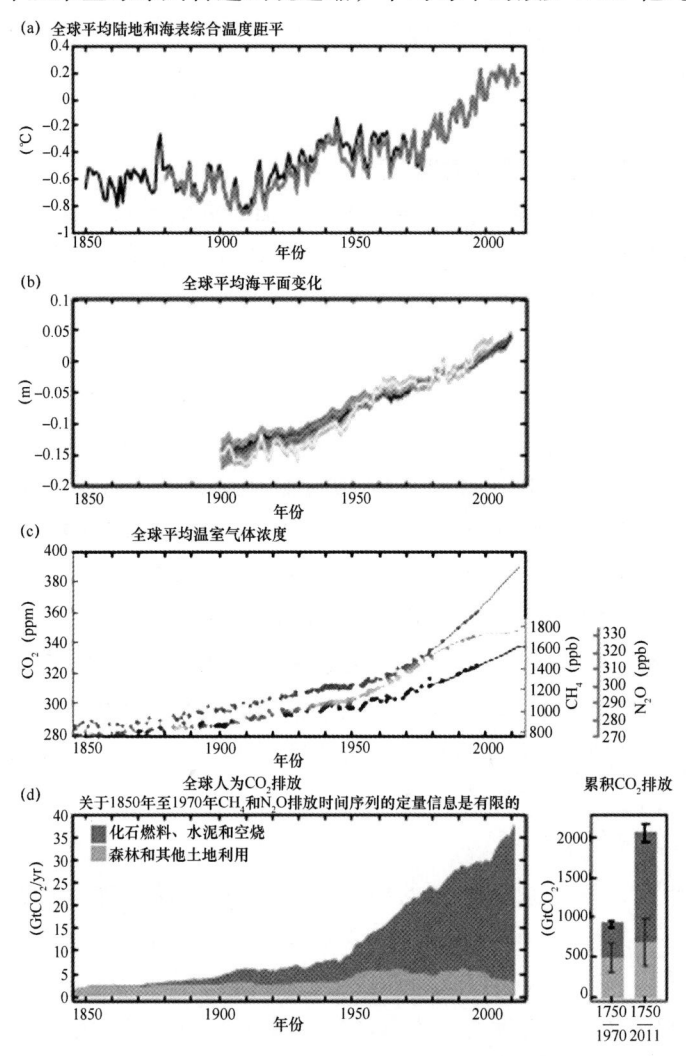

图3-3　气候要素和温室气体排放观测事实

注:(a) 相对于1986—2005年平均值的年平均全球陆地和海洋平均表面温度距平。不同颜色表示不同的资料集;(b) 持续时间最长的数据集中,相对于1986—2005年平均值的年平均全球海平面变化。不同颜色表示不同的资料集;(c) 根据冰芯资料(点)和直接大气测量(线)确定的大气 CO_2(图中上曲线)、CH_4(图中中曲线)和 N_2O(图中下曲线)等温室气体的浓度;(d) 林业和其他土地利用、化石燃料、水泥生产和天然气燃烧造成的全球人为 CO_2 排放。

资料来源:IPCC, *Climate Change 2014: Synthesis Report*, Cambridge, United Kingdom and New York: Cambridge University Press, 2014。

近 20 年来格陵兰冰盖和南极冰盖的冰储量在减少。北极海冰范围自 1979 年以来明显缩小，缩小速率为每十年 3.5%—4.1%。1967—2012 年，北半球春季积雪范围每十年缩小 1.6%。

（四）海平面上升

1901—2010 年，全球平均海平面上升了 0.19 米，上升速率为每年 1.7 毫米。近期还在不断加速，自 1971 年以来全球海平面平均上升速率为 2.0 毫米，1993 年以来更是达到每年 3.2 毫米。

（五）人为因素

自 20 世纪后 50 年以来，一半以上的全球气候变暖是由人类活动造成的，这一结论的信度大于 95%。

三 中国的气候变化事实

在全球变暖的大背景下，中国近百年来的气候也发生了明显变化，主要表现在以下方面。

（一）气候变暖幅度高于全球

近百年中国气温变化总体趋势与全球是一致的，但气候变暖幅度明显高于全球，高温事件显著增多。1901—2017 年，中国地表年平均气温呈显著上升趋势，地表年平均气温上升了 1.21℃（如图 3-4）。1951—2017 年，中国地

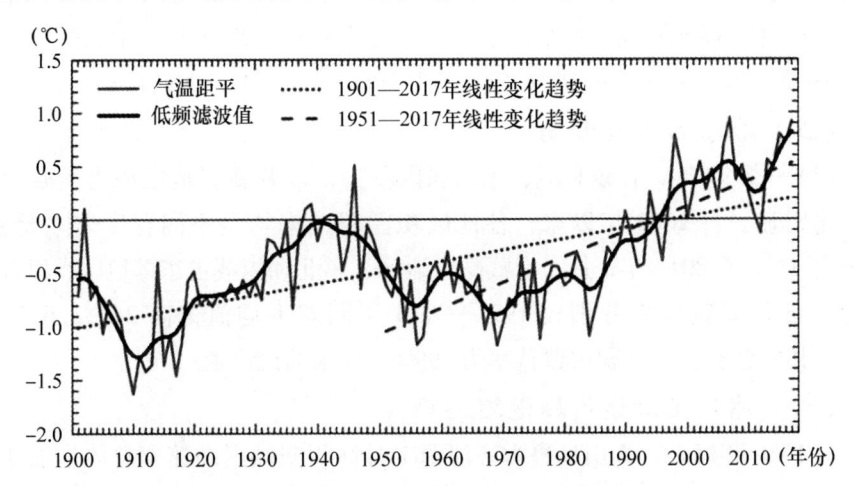

图 3-4 1901—2017 年中国地表年平均气温距平变化

资料来源：中国气象局气候变化中心：《中国气候变化蓝皮书（2018 年）》，北京，2018 年。

表年平均气温增温速率为 0.24℃/10 年；1961—2017 年，中国各区域年平均气温均呈上升趋势，但区域间差异明显，北方增温速率明显大于南方地区，西部地区大于东部地区，其中青藏地区增温速率最大。1961—2017 年，中国上空对流层平均气温呈显著上升趋势，而平流层下层平均气温呈下降趋势。

（二）降水格局明显变化

1961—2017 年，中国平均年降水量无明显的增减趋势；20 世纪 90 年代降水以偏多为主，21 世纪最初十年总体偏少，2012 年以来降水持续偏多。1961—2017 年，中国各区域降水量变化趋势差异明显，青藏地区降水呈增多趋势，而西南地区降水呈减少趋势，其余地区降水无明显线性变化趋势，但均存在年代际波动变化。自 21 世纪初以来，华北、华南和西北地区平均年降水量波动上升，而东北和华东地区降水量年际波动幅度增大。1961—2017 年，中国平均年降水日数呈显著减少趋势，而暴雨日数增加。

（三）气候风险总体升高

1961—2017 年，中国气候风险总体呈升高趋势，且阶段性变化较为明显，20 世纪 70 年代和 80 年代气候风险低，90 年代初以来气候风险高。1991—2017 年平均气候风险指数（6.5）较 1961—1990 年平均值（4.2）增加了 55%。

（四）中国沿海海平面波动上升

1980—2017 年，中国沿海海平面变化总体呈波动上升趋势，上升速率为 3.3 毫米/年，高于同期全球平均水平（如图 3-5）。2017 年，中国沿海海平面较 1993—2011 年平均值高 58 毫米，为 1980 年以来的第四高位。

（五）积雪覆盖度升高

1990—1999 年，青藏高原、东北和内蒙古，以及新疆地区积雪覆盖率年际振荡明显。自 2000 年以来，各地区积雪覆盖率均呈不同程度增多趋势。2016 年 11 月至 2017 年 2 月，青藏高原地区、东北和内蒙古东部地区，以及新疆地区的积雪覆盖率分别较 1991—2010 年同期平均值偏高 24%、69% 和 47%，其中新疆积雪区积雪覆盖率为 1990 年以来的最高值。

（六）冰川呈加速消融退缩趋势

自 1980 年以来，天山乌鲁木齐河源 1 号冰川末端退缩速率总体呈加快趋势。由于强烈消融，1 号冰川在 1993 年分裂为东、西两支。监测结果表明，在冰川分裂之前的 1980—1993 年，冰川末端平均退缩速率为 3.6 米/年；

1994—2017 年，东、西支平均退缩速率分别为 4.6 米/年和 5.7 米/年。2011 年之前，西支退缩速率大于东支，之后两者退缩速率呈现出交替变化特征。2017 年，东、西支分别退缩了 7.5 米和 4.5 米。1989—2017 年，阿尔泰山木斯岛冰川的平均退缩速率为 11.5 米/年，大于同期 1 号冰川的平均退缩速率。2017 年，木斯岛冰川末端退缩 9.5 米。

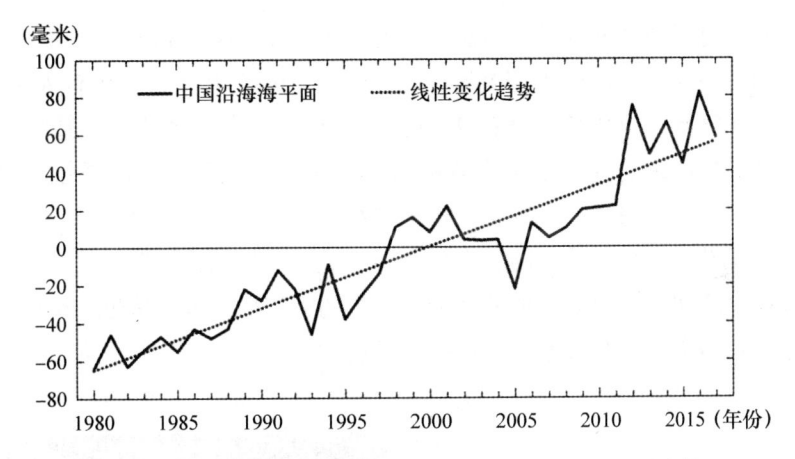

图 3-5　中国沿海海平面变化（相对于 1993—2011 年平均值）

资料来源：国家海洋局：《2018 年中国海平面公报》，北京，2019。

（七）多年冻土活动层厚度增加退化明显

青藏高原多年冻土区面积约为 106 万平方千米，平均厚度 39 米，其中高山和丘陵带为 60—130 米，而宽广的高平原及河谷地带为数米至 60 米。青藏高原多年冻土地下冰储量约为 12.7 万亿立方米。活动层是多年冻土与大气间的"缓冲层"，是多年冻土与大气之间水热交换的过渡层。活动层厚度是下垫面水热综合作用的结果，其为多年冻土区气候环境变化最直观的监测指标之一，也是多年冻土区水文、生态研究，乃至工程设计和建设的一个重要指标。青藏公路沿线（昆仑山垭口至两道河段）多年冻土区 10 个活动层观测场监测结果显示，1981—2017 年，活动层厚度呈显著增加趋势，平均每 10 年增厚 19.2 厘米。2004—2017 年，活动层底部温度呈明显的上升趋势，平均每 10 年升高 0.44℃。1981—2017 年，观测区平均气温呈显著升高趋势，升温速率达 0.69℃/10 年。受区域增温的影响，活动层近年表现出增厚加快的特点，多年冻土退化明显。2017年，观测区平均活动层厚度与2016年持平，达到240厘米，并列为1981年以来的最大值。

第三节 气候变化的影响与风险

气候变化对全球和区域水资源、生态系统、粮食生产和人类健康等自然生态系统和人类社会均产生了深刻影响（如图3-6）。其中，相比较人类系统，自然系统受气候变化影响的证据更为有力和全面。自然系统由于适应能力有限，容易受到严重的甚至不可恢复的破坏。正面临这种危险的系统包括：冰川、珊瑚礁岛、红树林、热带林、极地和高山生态系统、草原湿地、残余天然草地和海岸带生态系统等。随着全球变暖的进一步加剧，极端天气、气候事件频次和强度增加，而由此造成的影响及产生的灾害损失也必然越来越严重，这些都严重威胁了全球社会经济的可持续发展。

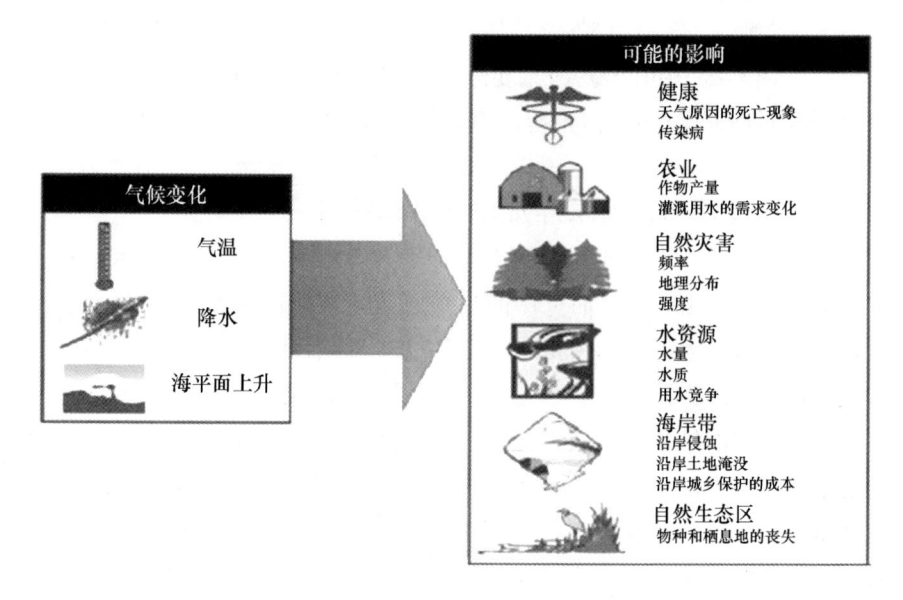

图3-6 气候变化的影响和风险

资料来源：笔者整理绘制。

未来气候变化对自然系统和社会系统的影响是长远而巨大的,而且许多影响是负面的或不利的。如果不对未来人为温室气体排放进行管控,将致使全球气候系统进一步变暖,全球自然生态系统和人类社会面临的气候风险将进一步加剧。

一 气候变化的影响和风险评估方法

气候变化的影响主要是指极端天气和气候事件以及气候变化对自然和人类系统的作用,包括对自然和人类系统的影响两个方面。这类影响通常是指某一特定时期内的气候变化或灾害性天气气候事件与暴露的社会或系统的脆弱性之间的相互作用,包括对生命、生计、健康、生态系统、经济、社会、文化、服务和基础设施产生的影响。

气候变化会影响实质危害,社会经济的变化将影响危害暴露度和脆弱性(如图3-7)。一般可以对实质危害和危害暴露度的关键特征进行量化,并且可以根据气候和社会经济情景作出具体的量化预测,但是却很难对危害脆弱性的驱动因素在未来发生何种变化作出量化预测,只能通过情况描述来体现。

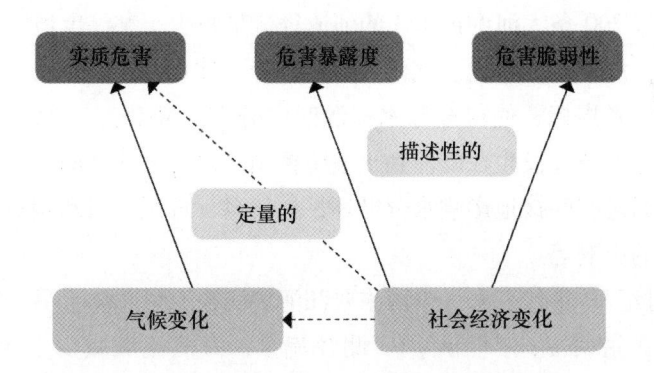

图3-7 风险三要素及风险变化的驱动因素

资料来源:中国国家气候变化专家委员会和英国气候变化委员会:《中英合作气候变化风险评估——气候风险指标研究》,中国环境出版集团2018年版。

对气候变化的影响进行评估首先需要预估未来的气候如何变化,在此基础上再对气候变化可能造成的影响进行评估,而对未来气候变化的预估首先需要根据对全球社会经济排放情景的构建来设计未来温室气体排放情景。

进行未来气候变化情景预估的主要工具是气候模式，包括全球和区域气候模式。社会经济排放情景的构建主要需要考虑的因子为：人口和人力资源的发展与变化，社会经济发展，特别是能源生产和使用的变化带来的能源排放的变化（包括温室气体和气溶胶等），技术变化和改革与进步，土地利用与覆盖的变化，农业、林业和草地等的变化，环境和自然资源的变化，政策和机构管理的变化，以及生活方式的变化等。针对不同领域的影响和风险，还要通过气候系统模式耦合领域模型，一般采用统计模型和经验/半经验模型，不同领域采用的方法也各有差异。

二 气候变化对主要领域的影响和风险

全球尺度的结论主要来自 IPCC 第五次评估报告，中国的主要结论来自第三次气候变化国家评估报告以及《气候变化监测公报》。

（一）淡水资源

受气候变暖影响，全球很多地区的降水变化和冰雪消融正在改变水文系统，并影响水资源量和水质；许多区域的冰川持续退缩，影响下游的径流和水资源，全世界 200 条大河中近 1/3 的河流径流量减少；高纬度地区和高海拔山区的多年冻土层变暖和融化。气候变化会改变全球水循环的现状，通过影响相关水文途径或者指标，使得全球水资源时空分布重新分配。除了直接影响以外，气候因子还通过发生在陆面和土壤中控制陆面与大气之间水分、热量和动量交换的陆面过程间接地影响水分循环，如气温、日照、风和相对湿度对陆面蒸散发过程的影响等。

自 20 世纪 80 年代以来，中国主要江河实测径流量总体上呈下降趋势，北方地区水资源量明显减少。河川实测径流量，海河流域减少了 40%—60%，黄河中下游减少 30%—60%。1980—2010 年相比 1951—1979 年多数流域水资源量呈下降趋势，以海河流域衰减最明显，达 47.1%。河川径流量和水资源量的减少，进一步增大了水资源的供需矛盾。河川径流的变化是人类活动和气候变化等环境变化综合作用的结果。黄河流域径流量的减少集中在中游地区。总体而言，人类活动是目前北方径流量减少的主要原因，但气候变化的绝对影响量有增加趋势。

(二) 陆地生态系统

气候变化加大了对生物多样性的不利影响,较大幅度的气候变化会降低特殊物种的群体密度,或影响其存活能力,从而加剧其灭绝的风险。受气候变化影响,世界各地树种死亡现象越来越普遍,从而影响气候、生物多样性、木材生产、水质以及经济活动等诸多方面,有些地区甚至出现森林枯死,显著增加当地的环境风险。中国过去几十年,湿地面积在青藏高原和西北扩大,在东部缩小并且退化。

气候模式结果表明,在所有气候情景下,物种灭绝风险都是增加的,并且灭绝的风险还随气候变化的幅度增大而提高。在21世纪内,一些区域生态系统的组成、结构和功能可能会发生突变或是不可逆的变化,如亚马孙和北极地区,而这些变化反过来又将对气候产生影响,从而导致气候发生新的变化。极端气候事件对生态系统的影响不容忽视,模式模拟结果表明,到21世纪,仅考虑气候变化的影响,亚马孙森林不会消失,但考虑未来极端干旱事件、土地利用的变化和森林火灾的影响,亚马孙森林将严重退化,会给这一地区生物多样性、碳吸收等带来重要影响。气候变化情景下的近期气候变化对中国生态系统的影响不大,但中、远期气候变化对生态系统的负面影响较大。

(三) 海岸带

海岸带生态系统与气候变化相关的三个因素关系密切,即海平面、海水温度和海洋酸度。气候变化和海洋酸度的改变给海岸带生态系统带来显著的负面影响。由于相对海平面的上升,海岸带系统和低洼地区正经历着越来越多的洪水淹没、极端潮位和海岸侵蚀,并承受着由此带来的不利影响。海水温度上升和海水酸化导致珊瑚白化甚至死亡,珊瑚礁成为最脆弱的海洋生态系统。除了受气候变化的影响,海岸带地区生态系统的许多变化,还受人类活动的强烈影响,如土地利用变化、沿海开发以及污染等。由于20世纪大量水坝的建设、大型建筑物以及自然和人类活动产生的沉积物导致世界上多数大的三角洲都在下沉。在过去100年,东京东部下降了4.4米,意大利的波河三角洲下沉了3米,上海下沉了2.6米,曼谷下沉了1.6米。

预计到2100年,全球平均海平面将上升0.28—0.98米。由于人口增加、经济发展和城市化进程的加速,暴露在海岸带风险中的人口和社会资产也越来越多,中国东部沿海城市尤为突出,如上海、宁波、福州等。人类活动将成为河口海岸以及三角洲湿地等变化的主要驱动力,由于人类活动导致过度的营养输入、径流改变以及沉积物搬运减少,未来海岸带生态系统将承受更加剧烈的人类活动干扰。气候变化背景下,热浪和极端温度的频率增加,将导致温带海草和海藻生态系统发生退化,一些热带滨海旅游国家和小岛屿国家不仅要遭受海平面上升和极端气候事件的直接影响,还要承受因海岸带生态系统退化而导致的旅游收入减少的影响。

(四) 海洋系统

1950—2009 年,印度洋、大西洋和太平洋平均海表温度分别上升了 0.65℃、0.41℃ 和 0.31℃。同时,海洋对 CO_2 的吸收降低了海水的 pH 值约 0.10 个单位,酸化速度是过去 6500 万年来前所未有的,从根本上改变了海洋的生态,特别是高纬度海区海洋碳酸盐的化学过程。

鱼类和无脊椎动物等海洋生物地理分布已经发生迁移,低纬度海域及近岸与近海区域渔业捕捞量减少,珊瑚白化和死亡率增加,导致海洋生物多样性、渔业资源丰富度减少,珊瑚礁生态保护作用减弱,海平面上升、极端事件、降水变化和生态恢复能力降低,引发沿岸洪涝增加,海洋生态环境丧失,海洋酸化对甲壳类动物和造礁珊瑚等海洋生物生长发育受到影响。

受海洋变暖、酸化、含氧量和碳酸盐等物理化性质的变化对海洋生物生态的影响,渔业捕捞、海水养殖以及数以百万计以此为生的人们面临着气候变化影响的风险。未来海洋大部分区域还将持续变暖和酸化,其变率和影响随不同区域变化。除了全球变暖将导致更频繁的极端事件外,海洋生态系统及与此相关的人类社会将面临更多更严重的风险和脆弱性。

(五) 粮食生产系统

气候变化对全球大部分地区作物和其他粮食生产负面影响比正面影响更为普遍,正面影响仅见于高纬度地区。在大多数情况下 CO_2 对作物产量具有刺激作用,增加水分利用效率和产量,尤其对水稻、小麦等作物。臭氧对作物产量具有负面作用,通过减少光合作用和破坏生理功能导致作物发育不良,产量和品质下降,包括改变碳含量和养分摄入量,谷物蛋白质含量下降。

气候变化对粮食安全的各个方面均有潜在的影响,包括粮食的获取、使用和价格稳定。近年来,粮食生产区遭受极端事件之后,出现食品和谷物价格骤涨的现象。气候变化对我国粮食的影响,主要表现在种植结构、区域和耕种制度改变、粮食产量波动以及农业灾害加重等诸多方面。这些影响的分析主要是基于观测和模型就气候因子对粮食产量的影响分析,没有考虑技术进步的影响。

未来气候变化将使杂草的种群与分布向极地方向迁移。随着 CO_2 浓度增加，杂草可能很大程度限制作物产量，并受病虫害类型、品种类型与耕作方式的影响。目前广泛采用的化学控制病虫草害的方法可能失效，并且增加经济和环境成本。如果不考虑 CO_2 的作用，气温和降水的变化将推高 2050 年全球粮价 3%—84%，如果考虑 CO_2 的作用（但忽略臭氧和病虫草害等），届时全球粮价的波动范围在 -30%—45% 之间。

（六）城市

热胁迫、极端降水、空气污染、干旱和水资源短缺对城市地区的居民、资产、经济和生态系统构成风险。气候变化风险、脆弱性与所受的影响在全球范围不同规模、不同经济水平和地理位置的城市中心均在增加。孩子、老人等弱势群体是城市地区最脆弱的群体。低、中收入国家的低收入人群（包括移民）风险非常高，居住在质量差的房屋和暴露地区的人风险更高。目前全球约 1/7 的人生活在城市地区住房质量差、过度拥挤的地方，其中大部分为临时住所，缺乏甚至没有基本的基础设施与服务。大部分健康风险和气候变化脆弱性集中在这些区域。

城市气候变化相关的风险增大，对居民、当地经济、生态系统产生广泛的负面影响。气候变化给城市地区的水和能源供应、下水道和排水系统、交通和电信等基础设施系统以及包括卫生保健和急救在内的服务、建成环境和生态服务带来广泛的影响。对于与城市地区灾害相关的关键气候变化，在当前适应水平下，其风险等级从目前到近期呈增加趋势，但高适应水平能够显著降低这些风险等级。

（七）农村地区

气候变化对农村地区的主要影响体现在淡水供应、粮食安全和农业收入的影响，尤其对诸如女性起主导作用的家庭以及不容易获取土地、现代农村原料、基础设施和教育资源的农村地区贫穷人口的福利将产生不利影响。农村地区妇女由于在土地、劳动力市场、非农业创业机会等方面与男性存在明显差异，其脆弱性高于男性。原住民、牧民和渔民的生计和生活方式通常依赖于自然资源，对气候变化和气候变化政策高度敏感，脆弱性高。

（八）人类健康

气候变化影响人类健康的基本方式有三种：第一是直接影响，体现在气温、降水变化以及有高温热浪、暴雨洪涝和干旱等事件造成的暴露效应；第二是通过自然系统造成的间接影响，例如生物性传染病、水源性传染病和空气污染等；第三是受人类系统调节的间接影响，如职业、营养不良和心理压力等。气候变率和气候变化造成人类健康脆弱性差异的主要影响因子包括地理位置、当前的健康状态、年龄、性别、社会经济状况以及公共卫生和其他基础设施。

温度的升高已经导致人类热相关疾病和死亡风险增加。局地温度和降水的变化已经改变了水源性疾病和病媒生物的分布范围，减少了脆弱人群的粮食产量。在气候变化背景下，可能会出现新的健康问题，而现有的疾病（如食源性疾病）可能会在目前的非流行区出现。到21世纪中期，气候变化将继续影响现有的健康状况，主要体现在：（1）更强的高温热浪和火灾会增加伤害、疾病和死亡风险；（2）贫困地区粮食产量的减少会导致营养不良的风险增加；（3）食源和水源性疾病及病媒传播疾病的风险增加；（4）由于极端低温的减少，一些地区与冷气候相关的死亡率和发病率会适度下降。从全世界角度来看，气候变化对人体健康产生正面效应的规模和程度远不及负面效应。自21世纪以来，有些地区人体热调节的上限经常被超越，尤其对体力劳动者。高温高湿天气将影响正常的人类活动，包括粮食种植和户外作业。

三 气候变化对全球主要区域的影响和风险

全球不同区域地形、地理位置等自然条件不同，气候复杂多样，所受到的气象灾害类型及影响程度差异性大（如图3-8）。有关结论主要来自IPCC第五次评估报告。

（一）非洲

受气候变化和气候变率的影响，非洲许多国家和地区的农业生产及食品安全正在进一步恶化，气温的升高和降水的变化很可能导致谷物产量的减少。气候变化将进一步增加当前水资源可利用量及农业生产所面临的压力，预计气候变化所产生的最大影响发生在非洲的半干旱区。气候变化引起的海平面上升以及其他极端事件（涨潮水位和风暴涌浪）对沿海地区具有潜在威胁，海洋酸化及洋流的变化对海洋生态系统尤其是珊瑚礁系统产生不利影响，进而影响以渔业为重点的一系列重要经济活动。气候变化可能会进一步加剧人体健康脆弱性，增大对人体生命安全的威胁。

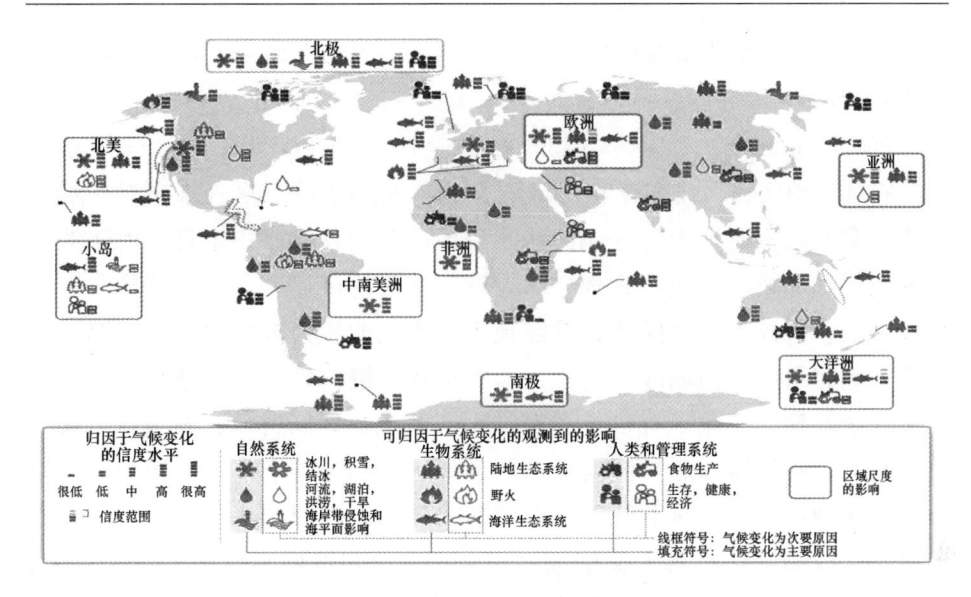

图 3-8 气候变化对各区域的广泛影响

资料来源：IPCC, *Climate Change 2014*: *Impacts*, *Adaptation*, *and Vulnerability*, Contribution of Working Group Ⅱ to the Fifth Assessment Report of the Intergovernmental Panel on Climate Change, Cambridge: Cambridge University Press, 2014。

（二）欧洲

自 20 世纪 80 年代以来，气候变化导致北欧地区的谷物产量增加而南欧地区的产量降低。气候变化将增加欧洲的灌溉需求量，强降水事件的频次和强度的增加还将进一步增加欧洲沿海和河道洪水的风险。气候变化将使沿海湿地消失或发生迁移；还将导致生长线北移，增加北欧地区的森林生产力。气候变化将增加北欧植物病虫害的季节活动和害虫物种分布，导致欧洲动植物栖息地和物种的改变以及局部的灭绝和大陆尺度的迁徙，外来物种的引进和扩散将增加。观测到的增暖已经使海洋鱼类的分布范围向高纬度扩展，并导致物种身体尺寸缩小。除斯堪的纳维亚半岛以外，由于降水减少，欧洲的水利发电量将可能减少；气候变化对风能发电略有影响。

气候变化将加剧对人体健康、农业生产、能源开采、交通运输、观光旅游、劳动效率和建筑环境的负面影响。气候变化对南欧经济活动的影响超过欧洲其他地区，生态服务系统将发生萎缩。气候变化将改变一些人类传染病的分布和季节变化，但不会导致新型传染病的传入；气候变化和海平面上升将造成欧洲文化遗产的损毁；气温上升将导致采暖需求降低而制冷需求增加。

（三）亚洲

在许多地区，气候变化将导致农作物产量的下降。尽管未来对区域尺度上的降水以及亚洲大部分地区淡水资源的预测存在不确定性，由于对水需求的增加和缺乏有效的管理，对亚洲大部分地区而言，缺水将是一个巨大的挑战。气候和非气候因素对陆地生态系统的压力越来越大，观测到的陆面影响将增加，例如冻土退化，冰川消融，植物物种分布迁移、季节生长力和生长期的变化。海岸带和海洋生态系统，如红树林、海草床、盐沼和珊瑚礁，在气候和非气候因子的驱动下，将承受越来越大的压力。在亚洲的北极地区，海平面上升以及多年冻土层和无冰期的变化都将增加海岸侵蚀率。极端事件将对人类健康、安全、生计和贫困群体产生更大影响，不同地区的影响幅度和方式也不同。

（四）大洋洲

海表温度升高和海洋酸化使澳大利亚珊瑚礁系统群落结构发生显著变化，受气温升高、火灾风险和干旱化趋势增加的影响，澳大利亚山地生态系统和一些特有物种有灭绝的危险。尽管极端降水的变化依然不确定，但在澳大利亚和新西兰，洪涝对住宅和基础设施损害的频次和程度在增加。受气温升高和寒季降水减少的影响，澳大利亚南部可用水资源受系统性限制。受极端温度频率和强度增加的影响，在澳大利亚，高温热浪导致发病率、死亡率和基础设施损坏率上升。受干旱化和气温升高的影响，在澳大利亚南部大部分地区和新西兰许多地区的野火对生态系统、居民区、经济损失和人类生命安全的损害在增加，澳大利亚和新西兰沿海基础设施、低洼地生态系统将受到广泛影响。严重干旱将对墨累—达令（Murray-Darling）盆地、澳大利亚东南部、新西兰东部和北部一些地区的粮食产量产生显著负面影响。在大洋洲大陆的西南部和东南部以及新西兰的一些河流，淡水资源预计将减少。降水的变化和气温的上升将导致农业生产区迁移，许多本地物种的栖息地范围将缩小，一些物种甚至面临区域乃至整体性的灭绝。但一些地区的某些行业或部门有可能受益于未来的气候变化和大气 CO_2 浓度的增加，例如在新西兰和澳大利亚南部，冬季疾病的发病率以及冬季供热的能源消耗将降低，有利于寒冷地区的森林生长。

(五) 北美洲

北美大部分地区夏季将极有可能更加频繁地出现高温热浪，导致发病率和死亡率的增加，并且那些在当前气候条件下出现季节性积雪的地区，也将出现更多的少雪年。伴随着与积雪减少、水质下降、城市内涝、城市供水和灌溉减少及其相关的潜在影响，气候变化将增加已经受非气候因子影响的水资源风险，人类活动则进一步加剧了这些影响。气候变化已经并仍在对整个北美的许多生态系统产生影响，增温2℃将扩大对生态系统的不利影响，温度升高、CO_2浓度增加、海平面上升增加了生态系统的压力，尤其当面对极端气候时。

在许多情况下，气候变化加剧了人类活动（包括土地利用的变化、非本地物种的引进和环境污染）对生态系统的影响。到21世纪末，在无适应条件下，未来气温升高、降水减少及极端事件频率增加将导致北美许多地区主要农作物净生产力下降，而另外一些区域（特别是北美北部）的农业则会因此受益。

(六) 中美洲和南美洲

过去60年来，气候变率和极端事件的变化已经对中南美洲产生了严重影响；冰雪圈和径流正在发生明显变化，影响径流及水资源供给；土地植被变化可能会显著提高气候变化潜在的负面影响。

气候变率和气候变化对人类健康正在产生负面影响，表现为在一些地区再次出现之前已经被根除或控制的疾病。气候变化引发的农业生产力的变化预计会具有高度的区域差异，到21世纪中叶南美洲东南部的生产力将持续上升，而近期（到2030年）中美洲的生产力将减少，威胁着最贫困人口的粮食安全，大多数国家持续居高不下的贫困水平导致在面对气候变率和气候变化时依然具有较高的脆弱性。

半干旱地区降水量的减少和蒸散量的增加将加剧水资源供应短缺的风险，从而影响城市、水力发电和农业。自然生态系统的转变是该地区生物多样性和生态系统消失的主要诱因，气候变化将加快物种灭绝的速度。在沿海和海洋生态系统，海平面上升和人类活动使渔业资源、珊瑚、红树林、休闲旅游及疾病控制面临的风险增加。气候变化将进一步加剧贫困地区在水资源、卫生防疫和废弃物收集系统、营养均衡、环境污染和粮食生产方面的脆弱性，增加这些地区未来的健康风险。

（七）极区

在北极和南极，快速的气候变化及其相关影响将超过自然和社会系统中某些部分的适应速度，一些海洋生物将改变它们的活动范围来适应变化的海洋和海冰条件。由于非本土物种的入侵，气候变化将增加陆地生态系统的脆弱性，这些入侵很可能由人类活动直接造成。伴随着海洋生态系统内部能量路径的相关变化，夏季海冰的消融预计会提高北极的远洋次级生产力。季节生物量生产期的偏差将会摧毁食物链中的物候匹配性，从而导致动植物存活率降低；海洋酸化会抑制一些浮游生物卵的孵化和外壳的形成，从而对极区的食物链具有潜在的深远影响。气候变化正在影响南极和北极的陆地及淡水生态系统。在北极许多地区，苔原落叶灌木和草地的丰富程度和生物量已经有了大幅度增加，林线向北迁移，高大灌木显著增加。在南极，增加的能源供给（升温）和水资源供给，将促进陆地和湖泊生物群落复杂性的发展。气候及其他大尺度变化对北极的社会结构也具有潜在的巨大影响，北极地区小而零散的经济体只有有限的适应选择；气温的升高导致多年冻土进一步融化，并改变降水格局，这对于北极地区所有的基础设施和相关服务都具有潜在的影响；北极适航性增加、陆地交通和内陆航运网的扩展将增加当地经济发展的机会。

（八）小岛屿

海平面上升是小岛屿及环礁沿海低洼区域面临的主要威胁之一，大大增加沿海洪水和土壤侵蚀的风险，而海浪冲刷将对地下淡水的蓄水层产生直接的负面影响。由于海表温度上升，珊瑚礁生态系统的退化将对岛屿社区和生计产生负面影响。在气候和非气候因素的影响下，小岛屿具有高度的脆弱性；同时，小岛屿面临的风险可能来自跨越边界的相互作用，比如外来物种入侵。

第四节　气候系统的稳定性及与可持续发展的协调

一　气候变化的持续性和不可逆性

过去30年全球迅速变暖，当前的地球温度正在接近全新世（近1万多年）温度的峰值，但还没有越过气候变化的临界点或阈值，越过这个值，地球气候将是不可逆的，并将带来灾难性的后果。未来的气候状况取决于过去人为排放造成的持续变暖、未来的人为排放以及气候自然变率。各种气候情景研究表明①，在不发生重大火山喷发、某些自然来源的重大变化、太阳总辐射的意外变化条件下，2016—2035 年全球平均地表温度可能比 1986—2005 年升高 0.3℃—0.7℃。有些科学家计算，地球温度只要再增加 1℃，就将达到近 100 万年以来的最高值。21 世纪全球海洋将持续变暖，预估到的海洋最强变暖区域是热带和北半球副热带地区的海洋表面。全球平均海平面在整个 21 世纪将会继续上升，与 1986—2005 年相比，到 21 世纪末上升范围可能是 0.26—0.82 米。如果各国政府对人类的温室气体排放不加限制，21 世纪将可能增加 2℃—3℃。这意味着地球的气候和环境将发生重大的变化。

《联合国气候变化框架公约》规定所有缔约方采取有计划的行动来防止和减小气候变化的危害，从而避免达到气候变化阈值。IPCC 第二次评估报告，整合了全球 1000 多个该领域有影响的科学家的重要研究成果，提出如果温度较工业革命前增加 2℃，气候变化产生严重影响的风险将显著增加。据此，欧盟于 1996 年第一次提出了 2℃升温阈值。其内容是，尽管气候变化的科学研究仍存在诸多不确定性，但越来越多的共识趋向于认为，平均气温不能超过 2℃，这是生态系统和人类社会生存的底线。在此之后的科学研究，包括 IPCC 第三次评估报告进一步支持了将全球增温限制在 2℃ 以内这一论点。IPCC 第四次评估报告在对气候变化已经产生的经济、社会和环境影响进行科学评估后，将气候变化的未来影响直接与温度升高密切联系。IPCC 第五次评估报告指出，相对于工业革命前温升 1℃ 或 2℃ 时，全球所遭受的风险处于中等至高风险水平，而温升超过 4℃ 或更高将处于高或非常高的风险水平。据不完全统计，温升 2℃ 左右可能导致全球年经济损失占其收入的 0.2%—2.0%。

现在全球的科学家和政府都把 2℃ 定为所谓的气候变化增温的阈值。如果升温超过 2℃ 的阈值，负面影响就会明显增加，灾害和灾难也会明显增多。第一，水资源供应会减少，主要是淡水的供应会明显减少。第二，海平

---

① IPCC, *Climate Change 2014: Synthesis Report*, Contribution of Working Groups Ⅰ, Ⅱ and Ⅲ to the Fifth Assessment Report of the Intergovernmental Panel on Climate Change, IPCC, Geneva, Switzerland, 2014.

面上升。如未来 100 年气候变化超过 2℃，海平面上升会影响大部分临海地区的社会安全和经济发展。第三，粮食安全可能会受到威胁，主要表现为粮食减产。此外，极端天气事件也会更频繁发生，带来的灾害和灾难就会更多。

对于升温阈值的判断仍有很大的不确定性。把 2℃ 定为阈值是通过科学研究和对气候变化影响进行评估后得出的一个量化的数据，目的是让各国政府都能意识到为避免更大的风险，气候变暖不要超过 2℃。2℃ 阈值不是毋庸置疑的科学结论，内含价值判断和政治决策的成分。

几乎可以确定的是，全球平均海平面到 2100 年之后仍会持续上升，因热膨胀造成的海平面上升会持续数个世纪。少数现有的模拟 2100 年后的模式结果表明，如 RCP2.6 情景①一样，在 CO_2 浓度达到峰值后下降并保持低于 500 ppm 对应的辐射强迫下，到 2300 年全球平均海平面相对于工业革命前水平的上升会小于 1 米，但是，如 RCP8.5 情景一样，在对应 CO_2 浓度高于 700 ppm 但低于 1500 ppm 的辐射强迫情况下，上升幅度会在 1 米到 3 米以上。持续的冰盖冰量损失可造成海平面更大的升幅，有些冰量损失是不可逆的。高于某一阈值的持续变暖会导致一千多年或更长时间后格陵兰冰盖几乎完全消失，使全球平均海平面上升 7 米。目前的估算表明，该阈值比工业革命前高 1℃ 以上但低于 4℃。

未来全球平均地表变暖主要取决于累积 CO_2 排放。即使停止 CO_2 排放，气候变化的许多方面将持续许多世纪。这表明过去、现在和将来的 CO_2 排放产生了长达多个世纪的气候变化持续性。

二 实现《巴黎协定》目标的路径

2015 年 12 月，联合国气候变化框架公约缔约方第 21 次会议通过的《巴黎协定》和有关决定，标志着全球气候治理进程进入了新的阶段。《巴黎协定》提出了 3 个目标：一是将全球平均温度上升幅度控制在大幅低于工业革命前水平 2℃ 之内，并力争不超过工业革命前水平 1.5℃ 之内；二是提高适应气候变化不利影响的能力，并以不威胁粮食生产的方式增强气候适应能力和温

---

① IPCC 在所发布的第四次评估报告提出了用典型浓度路径（Representative Concentration Pathways，RCPs）表示的新情景。

室气体低排放发展；三是使资金流动符合温室气体低排放和气候适应型发展的路径。

有多种减缓路径可能会将大气变暖限制在相对于工业革命前水平的 2℃ 以下[①]。这些路径要求在未来几十年大幅减排，并在 21 世纪末实现 CO_2 和其他长寿命温室气体的排放接近于零。实施这些减排措施会对技术、经济、社会和体制带来巨大的挑战，如果推迟额外的减缓以及没有可用的关键技术，那么这些挑战就会加剧。将变暖限制在更低或更高的水平会带来类似的挑战，只是时间尺度有所不同。

到 2100 年在大于 66% 的可能性下，温室气体浓度达到大约 450 ppm CO_2 当量或者更低的排放情景是有可能将 21 世纪的变暖限制在工业革命前水平的 2℃ 以下。这些情景的特征是：与 2010 年相比，到 2050 年全球人为温室气体排放量减少 40%—70%，到 2100 年排放水平接近零或更低。在大于 50% 的可能性下，到 2100 年达到约 500 ppm CO_2 当量浓度水平的减缓情景中多半可能将温度变化限制在 2℃ 以下，除非这些情景在 2100 年前暂时超越约 530 ppm CO_2 当量的浓度水平，这种情况下这些情景或许可能（50% 左右的可能性）将温度变化限制在 2℃ 以下。在这些 500 ppm CO_2 当量的情景中，2050 年的全球排放水平比 2010 年低 25% 至 50%。2050 年排放水平增高的情景特征是在 21 世纪中叶之后更加依赖二氧化碳清除（Carbon Dioxide Removal，CDR）技术。有可能将变暖限制在相对于工业革命前水平 3℃ 以下排放途径的减排速度比将变暖限制在 2℃ 以下的轨迹更慢。

如果要将温升控制在 1.5℃[②]，意味着要使全球 2030 年 CO_2 排放量在 2010 年基础上减少 45%，并在 2050 年左右达到净零排放。实现 1.5℃ 温升需要大幅减少 CO_2 以及甲烷、黑碳等非 CO_2 排放，并需要借助碳移除等较为激进的减排技术，在能源、土地、城市和基础设施和工业系统领域实现大规模、前所未

---

① IPCC, *Climate Change 2014*: *Synthesis Report*, Contribution of Working Groups Ⅰ, Ⅱ and Ⅲ to the Fifth Assessment Report of the Intergovernmental Panel on Climate Change, IPCC, Geneva, Switzerland, 2014.

② IPCC, Summary for Policymakers, In: Global Warming of 1.5℃. An IPCC Special Report on the impacts of global warming of 1.5℃ above pre-industrial levels and related global greenhouse gas emission pathways, in the context of strengthening the global response to the threat of climate change, sustainable development, and efforts to eradicate poverty [V. Masson-Delmotte, P. Zhai, H. O. Pörtner, etc.], World Meteorological Organization, Geneva, Switzerland, 2018.

有的快速转型。如交通部门，低排放能源比例需要从2020年的不到5%上升到2050年的35%—65%；2050年全球电力供应的70%—85%需要来自可再生能源。相比实现2℃温升所要求的2030年CO_2排放量降低20%、2075年左右达到净零排放，各行业面临的减排压力均大幅增加。由于当前人为CO_2排放量为每年420亿吨，实现1.5℃温升要求的剩余排放空间不到4200亿吨CO_2，如果维持当前排放速率，将在10年之内用尽。各国在《巴黎协定》下的国家自主贡献力度不足以实现1.5℃的温控目标。

适应和减缓政策和行动是相互促进的，许多适应和减缓措施可有助于应对气候挑战，但只靠单一方法却不足以应对。有效的实施取决于各个层面的政策和合作，并可通过将适应和减缓与其他社会目标相结合的综合响应得到促进。有效的适应和减缓方案将取决于跨越多个尺度范围的政策和措施，包括国际、区域、国家和次国家尺度。支持所有尺度的技术开发、推广和转让以及促进应对气候变化融资的政策，都可对直接促进适应和减缓的政策进行补充，并可加强这些政策的有效性。应对气候变化的行动与健康、清洁能源、城市发展、生产和消费等领域的可持续发展目标具有较强的协同作用。在某些方面，也存在一定的负面影响，一些1.5℃路径包含大规模高强度的发展转型要求，如需要大规模改变土地利用方式等，可能引发粮食安全问题，并给发展中国家带来重大挑战。

三 气候变化认知的确定性和不确定问题

尽管对气候系统的科学研究已取得一些重要结论，但由于以人类目前的认识水平，尚无法完全了解气候变化的全部内在规律，因此目前人类对气候变暖认识的确定性与不确定性并存。由于研究的视角、方法、手段、工具不同，不同学者得到的研究结论也可能存在一定的差异。气候变化研究的不确定性主要存在于气候系统观测、气候变化检测和归因以及未来气候变化预估等方面[1]。

首先是观测信息的不确定，包括观测空间覆盖不足以获取精细化观测数据，在某些层面，对气候系统各分量的观测依然空白，对历史气候的了解极度匮乏。其次是对各种现象产生的原因以及现象之间作用过程和机理的认知上还

---

[1] 《第三次气候变化国家评估报告》编写委员会：《第三次气候变化国家评估报告》，科学出版社2015年版。

存在不足甚至缺失。如某些气候现象及其变化归因于人类影响的可能性，受当前辐射强迫以及反馈和观测中存在的不确定性的影响，某些过程和机理研究依然是空白等。再次是缺乏足够的分析技术方法，甚至一些已被广泛采用的技术方法尚不完备。包括技术手段的缺乏，如关于极端事件的检测归因分析技术方法尚需进一步发展和完善，历史气候空间信息的研发技术尚处于萌芽阶段。气候模式的模拟性能还需要进一步提高等。最后是未来排放情景、资料和模式中的不确定性。未来温室气体和气溶胶等人为影响因子的假定，会直接影响到未来气候变化预估结果。

气候变化涵盖了很多方面，围绕与人类活动引起的气候变暖相关的科学认识结论，归纳总结出七个目前对全球变暖方面的确定和不确定的认识问题（见表3-3）。

表3-3 对气候变暖认识的确定性与不确定性

序号	有关问题	确定性	不确定性
1	气候变暖	近百年全球气候变化毋庸置疑	
2	大气温室气体浓度变化	工业革命以来大气温室气体浓度快速升高是确定的	未来如何变化不确定
3	温室气体排放与气温升高的关系	在现代，大气CO_2浓度加倍会导致全球平均增温约3.0℃	在长时间尺度上气候敏感度不确定
4	气候模式	能很好地模拟出近百年的气候变暖趋势，且证明人类活动可能是现代气候变暖的主要原因	模式不能充分描述地球系统的变化，只能表征部分特征
5	气候预估	根据排放情景预估的21世纪气候会继续变暖	还将变暖多少不确定
6	2℃阈值	是人类控制升温的一个设想，作为应对气候变化的约束性目标	未来升温超过2℃的时间不确定
7	地球系统的临界点	地球系统已有一些危险的信号	何时达到临界点不确定

注：作者对第一个问题做了修改。

资料来源：葛全胜、王芳、王绍武、程邦波：《对全球变暖认识的七个问题的确定与不确定性》，《中国人口资源与环境》2014年第1期。

延伸阅读

1. 秦大河：《气候变化科学概论》，科学出版社 2020 年版。

2. 科学技术部社会发展科技司，中国 21 世纪议程管理中心：《应对气候变化国家研究进展报告（2019）》，科学出版社 2019 年版。

3. 第三次气候变化国家评估报告编写委员会：《第三次气候变化国家评估报告》，科学出版社 2015 年版。

4. 方修琦等：《历史气候变化对中国社会经济的影响》，科学出版社 2019 年版。

练习题

1. 请从科学与社会角度，谈谈你对气候变化科学发展的认识。
2. 气候系统的哪些关键指标可以反映气候在变暖？
3. 如何理解不同时间尺度影响气候变暖的因素？
4. 请以某个地区（国家或区域）为例，综合分析该地区气候变化的影响。
5. 请谈谈对气候变化科学认识上需要进一步加强研究的方面。

第 四 章

适应气候变化的经济分析

在全球气候变化日趋显著的当下，人类需要针对气候变化造成的实质性影响积极采取适应措施。本章针对适应气候变化行动和政策涉及的经济问题开展讨论。首先主要介绍适应气候变化的重要概念与内涵。其次，对比分析适应气候变化经济分析所需的主要经济学理论和分析方法及其适用性与局限性。最后，梳理了国内外适应气候变化的经济政策，辨析适应气候变化与可持续发展之间的内在逻辑关系。

第一节 适应气候变化的概念和内涵

一 适应气候变化的研究进展

减小灾害风险、适应气候变化的经济学分析成为气候变化经济学研究日益引人关注的热点之一。与减缓气候变化相比，适应是一个更加现实而迫切的任务，然而适应气候变化在政策目标和技术手段上更复杂。发达国家主导的国际气候治理进程长期注重减排、忽略适应议题。但是，作为一个科学和现实问题，IPCC 关于气候变化科学评估的第二工作组聚焦气候变化影响、适应和脆弱性问题，自 20 世纪 90 年代以来，先后发布了一系列特别和科学评估报告，全面、系统、综合评估了全球科学文献中关于适应气候变化的目标和途径，认为各国应加强适应政策与行动，推动适应领域的国际合作机制。

在发展中国家的积极推动下，适应逐渐成为联合国气候变化大会谈判关注的主流议题，各缔约方立场明确，各种技术支撑也在不断增多。随着气候变化带来的风险和损失日益增大，为适应政策和行动提供经济学的理论工具和分析方法，成为从政府到公众迫切的现实需求。为了应对未来潜在的气候变化风险而采取的适应政策和行动亟须经济学理论和方法的支持。国际机构如世界银行、亚洲开发银行（Asian Development Bank）等也分析，为各国政府提供决策支持。

二 基本概念

适应气候变化（Adaptation to Climate Change）是指自然系统和社会决策主体减小气候变化造成的不利影响或损失以及增加潜在的有利机会主动抑或被动地自我调整行为。IPCC给出的关于适应（Adaptation）的定义是自然或人类系统对新的或变化的环境进行调整的过程。对气候变化的适应，是自然或人类系统为应对现实的或预期的气候刺激或其影响而作出的调整，这种调整能够减轻损害或开发有利的机会。

IPCC的评估进一步将"适应"分为三种类型。

（1）预防性（主动）适应（Anticipatory or Proactive Adaptation）：是指在气候变化所引起的影响显现之前而启动响应行动。

（2）自主性（自发性）适应（Autonomous or Spontaneous Adaptation）：不是对气候影响作出的有意识的反应，而是由自然系统中的生态应激，或人类系统中的市场机制和社会福利变化所启动的反应。

（3）计划性适应（Planned Adaptation）或规划性适应：即针对未来可能发生的气候风险预先制定政策、规划进行防范，这是政府决策的结果，建立在意识到环境已经发生改变或即将发生变化的基础上，采取的一系列管理措施使其恢复、保持或达到理想的状态。

与适应气候变化相关的其他核心概念包括影响、脆弱性、气候敏感性、适应能力、韧性或恢复力、适应性管理、适应赤字、发展赤字、适应不良、气候风险管理。

专栏4-1 适应气候变化核心术语

（1）影响（Impacts）：指气候变化对自然和人类系统造成的后果。其中又分为潜在影响（Potential Impacts）：未考虑适应行动所可能造成的所有影响；以及残余影响（Residue Impacts）：经过适应之后依然存留的某些影响。

(2) 脆弱性（Vulnerability）：是指系统受到气候变化不利影响或威胁程度的一种综合度量。脆弱性一方面取决于系统外部因素的影响，即系统暴露于气候风险的程度；另一方面取决于系统内部因素，即系统敏感性及适应能力。

(3) 气候敏感性（Sensitiveness）：系统（国家、社区或家庭）遭受气候冲击影响的程度，包括有利影响和不利影响。例如，某种作物的产量受到气温、降水变率的改变幅度。

(4) 适应能力（Adaptive Capacity）：是指系统适应气候变化以减小潜在损害、应对不利后果或利用有利机会的能力。

(5) 韧性或恢复力（Resilience）：系统不改变其状态就能经受气候与环境冲击的程度。一般具有两个层面的含义，一是系统承受扰动的能力；二是系统从影响中重新恢复的能力。

(6) 适应性管理（Adaptive Management）：旨在提高自然和人类系统利用有利机会和应对不利风险的能力。

(7) 适应赤字（Adaptation Deficit）：发展中国家由于灾害风险投资不足导致的适应欠账。

(8) 发展赤字（Development Deficit）：由于发展目标尚未实现，基本需求尚未满足，许多发展中国家和地区在极端灾害侵袭下导致风险倍加效应，受到发展和适应的双重挑战。

(9) 适应不良（Maladaptation）：指人类或自然系统针对气候刺激的反馈导致了脆弱性的增加，即某项适应活动并未按照预期成功地减小脆弱性，反而使之增加。

(10) 气候风险管理（Climate Risk Management/Disaster Risk Management）：指对气候风险进行管理，以减小系统的脆弱性，增强适应能力。

资料来源：IPCC报告术语表、《中国极端天气气候事件和灾害风险管理与适应气候变化国家评估报告》术语等。

《联合国气候变化框架公约》的案文第二条明确要求"防范人类活动可能对气候系统造成的不可逆危险"。由于气候变化及其风险的长期性、复杂性和不确定性，经济学家很难界定"不可逆的风险点"，但是可以回答何为"可接受的/可容忍的"风险，并为决策者提供政策选择①。风险（Risk）是人类安全、灾害管理、气候变化政策领域的核心概念和分析对象。所谓风险，是指不利影响出现的概率。对风险的评估一般包括三个要素：①致灾因子（Hazard）：引致社会经济系统致灾的初始因子或风险源；②风险暴露度（Exposure）：受到灾害潜在影响的人口和物质财富等；③脆弱性（Vulnerability）：系统易受损害的程度（如图4-1）。气候变化中特指的风险可以表示为致灾因子、暴露度和脆弱性的函数。

$$风险（R）= f \{致灾因子（H）；暴露度（E）；脆弱性（V）\}$$

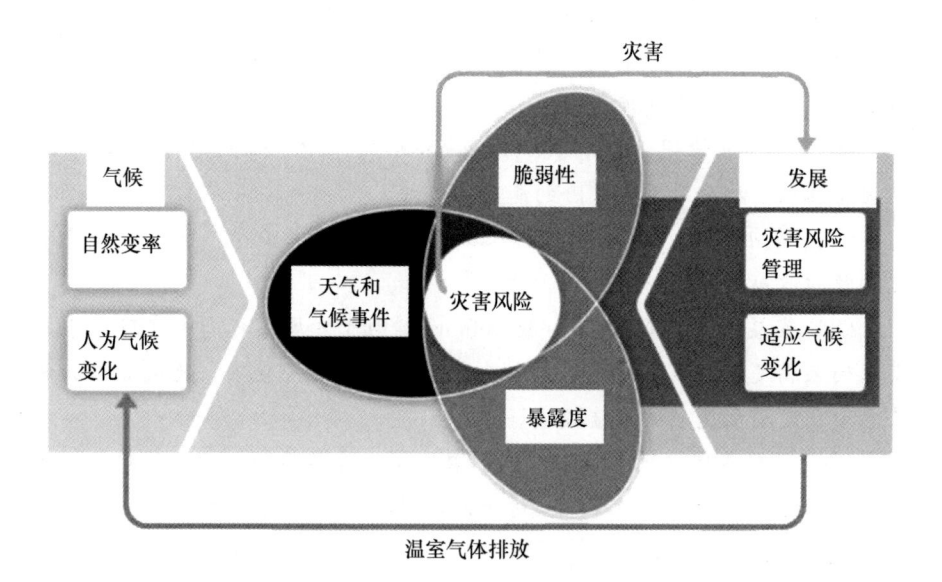

图4-1 气候变化风险的概念分析框架

资料来源：IPCC，"Managing the Risks of Extreme Events and Disasters to Advance Climate Change Adaptation"，A Special Report of Working Groups I and II of the Intergovernmental Panel on Climate Change，Field，C. B. et al (eds)，Cambridge University Press，2012.

风险的评估框架一般采用成本—收益分析（Cost-Benefit Analysis，CBA）

---

① 郑艳、潘家华、谢欣露、周亚敏、刘昌义：《基于气候变化脆弱性的适应规划——一个福利经济学分析》，《经济研究》2016年第2期。

量化风险损失。这一方法需要基于灾害历史统计数据,对于非货币化的间接风险(如生态系统服务、健康和生命损失等)、系统性风险和长期风险的估算存在困难。故而通常基于不同气候情景模式的预测,引入风险厌恶系数、公平福利权重、合理选用社会贴现率,开展气候风险评估。

图4-2描述了适应气候变化与相关领域概念的关联。推进适应和减缓的政策行动有助于提升社会经济系统的韧性,并最终促进可持续发展目标的实现。

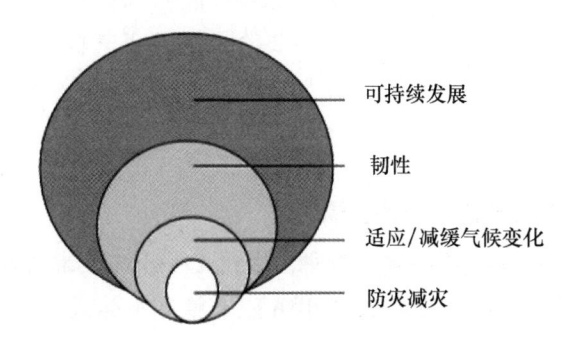

图4-2 适应气候变化与相关领域概念的层次关系

资料来源:Robrecht, H. and Morchain, D., Background Paper for the Council of Europe's on Resilient Cities, Local Governments for Sustainability, European Secretariat (ICLEI), Freiburg, Germany, 2012, retrieved to European Environment Agency, Urban Adaptation to CC in Europe 2016; Transforming Cities in A Changing Climate, EEA Report, No. 12, 2016。

第二节 气候变化影响与适应的经济学分析

一 理论基础及分析方法

(一) 基于福利经济学的成本收益分析

适应气候变化的经济学分析主要有以下目的:(1) 界定何为危险水平的影响(高风险);(2) 对危险可能导致的社会福利影响进行评估;(3) 确定最优或次优的适应政策以便避免和应对潜在风险。

适应的经济政策设计需要兼顾效率与公平,福利经济学中经典的成本—收益分析是适应气候变化经济学的理论和方法学基础。对于气候公平的考量通常借鉴福利经济学中的公平原则，如帕累托最优理论、希克斯-卡尔多补偿原理、罗尔斯"最大—最小"原则等。帕累托最优指资源配置的最优化状态，经济中没有任何一个人可以在不使他人境况变坏的同时使自己的情况变得更好，也就是无法不损害他人利益来提升自己的福利水平从而使社会福利得到整体提升，这是以效率的角度来衡量资源配置的理论框架；希克斯-卡尔多补偿原理要求社会选择的结果中，部分个体获得的收益完全可以对其他社会成员所受到的损失进行补偿；罗尔斯最大—最小原则要求按照选择对象可能产生的最坏结果来排列选择对象的次序，然后在最坏结果中选择最优的结果。专栏 4-2 给出了基于气候公平的社会福利函数的一般表达式。

专栏 4-2　基于气候公平的社会福利函数

在气候变化的福利经济学分析中，常设定一个不变相对风险厌恶函数（Constant Relative Risk Aversion，CRRA）来推算个体或地区的风险偏好，标准形式为：

$$U(C_i^t) = \frac{(C_i^t)^{1-\eta}}{1-\eta} \quad \eta \neq 1 \quad \text{或} \quad U(C_i^t) = \ln(C_i^t) \quad \eta = 1$$

η 为边际效用的收入弹性或消费弹性，当 η 取值 ≥ 1 时，边际效用的消费弹性呈现递减变化。一般常用 $(1-\eta)$ 作为公平加权系数，表示随着时间或地区变化，个体或群体以消费弹性衡量的对气候变化风险的厌恶程度。气候变化经济学文献中的 η 取值一般在 1—3 之间。即人们越是厌恶风险，越是会减小未来的消费。当 η 趋向无穷大时，未来消费趋向于 0。

图 4-3 分析了针对气候变化的经济损失评估的两种情形。

适应成本 = 最优适应水平所需成本 + 残余损失

最优适应水平是指边际损失 = 边际适应收益的点 A，但是这一理想概念在现实中很难实现，因此实际的适应水平通常位于次优点 B。其政策含义在于政府和社会可以尽可能通过风险规划和管理手段（包括防灾减灾、风险转移、风险认知等），努力降低预期的残余损失。

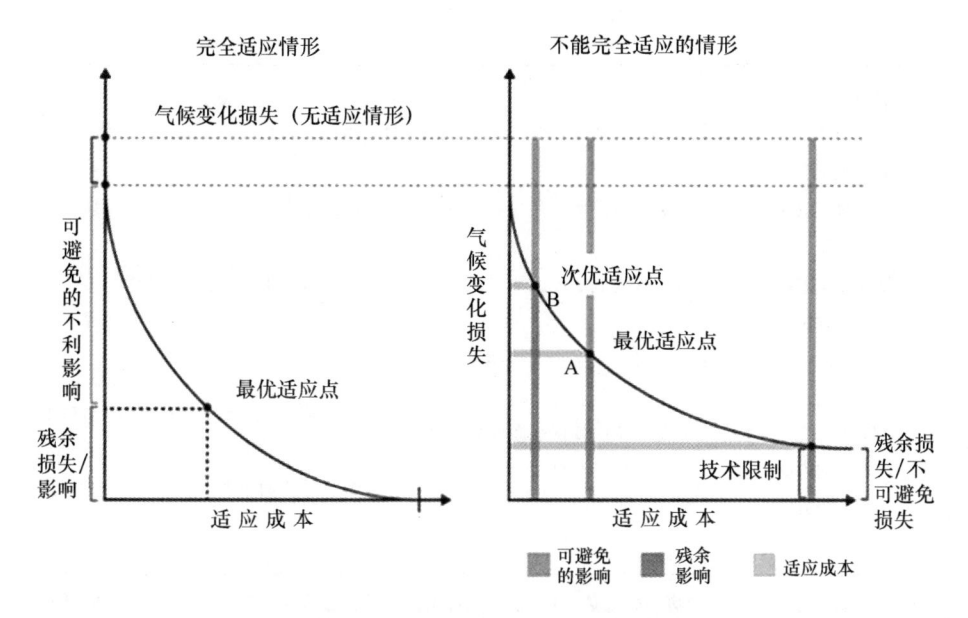

图 4-3　气候变化的损失及适应成本

资料来源：郑艳、潘家华、谢欣露、周亚敏、刘昌义：《基于气候变化脆弱性的适应规划——一个福利经济学分析》，《经济研究》2016 年第 2 期。

（二）计量经济分析

在对气候变化影响与适应的评估中，计量经济学方法被广泛应用于观察气候与经济的关系。例如，在农业方面，通过引入温度、降雨、CO_2 等因素，来分析判断气候变化与农业经济产出或作物产量的关系。气候计量经济学在气候变化影响与适应评估领域的应用主要包括截面数据、面板数据以及混合分析等几类方法，表 4-1 总结了这些方法的主要优缺点（具体方法学介绍可参阅第七章内容）。

表 4-1　常见的气候计量经济学方法总结

计量分析方法	优点	缺点
截面数据分析方法： （1）生产函数法 （2）特征价格法 （3）截面固定效应模型	直接估计气候变化效应而非天气效应； 不需要高频天气数据（数据结构简单）	容易遭受遗漏变量偏误； 不能评估天气波动的短期效应； 不能评估适应能力变化

续表

计量分析方法	优点	缺点
面板数据分析方法： （1）面板固定效应模型 （2）非线性效应 （3）面板分布滞后模型 （4）交互项方法	缓解截面模型中存在的遗漏变量偏误； 直接有效地实现因果识别	系数估计天气波动效应而非气候变化效应； 难以刻画长期中的适应行为
混合分析方法： （1）长期平均方法 （2）长期差分方法	综合了截面数据和面板数据分析方法各自的优点； 探索气候响应的变化	对数据要求高（长时间跨度的面板数据）； 截面数据和面板数据模型的缺陷不能完全避免

资料来源：李承政、李旭辉、顾海英：《气候变化计量经济学方法研究进展》，《城市与环境研究》2019年第1期。

计量经济分析方法的优势在于其使用了大量的观测或统计数据，是提供经验证据的主流方法。气候变化的计量经济学研究也在发展，通过计量方法，分析认知人类行为与气候变化之间复杂的相互影响。

（三）气候变化综合评估模型

气候变化综合评估模型（Integrated Assessment Model，IAM）是用于评估气候影响与模拟气候政策最常用的方法。人类活动会影响气候变化，气候变化反过来也会影响人类社会经济系统。这种自然与经济相互的影响，造就了气候变化影响的复杂性。因此，对气候变化的研究必须综合考虑自然与经济的互动关系，也促使IAM成为研究气候变化经济影响的常用方法（具体的方法学介绍可参阅第七章内容）。

但现有气候评估综合模型主要用于减缓分析，对于气候适应的内容重视不够（见表4-2）。有的综合评估模型直接忽略了适应的作用，有的模型只是将适应隐含地作为气候损失估计的一部分。随着适应气候变化问题的重要性不断凸显，经济学者开始探索将气候适应问题纳入原有的综合评估框架，从而能够更全面地反映气候适应给经济系统带来的影响。

表4-2　　　　　主流综合评估模型对不确定性及气候适应的处理

模型	损失函数不确定性	不确定性分析方法	气候适应
区域气候经济综合模型（RICE）	气候灾难发生概率与温度变化关系	蒙特卡洛模拟	假设适应最优且忽略适应成本
动态气候经济综合模型（DICE）	损失函数截距、平衡态气候敏感性等	蒙特卡洛模拟	假设适应最优且忽略适应成本
全球技术诱导混合模型（WITCH）	技术进步、能源和非能源总量度量以及发电成本	蒙特卡洛模拟	假设适应最优且忽略适应成本
区域与全球温室气体减排政策影响评估模型（MERGE）	高损失和低损失情景和气候损失	不确定性下的连续决策	假设适应最优且忽略适应成本
不确定性、谈判和气候框架模型（FUND）	社会经济驱动因素、碳循环以及收入分配等	蒙特卡洛模拟和扩展参数选取	假设农业部门有最优适应以降低气候损失
温室气体影响政策分析模型（PAGE）	温度上升、贴现率以及适应成本	经济和环境参数随机化处理	无适应性和主动适应性之间的二元选择

资料来源：笔者整理。

专栏4-3　气候适应如何纳入综合评估模型？

将影响与适应纳入综合评估模型需要解决三个重要问题：什么样的函数关系需要纳入综合评估模型以更加真实地代表各类气候适应相关决策？通过什么机制将这些函数关系引入模型？以及这种改变是如何影响综合评估模型结果的？图4-4阐述了用综合评估模型分析气候变化影响和适应的基础性问题，其大致分析思路是人类活动造成温室气体浓度升高，驱动区域层面温度和降水等气候变量的变化；气候变化造成物理影响进一步影响区域经济的不同部门生产率，最终产生经济损失。

气候适应行为通过三种方式内生于该概念框架之中。第一，特定的保护/防御性支出可以减缓部门生产率对终端物理影响的反应，进而避免一定的部门生产率损失。这类适应活动包括沿海地区抵御海平面上升的基础设施建设、主要粮食作物耐旱和耐热品种的选育等，也被称为第Ⅱ类适应活动。

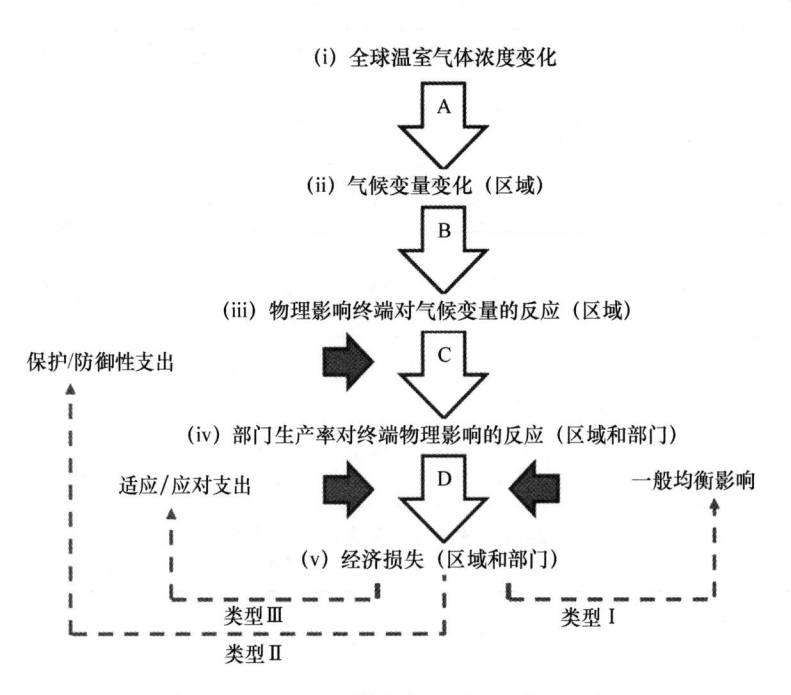

```
                    (i) 全球温室气体浓度变化
                              ↓ A
                    (ii) 气候变量变化（区域）
                              ↓ B
              (iii) 物理影响终端对气候变量的反应（区域）
   保护/防御性支出      ⇒    ↓ C
              (iv) 部门生产率对终端物理影响的反应（区域和部门）
   适应/应对支出       ⇒    ↓ D    ⇐    一般均衡影响
                    (v) 经济损失（区域和部门）
                类型Ⅲ              类型Ⅰ
                   类型Ⅱ
```

图 4-4　气候适应综合评估模型的概念框架

资料来源：笔者整理。

第二，各种类型的适应措施可以减轻已经发生的气候变化对经济部门生产率的不利影响，这类特定的适应投资被称为第Ⅲ类适应措施，主要包括保险和灾难准备，响应和恢复投资。第三，第Ⅱ和Ⅲ类适应已经确定的条件下，气候变化造成的最终经济损失还取决于不同市场之间商品价格变化和替代过程。这一类被动的一般均衡调整也应该被视为一种适应类型，即第Ⅰ类适应。

共享社会经济发展路径（Shared Socio-economic Pathways，SSP）是综合评估模型在减缓与适应气候变化中的情景设置。SSP 是气候变化建模者们开发出来的一系列新的"途径"，用于探讨全球社会、人口统计学和经济学在 21 世纪的变化。SSP 的设计过程是：先给出一个具体的经济社会发展结果，然后列出会导致该结果的社会关键要素，即 SSP 设计使用了"回推"方法。SSP 是对人类减缓、适应气候变化分别造成不同程度挑战的经济社会要素的不同组合。

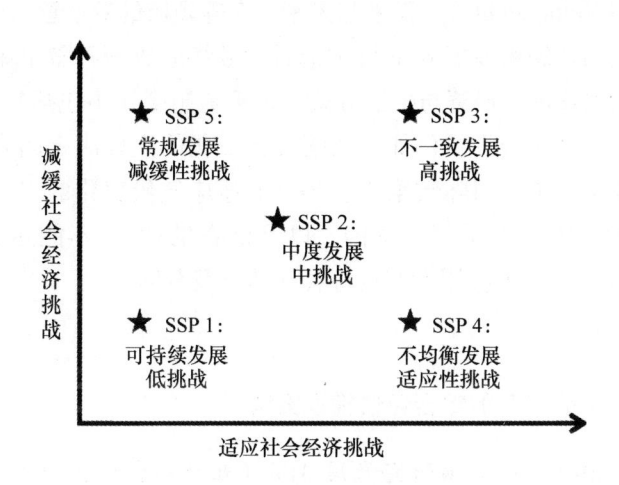

```
减                ★ SSP 5：           ★ SSP 3：
缓                 常规发展            不一致发展
社                 减缓性挑战          高挑战
会
经                        ★ SSP 2：
济                         中度发展
挑                         中挑战
战
                  ★ SSP 1：           ★ SSP 4：
                   可持续发展          不均衡发展
                   低挑战              适应性挑战

                        适应社会经济挑战
```

图 4 - 5　适应与减缓不同组合下的 SSP 情景

资料来源：Brian C. O'Neill, Elmar Kriegler, Kristie L. Ebi, et al., "The roads Ahead：Narratives for Shared Socio-economic Pathways Describing World Futures in the 21st Century", *Global Environmental Change*, Vol. 42, 2017, pp. 169 – 180。

如图 4 - 5 所示，SSP 叙事包括 5 个情景。其中，SSP1、SSP3、SSP4、SSP5 为适应和减缓挑战程度高低不同的组合情景。SSP2 则描述适应与减缓挑战程度皆中等的情景。SSP1（低挑战）的关键词为可持续性、走绿色道路，其经济社会条件给人类减缓或适应气候变化带来的挑战程度较轻。SSP4（适应性挑战占主要地位）的特征关键词则为不平等、道路分离，其经济社会条件较有利于减缓，但不利于适应。SSP5（减缓性挑战占主要地位）则是高度依赖化石燃料，且经济高速发展。其相关经济社会条件不利于减缓，但有利于适应。SSP3（高挑战）则是区域之间相互敌对、人类发展道路布满荆棘。其经济社会条件给减缓和适应气候变化都带来高难度挑战。SSP2（中挑战）则是中间之路，其经济社会条件给减缓与适应行动带来的挑战都属中等程度。

构建 SSP 叙事主要考虑三方面：（1）气候变化情景下社会发展的总方向；（2）过去气候变化及相关情景构建叙事的经验；（3）SSP 在现有情景框架下要起到区分、勾勒未来不同组合的经济社会条件给减缓、适应带来不同挑战的作用。

SSP 的构建吸收融合了综合评估模型，影响、适应及脆弱性（Impacts, Adaptation and Vulnerability）、发展与未来研究等领域的专家意见。这些意见在正式及非正式场合经由专家列举与讨论后，最终形成 SSP 叙事中的六大类变量：人口、人类发展、经济与生活方式、政策与制度（不包括气候政策）、技术，以及环境与自然资源。例如，减缓气候变化的主要决定因素包括能源与土地利用、技术进步、国际政策制度等，而适应气候变化的主要决定因素则包括制度因素、未来不平等、贫困，以及潜在的达到/不能达到发展目标。专栏 4-4 中介绍了一个应用 SSP 的综合评估模型案例。

专栏 4-4　应用 SSP 的综合评估模型案例

发表于 2017 年的一项研究采用 AIM（亚太综合评估模型/一般均衡）模型量化分析了"共享社会经济路径"SSP3 情景。SSP3 情景中，地区高度分化对立，且无论是减缓还是适应气候变化，世界都面临巨大挑战。在 SSP 模型比较分析中，AIM 模型被选为 SSP3 标识模型，其 SSP3 模拟结果与 SSP3 叙事设置一致。

SSP3 有四个重要的特征：
- SSP3 中的减排成本很高，主要原因是基线的排放量高，且减缓能力弱。
- 2100 年的气候作用力与 SSP2 近似，但 SSP3 中的 CO_2 排放更高。
- 高度依赖煤炭、空气质量管控松、空气污染物排放高。
- 森林面积持续下降，耕地与草原扩张。

SSP3 有四个重要用途：
- SSP3 可被用作综合评估模型与影响、适应与脆弱性分析中的最差情景。
- 在影响、适应与脆弱性分析中，通过比较 SSP3（高挑战）与 SSP2（中间道路），可以推导出在相似气候条件下社会经济因素的作用。
- 高空气污染物排放情景可能对大气化学气候模型工作者有用。

> • 除了气候变化研究，SSP3 情景分析也可用于环境影响研究——例如大规模土地利用变化的环境后果。
>
> 资料来源：Fujimori, Shinichiro, et al, "SSP3：AIM Implementation of Shared Socio-economic Pathways", *Global Environmental Change*, Vol. 42, 2017, pp. 268 – 283。

二 气候变化影响导致的经济损失

（一）气候变化影响的经济成本

气候变化的全球与区域性影响：气候变化对不同地区、不同领域和不同群体之间的社会福利影响存在差异性，升温幅度越大，气候变化导致的损失和行动成本越高，其中遭受不利影响最大的是发展中国家和贫困群体[①]。75%的世界人口生活的地区受到自然灾害影响，其中，因自然灾害导致的生命损失有97%发生在发展中国家[②]。气候变化对于全球减贫努力将造成显著威胁，降雨减少、干旱化和极端气候事件对于绝对贫困人口的冲击最大，预计2030年将会新增1亿多气候贫困人口[③]。由于贫困群体的市场参与度及其社会经济影响微乎其微，气候风险引发社会福祉影响（如贫困、移民和冲突等）常常难以量化体现在GDP等宏观经济指标的变化之中。对此需要权衡不同国家和地区实施减排与适应行动的成本和收益。目前，气候变化的影响评估大多针对发达国家和部门层面，对发展中国家的经济影响及其社会福祉影响的研究较为有限。[④]

气候变化不仅影响粮食市场，也对下游高附加值农产品市场产生影响。

---

① IPCC, *Climate Change 2014：Synthesis Report*, Contribution of Working Groups Ⅰ, Ⅱ and Ⅲ to the Fifth Assessment Report of the Intergovernmental Panel on Climate Change, IPCC, Geneva, Switzerland, 2014.

② IPCC, *Managing the Risks of Extreme Events and Disasters to Advance Climate Change Adaptation*, A Special Report of Working Groups I and II of the Intergovernmental Panel on Climate Change. Field, C. B. et al (eds). Cambridge University Press, 2012.

③ World Bank, *Shock Waves：Managing the Impacts of Climate Change on Poverty*, Washington, D. C., 2016.

④ 郑艳、潘家华、谢欣露、周亚敏、刘昌义：《基于气候变化脆弱性的适应规划——一个福利经济学分析》，《经济研究》2016年第2期。

随着经济发展,未来粮食等农产品需求逐渐下降,而肉、蛋、奶以及酒类等高附加值农产品需求逐渐上涨,尤其需要关注未来气候变化对下游高附加值农产品市场的影响。以啤酒为例,气候变化背景下,极端事件造成的大麦单产下降非常明显。进而影响大麦用于制作啤酒的供给,最终对啤酒市场造成影响。在一些区域,啤酒供应量可能降低32%,价格上涨193%。专栏4-5继续介绍了气候变化对粮食市场的影响传导到消费者身上之后产生的结果。

专栏4-5　气候变化对消费者的影响

长久以来,清爽可口的啤酒一直是备受消费者青睐的饮料之一,但人们可能不会想到,在未来的某一天,啤酒高昂的价格或许会让许多消费者望而却步。有学者采用综合评估模型模拟了气候变化对全球大麦市场和下游啤酒市场的影响,得出了对于啤酒爱好者来说并不乐观的结论。研究表明,气候变化与极端事件将导致啤酒原料大麦的产量显著减少。从RCP2.6到RCP8.5的情景预估表明,全球大麦单产平均将降低3%到17%。就全球啤酒价格来说,在全球最高升温情景下,啤酒价格将接近翻倍;在RCP2.6即温度升高较低的情景下,啤酒价格也将上涨15%。

资料来源:Xie, Wei, et al, "Decreases in Global Beer Supply Due to Extreme Drought and Heat", *Nature Plants*, Vol. 4, No. 11, 2018, p. 964.

气候变化对中国的影响:中国是气候变化影响的热点区域之一。超过70%的经济损失是由天气和气候相关的自然灾害导致的,主要包括洪水、干旱、台风等。1990—2014年,中国气象灾害导致的直接经济损失相当于GDP的1%(以下简称直接经济损失率),远超过发达国家(如美国为0.55%)和全球平均水平(约为0.2%)[①]。通过大力发展基础设施融资和灾害风险缩减,

---

[①] 李修仓、张飞跃、王安乾:《中国气候灾害历史统计》,载王伟光、郑国光主编,巢清尘、陈迎、胡国权、潘家华副主编《应对气候变化报告(2015):巴黎的新起点和新希望》,社会科学文献出版社2015年版。

从 20 世纪 80 年代到 2010 年，中国与天气有关的灾害死亡率从年均 5000 人下降到 2000 人，经济损失占 GDP 比例由 2000 年以前的 3%—6% 大幅下降到近十年间的 1%—3%。有学者在宏观经济评估模型中纳入气候变化升温率、脆弱度和自然灾害影响规模等指标，对发生在南方地区的洪灾进行分析，发现气候变化对中国具有显著的经济影响；基于柯布－道格拉斯生产函数的气候经济模型进行研究，分析表明极端高温、低温、强降水和干旱等气候因子对我国农业经济产出的区域差异存在显著的长期影响①。

研究表明，亚洲各地区都将遭受气候变化的经济影响（见表 4-3）。

表 4-3　　　　　　　　温度上升对亚洲各区域人均 GDP 的影响

根据 RCP 情景下估算的 2100 年损失（%）		
区域/情景	RCP8.5	RCP2.6
全球	-4.4	-0.6
发展中亚洲包括：	-11.0	-2.4
中亚	2.5	1.0
东亚	-2.9	-0.1
南亚	-15.5	-3.4
东南亚	-13.0	-3.4
太平洋地区	-9.6	-2.2

资料来源：Asian Development Bank, *A Region at Risk*: *The Human Dimensions of Climate Change in Asia and the Pacific*, ADB, 2017。

2016—2030 年，亚洲发展中国家需投资 26 万亿美元（每年投资 1.7 万亿美元），以保持其经济增长势头、解决贫困问题和应对气候变化。其中，电力行业需要 14.7 万亿美元，交通行业 8.4 万亿美元，电信方面 2.3 万亿美元，水以及卫生设施方面 8000 亿美元。

---

① 刘杰、许小峰、罗慧：《极端天气气候事件影响我国农业经济产出的实证研究》，《中国科学：地球科学》2012 年第 7 期。

(二) 适应气候变化的成本

经济学家测算气候风险，认为经济成本，主要是未来气候变化及相关灾害带来的直接和间接经济损失，以及减排和适应的投资成本；其中，既包括市场价值的经济福利损失（如农作物、基础设施等），也包括非市场价值的社会福祉要素（如健康和生命价值、生态系统服务等）。在全球升温1℃—4℃的不同情景下，气候变化的总成本和风险相当于全球每年损失1%—5%的GDP（包括农林渔业，能源、海平面上升、健康等领域），但是其对全球及各国的可持续发展具有长期和不可估量的潜在影响[1]。《斯特恩报告》中的评估结果表明，未来气候变化给全球可能造成高达20%—35%的福利损失，建议各国政府每年花费1%的GDP用于适应行动[2]。世界银行《适应气候变化的经济学》报告测算不同气候变化人口和GDP情景下，2010—2050年全球发展中国家适应气候变化的总成本为700亿—1000亿美元（包括海岸带、供水、农业、渔业、林业、健康等主要领域的潜在受灾损失及适应基础设施投资）。例如，孟加拉国是面对气候风险最脆弱的国家，全国大约三分之二土地仅高于海平面5米以上，且易受河水和洪水泛滥影响。根据对孟加拉国未来风险的估算，一次典型严重飓风造成的损失将使国家发展倒退10年时期，2050年风险可能上升5倍，导致损失超过90亿美元，占到国内生产总值的0.6%[3]。

基于世界银行估算的发展中国家和地区的适应成本总额，东亚及太平洋地区的快速发展中国家所需投入和成本最高，其次是拉丁美洲和加勒比海地区、南亚地区等。对孟加拉国的案例研究表明该国总的适应成本初始投资需求预计将达到24亿美元，年度经常性适应成本达到500亿美元，包括对堤防、造林、台风庇护所和预警系统的适应投资。与发展中国家面临的巨额适应成本相比，在《联合国气候变化框架公约》下的绿色气候基金，着重于最脆弱的发展中国家如小岛屿国家联盟（Alliance of Small Island States，AOSIS）和最不发达国家，远不能为大多数高风险、快速发展中国家的气候适应投资提供支持。

---

[1] William Nordhaus, *The Climate Casino*: *Risk*, *Uncertainty*, *and Economics for a Warming World*, Yale University Press, 2003.

[2] Nicholas Stern, *The Economics of Climate Change*: *The Stern Review*, Cambridge, UK: Cambridge University Press, 2006.

[3] World Bank, *Economics of Adaptation to Climate Change*（EACC）: *Synthesis Report*, WB, 2010.

第三节 适应气候变化的政策

一 适应领域政策类型

在气候适应领域引入经济政策是为了实现两大目标：增进气候投资效率、确保气候公平。IPCC 第四次、第五次评估报告都详细介绍了气候政策中的各类经济措施，不同的经济措施能够触发人们开展不同的行动。IPCC 报告指出，经济工具的使用能够有效地带动自主适应[①]。经济措施包括有切实目的的政策和实际的行动，通过政策和行动的直接干预、激励以及示范作用等，引导国民和经济部门主动适应气候变化。同时也包括非政府部门（NGO）主动参与气候变化适应，响应政府政策或自主提出的有效的适应气候变化的工具和服务。

适应涉及的主要经济部门包括能源、水资源、运输、农林渔业、制造业、建筑、旅游休闲、保险金融等领域，适应气候变化经济措施主要涉及：（1）国家、地方或行业层面适应气候变化的经济性立法和规章；（2）适应气候变化重大工程项目；（3）促进主要经济部门适应的补贴、税收、专项基金机制；（4）气候变化灾害风险转移和降低的金融工具；（5）针对生态补偿、气候移民、减贫、灾害补助等的政府转移支付和社会保障。

用以适应气候变化政策激励的经济措施和工具，主要包括：风险分担和风险转移（包括保险），购买环境服务或生态补偿，改进资源定价、水资源市场，行政收费、补贴和税收，知识产权，创新及科研资助，提升社会行为及文化意识的激励措施等。以水权为例，一种为经济政策手段，要求水资源所在地的土地拥有者承担水源保护的责任，但水资源的使用者则通过对生态系统服务付费（Payments for Environmental，PES）对其进行补偿；另一种则为市场配置手段，例如美国西部、澳大利亚、智利、西班牙等国则是将水权从土地权利分离，能够将水从低价值用户重新分配到高价值生产部门以提高效率。

[①] IPCC, *Climate Change 2014: Synthesis Report*, Contribution of Working Groups Ⅰ, Ⅱ and Ⅲ to the Fifth Assessment Report of the Intergovernmental Panel on Climate Change, IPCC, Geneva, Switzerland, 2014.

二 国内适应气候变化的经济措施

我国是气候影响比较严重的地区,十分重视适应问题,制定并颁布了一系列旨在适应气候变化的战略和政策。2007年,国务院制定《中国应对气候变化国家方案》,随后进一步制定了《国家适应气候变化战略》(2013年)《国家应对气候变化规划(2014—2020年)》。各个省份据此设计适合本区域实施的气候变化政策,在政策体系与机制设计上逐渐丰富。《国家适应气候变化战略》将基础设施、农业、水资源、海岸带和相关海域、森林和其他生态系统、人体健康以及旅游业和其他产业作为适应气候变化的重点领域。适应气候变化的行动与政策层面关注的对象主要为与自然系统关系密切的部门,包括农业、水资源、林业和生态系统、海洋、气象、防灾救灾等。国家制定的五年发展规划,也从"十二五"开始,明确纳入了应对气候变化的内容,各部门协同完成了顶层的政策发布。表4-4列出国家主管部门制定的一些政策文件,有些是直接的适应行动方案,有些明确提到了应对气候变化的背景和要求。

2007—2016年,中国制定并实施了一系列应对气候变化政策规划,聚焦的主要内容为减缓气候变化,直接与适应相关的政策大约占到全部政策的37%,法律法规等基础政策约占36%,金融财税等政策占15%,为适应气候变化而制定的政策在所有"适应与应对气候变化政策"中所占比例约为29%[1]。但这并不表明适应问题没有得到足够重视,而是许多相关内容在认知或归类上,已经体现在发展和防灾减灾等部门的政策实践中。适应问题能够单独列出,表明对气候变化认知水平的提高,也意味着适应气候变化的经济政策会更多、更加明确、更有针对性地直接激励各项适应行动。

适应领域的财政税收政策涵盖了财政奖补机制、农业补贴、专项基金、绿色补贴等。总体而论,我国适应领域的经济政策仍缺乏统一、完整的政策体系架构,分散在各个部门,依托传统的金融、财税、转移支付等经济手段,缺乏更具针对性的、创新性的适应经济政策工具。由于适应领域广泛,涉及大量的基础建设投入,适应气候变化的专项资金存在缺口,现有的财政投入和支付也难以明确划入适应领域。

---

[1] 张冯雪、林兴发:《中国应对气候变化政策的演变2007—2016》,《特区经济》2018年第8期。

表 4-4　　　　　　　　　　　重点领域的适应政策示例

领域	政策文件	制定和执行部门	行动领域
林业	《林业应对气候变化"十三五"行动要点》、《林业适应气候变化行动方案（2016—2020）》	国家林业局	适应气候变化良种壮苗培育、科学造林绿化、多功能近自然森林经营、林业灾害监测预警、适应性灾害管理、建设和管理自然保护区、恢复湿地、恢复沙区植被、林业适应气候变化研究、国际合作
城市	《城市适应气候变化行动方案》（2016 年）	生态环境部、住房与城乡建设部	城市规划、城市基础设施、城市建筑、城市生态绿化、城市水安全、城市灾害风险综合管理、适应气候变化科技支撑等
农业	《全国农业现代化规划（2016—2020 年)》	农业部、国家发展改革委	农业转型升级、农业产业融合、农业可持续发展、农业对外合作、产业精准脱贫
水资源	《全民节水行动计划》（2016 年）	国家发展改革委、水利部、住房城乡建设部、农业部、工业和信息化部等	重要地区和部门节水降损（城镇、缺水地区、公共机构、产业园区节水减污；农业、工业和服务节水增产增效）、节水产品推广及产业培育、行动监管、全民宣传
防灾减灾	《国家综合防灾减灾规划（2016—2020 年)》	国家减灾委员会；国家减灾委员会各成员单位、各省、自治区、直辖市人民政府，国务院各部委、各直属机构	完善法律制度、健全体制机制、灾害监测预警预报与风险防范能力建设、灾害应急处置与恢复重建能力建设、工程防灾减灾能力建设、科技支撑能力建设、区域和城乡基层能力建设等
建筑	《绿色建筑行动方案》	发展改革委、住房城乡建设部；各地区、各有关部门	节能建筑新建及改造、城镇供热系统改造、可再生能源建筑规模化应用、公共建筑节能管理、绿色建筑基础研发推广、绿色建材、建筑工业化、建筑拆除、建筑废物资源化利用

资料来源：郑艳、林陈贞：《我国适应气候变化领域经济措施的回顾与评析》，《城市》2021 年第 2 期。

收入调节与转移支付的政策措施包括生态补偿、低保、贫困补助、灾害救助等。中国具有广阔各异的地理环境，生态脆弱区占比较大，气候变化引致的贫困和生态问题尤为严重。国家生态恢复和保护行动几乎涵盖了森林、草原、湿地、河流、土地等所有的生态领域。例如国家安排财政资金在内蒙古、西藏、新疆、甘肃等西部生态脆弱的省牧区和半牧区（自治区）实施草原生态保护补助奖励机制政策，在 25 个省（直辖市、自治区）开展"山水林田湖草生态保护修复工程试点"项目。

金融保险工具是重要的风险分担和风险转移工具。以农业领域为例,从20世纪90年代开始到目前,中国每年平均因各种气象灾害造成的农作物受灾面积达5000万公顷,经济损失高达2000多亿元[①]。《中共中央关于全面深化改革若干重大问题的决定》明确提出"建立巨灾保险制度",我国指数保险的试点工作开始在深圳、宁波、云南、四川、广东、黑龙江等地相继展开。

专栏4-6 中国的巨灾保险制度

广东省政府于2016年7月启动推动了"广东省财政预算风险巨灾指数保险"试点,由广东省与瑞士再保险公司等金融机构合作,金融、保监局、民政、水利、气象、地震等众多部门参与其中,承保台风、强降雨风险(项目年保费3亿元人民币/保额35亿元人民币),试点方案采取降雨强度指数、台风风速指数作为保险赔付依据,当实际灾害指标超过预设阈值时,保险公司将保险赔付金直接支付给当地财政,用于灾民救助、灾后重建等救灾资金,有助于减轻地方财政应对极端天气气候灾害的压力。

黑龙江省政府于2016年6月推行了"黑龙江省农业财政预算风险巨灾指数保险"试点,将26个贫困县列入保险区域(年保费1亿元人民币/保额23亿元人民币)。保险指数设计包括:降雨过多指数、干旱蒸发指数、积温指数、流域洪水指数四个指数保险项目。

三 适应气候变化的国际机制与经济政策

早期应对气候变化挑战、减缓和适应行动很大程度上是分离的,发达国家侧重于减缓,而发展中国家更加重视适应。2000年(尤其是2010年)以后,随着人们对气候变化影响和脆弱性认识的不断深入,谈判内容涉及越来越多具体的适应计划和行动(见表4-5)。例如,2013年发布的《欧洲适应气候变化战略》所涉及的适应部门有洪水保护和水资源管理、建筑、城市规划、森

[①] 叶谦:《保险业应对全球气候变化背景下系统风险的若干思考》,《农经》2018年第12期。

林和自然保护区、人类健康、文化保护、空间规划、生物多样性、农业、能源、灾害风险减缓、运输、旅游、海岸区域、商业和服务、工业、文化遗产、渔业及山地区域等诸多领域。加拿大等国家为了应对气候变化引起的干旱问题，发展出包括作物保险、收入稳定工具、农业水基础设施赠款等经济政策与手段。加勒比岛国为应对所面临较高风险的气候灾害侵袭，创立加勒比巨灾保险机制，为联合多国利用保险手段快速应对各种灾害快速反应的保险机制①。

表4-5 《联合国气候变化框架公约》下适应气候变化的国际机制演进

年份	机制演进
1992	通过《联合国气候变化框架公约》，规定缔约方与适应气候变化相关的义务
1995	明确适应气候变化资金机制的3个阶段
1997	达成《京都议定书》，重申缔约方适应气候变化的相关义务
2001	设立适应气候变化特别基金、最不发达国家基金、适应基金；支持最不发达国家制定《国家适应行动方案》
2002	通过《关于气候变化和可持续发展的德里部长宣言》
2004	通过《关于适应和应对措施的布宜诺斯艾利斯工作方案》
2005	通过《附属科学技术咨询机构关于气候变化影响、脆弱性和适应的五年工作方案》
2006	通过《关于气候变化影响、脆弱性和适应的内罗毕工作方案》
2007	通过《巴厘行动计划》
2009	通过《哥本哈根协议》
2010	建立坎昆适应框架；组建适应委员会；设立绿色气候基金；设立新的技术机制
2011	启动绿色气候基金；支持最不发达国家制定《国家适应计划》
2012	适应委员会三年期工作计划
2015	通过《巴黎协定》；全球适应目标与全球温升目标相联系；具有一定法律约束力的全球适应信息通报和5年周期的全球盘点

资料来源：IPCC, *Climate Change 2014*: *Synthesis Report*, Contribution of Working Groups Ⅰ, Ⅱ and Ⅲ to the Fifth Assessment Report of the Intergovernmental Panel on Climate Change, IPCC, Geneva, Switzerland, 2014。

---

① IPCC, *Climate Change 2014*: *Synthesis Report*, Contribution of Working Groups Ⅰ, Ⅱ and Ⅲ to the Fifth Assessment Report of the Intergovernmental Panel on Climate Change, IPCC, Geneva, Switzerland, 2014.

气候变化对人口和社会财富带来的经济损失与损害，对发展中国家意味着额外的财政负担。虽然国际社会强调全球重视适应气候变化问题并鼓励投入更多资金，但气候适应领域仍存在巨大的资金缺口。全球气候适应的资金需求至少是国际公共适应资金总额的 2—3 倍；2030 年气候适应资金需求将达到国际公共适应资金总额的 6—13 倍，2050 年潜在适应资金缺口将为目前适应资金的 12—22 倍。近年来频发的极端气候事件进一步提高了对适应资金的需求。2010 年，公约各缔约方达成共识，在《联合国气候变化框架公约》的框架下成立绿色气候基金；到 2020 年多哈会议之后，以每年 1000 亿美元的水平筹集长期资金以支持发展中国家的适应行动。然而，这些资金规模仍然非常有限，与发展中国家的总适应成本仍有很大差距，尚未成为一个"额外，充足和可持续"的适应融资机制。

第四节　适应气候变化与可持续发展

一　适应和发展的关联：发展型适应与增量型适应

经济发展促使一个经济体更加多样化，更少依赖于如农业这样的易受气候变化影响的部门；经济发展能够产出更多可用于减少风险的资源。许多无悔措施可以提供协同效益以提高发展和适应能力，如气象监测、疾病防控、灾害保险、科技教育等有助于发展中国家兼顾适应与发展需求。

适应和发展存在密切联系，有必要区分发展与适应的概念。如果应对常规气候风险的各种措施或设施完备，气候变化带来的额外不利影响只需要在现有基础上作出相应的提升或转变，也就是所谓的的增量型适应和转型适应（见表 4-6）。上述概念适用于发达国家和地区，但对于发展中国家，由于发展基础薄弱，适应不是一个增量问题，而是一个发展起点低的问题，对正常的气候灾害缺乏应对能力。从这一意义上讲，发展中国家的"适应赤字"实际上是"发展赤字"。适应赤字的概念意味着国家面对现在的气候条件准备不足，对未来气候变化更是缺乏前瞻性规划。适应赤字描述了现在的适应层次和最佳的适应层次之间的差异。发展赤字表明发展中国家不只是为了适应极端气候事件更是为提供教育、住房、健康和其他基础需求服务而进行容量赤字预算。从这方面看，发展赤字是许多发展中国家或地区典型的特性。

表4-6　　　　　　　　　　增量型适应与发展型适应

适应模式	常规气候风险	气候变化新增风险	总计风险值
增量型适应	风险损失：100	风险损失：30	总风险：130
	发展投入：100	适应投入：0	总投入：100
	气候风险净损失：0	气候风险净损失：30	总净损失：30
	赤字：0	赤字：30	总赤字：30
发展型适应	风险损失：100	风险损失：30	总风险：130
	发展投入：60	适应投入：0	总投入：60
	气候风险净损失：40	气候风险净损失：30	总净损失：70
	赤字：40	赤字：30	总赤字：70
	发展赤字	适应赤字	发展赤字+适应赤字

注：假设适应投入与效益成正比，即每1单位适应投入可相应减小1单位的风险水平；忽略不可避免风险（unvoided risk）导致的剩余损失（residual damages）。表中"赤字"意为风险防护投入的缺口。

资料来源：郑艳、潘家华、谢欣露、周亚敏、刘昌义：《基于气候变化脆弱性的适应规划——一个福利经济学分析》，《经济研究》2016年第2期。

针对发展中国家的发展问题和适应需求，潘家华基于发展阶段和适应能力差异，提出了发展型适应与增量型适应的概念①。增量型适应（Incremental Adaptation，IA）是在气候变化背景下，系统现有基础上考虑新增风险所需的增量投入，这种适应所针对的是发展需求基本得到满足，仅仅需要应对新增的气候风险所需的适应活动；发展型适应（Developmental Adaptation，DA）是指由于发展水平滞后，使得系统应对常规风险的能力和投入不足，需要协同考虑发展需求及新增的气候风险。中国不同地区间存在较大的发展差距，导致中国兼具"发展赤字"和"适应赤字"，因此既面临着巨大的发展型适应需求，也存在相当的增量型适应需求。以气候灾害风险为例，传统的防灾减灾领域通过长期的投入和实践，积累了应对常规风险（主要由气候自然变率引发）的基础设施和治理能力。而人类活动引发的气候变化新增风险则需要专门的适应投资。

---

① 参见潘家华《气候变化经济学》，中国社会科学出版社2018年版。

二 适应气候变化与可持续发展目标的协同

气候变化既是环境问题，也是发展问题。与 CO_2 减排单一性目标相比，适应具有多目标属性，例如城市地区可能受到突发极端天气/气候事件（如高温、强降雨、寒潮、台风等）、长期气候变化（如海平面上升、荒漠化、生态退化等），及新型城市灾害（如雾霾）等多种风险的影响。

对大多数发展中国家而言，减缓气候变化是一项长期艰巨的挑战，而对气候变化的适应是一项务实和至关重要的任务。减缓和适应的协同作用意味着寻找双赢策略，同时能够控制温室气体减排和助力气候变化适应的政策。整合适应和减排政策对气候变化政策和规划具有非常显著的实践意义。针对气候变化对发展的长期挑战需要创新思维，例如提出"转型适应"（Transformational Adaptation）和"气候韧性发展路径"（Climate-Resilient Pathways）等新概念，即能够在技术、制度、社会和环境等方面实现创新与突破、实现后发优势或跨越式发展的适应途径。

发展与适应目标很难截然区分，对于发展中国家和贫困群体而言，发展是提升适应能力最直接和成本最小的途径。在应对气候变化行动中利用协同效应的是国际气候协定的目标指向和可持续发展的核心要求。发展政策与适应气候变化可能具有互补或矛盾关系，充分发掘二者的协同效应，例如各国通过发展、规划及实践（包括许多低悔或无悔措施）达到适应目的，或者技术创新、行为方式和文化价值观转变等。2015 年联合国通过了《变革我们的世界——2030 年可持续发展议程》，将"积极应对气候变化"列入减贫、可持续人居等重点领域。实际上，通过公共资金作用，将适应纳入更广泛的发展战略和行动方案，能够更好地为脆弱社区提供必要的保障和转型机会。例如，可以通过转移支付方式提升脆弱群体的适应能力，消除人口贫困，保障气候公平。

三 适应与发展的重点协同领域

目前全球积极推进适应规划或行动。发展中国家的适应行动主要是传统防灾减灾，缺乏气候风险的针对性，许多关键部门如水务、废水处理、健康、建筑规划标准等仍然处于适应的边缘地带。对于许多发展中国家，适应与发展关联密切，专门适应政策的制定和实施尚存在许多障碍，例如缺少资金和人员、优先议题相互冲突、政府短期目标、基础设施预算难以区分适应部分、决策者意识不足等。

一般来说，具有强协同效应的重点适应领域主要包括以下几方面。

灾害风险管理：协同范围包括灾害事件灾害的风险评估，提升适应能力或灾害灾害影响如人口暴露度、脆弱性，韧性的社会响应措施等。

城市生态系统：绿色基础设施相比高排放高能耗的"灰色基础设施"更具成本效益和可行性；发达国家和发展中国家城市普遍将公园绿地、湿地、造林等生态型适应（Ecosystem-based Adaptation）作为低成本、可持续、多效益的协同措施，以应对高温和洪水等气候风险，但是很少考虑与发展背景相关的决策参与、损益群体及其公平问题。

节能减排：减缓和适应行动两大气候政策目标的协同管理可以相互促进、提质增效。例如在适应规划中整合适应和减排措施，增进气候行动的成本效益和协同优势。

减少贫困：城市低收入阶层、外来务工群体是深受气候变化影响潜在贫困人群，需要在减贫战略、城市社会保障政策中考虑气候变化影响。

《国家适应气候变化战略》已经将适应气候变化提升到战略层面，明确了战略任务和措施，需要进一步形成并完善适应决策机制。一方面，适应气候变化与城市规划、防灾减灾、环境保护、生态建设等相关领域具有密切关联，相关部门职责与权限缺乏明确界定，适应目标、任务和工作重点尚不明确；另一方面，各部门之间的信息沟通与决策协调还远远不够，部门和地方规划往往缺乏衔接与呼应，难以形成合力。气候适应型城市试点有助于推进先行城市制定适应规划，加强部门协同，将适应行动落到实处。

四 适应与减缓气候变化的协同管理

随着全球应对气候变化行动的深入，适应与减缓气候变化的政策、措施越来越多，各种政策和措施之间的交互影响关系更加错综复杂，协同管理的领域越来越多样化。适应与减缓行动的协同管理就是利用行动的正外部性所实现的目标"双赢"，减少行动成本或提高行动效率，增加社会总福利水平。适应与减缓行动在行动目标、领域、利益相关者等方面存在一定区别，需要通过制度设计加以关联和强化，这意味着只有协同行动的效益超过了管理成本，才能表现出协同管理的经济性。

气候变化会对人类社会发展造成损害。如果将这种损害以经济损失表示，由图4-6可见，如果不主动采取措施应对气候变化，到2200年，社会总福利损失将超过GDP的4%；在只采取适应行动或减缓措施的情景下，气候变化造成的福利损失占GDP的2.3%；如果采取具有协同效应的适应/减缓行动，气候变化造成的社会福利损失将低于GDP总量的2%。因此，对适应与减缓行动进行协同管理，发挥协同效应是最具成本效益的应对气候变化行动方案。

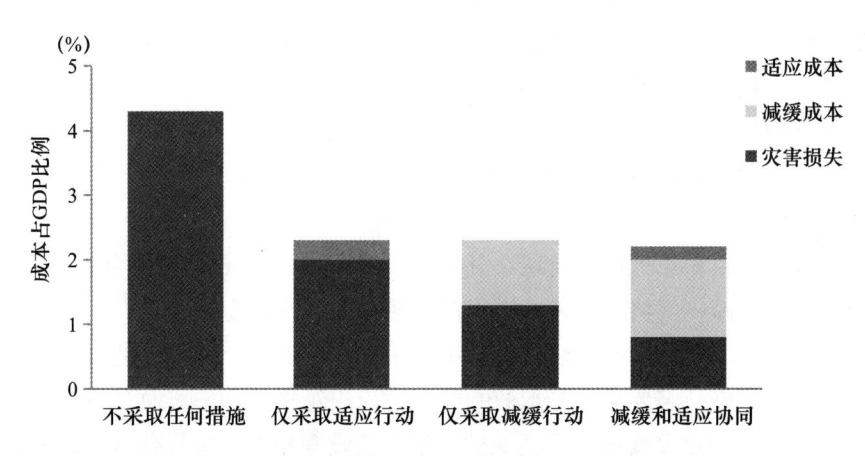

图4-6 适应与减缓行动的协同效应降低应对气候变化成本

资料来源：Mike Hulme, Henry Neufeldt, Helen Colyer and Angela Ritchie (eds.), "Adaptation and Mitigation Strategies: Supporting European Climate Policy", The Final Report from the ADAM Project, Revised June 2009, Tyndall Centre for Climate Change Research, University of East Anglia, Norwich, UK。

协同管理适应与减缓行动具有应对气候变化与大气污染控制双重效益。IPCC在2012年《管理极端事件和灾害风险，提升气候变化适应能力》特别报告的评估结论表明：部分减缓与适应行动具有协同互补效果，充分利用协同关系将大幅度降低气候变化风险。中国环境与发展国际合作委员会2016年发布的研究报告《应对气候变化与大气污染治理协同控制政策研究——聚焦短寿命气候污染物和非道路移动源》显示，减少特定源的短寿命气候污染物排放可以降低未来几十年内的温升速度和程度，且有助于促进细颗粒物（PM 2.5）减排和对流层臭氧浓度的降低，同时带来公众健康改善、避免重要作物的产量损失等。专栏4-7对适应与减缓协同管理的主要类型进行了简单的总结。

专栏 4-7　协同管理的主要类型

- **碳减排项目中水电开发与防洪适应型活动的协同行动**

在水电项目设计时,纳入水电站提高农业适应气候变化的能力,使新建水电站不仅具有清洁发电功能,还能够发挥防洪、蓄水、灌溉,解决干旱时期的农田灌溉和人畜饮水问题,增强地方适应气候变化的能力。

- **公共设施的新建与节能产品的使用**

通过政策设计,鼓励和刺激公共设施的建设和运营使用低碳、节能产品,加强能效管理,不仅可以减少因适应活动产生的排放,还为低碳能源的应用提供了需求和市场,有利于促进新能源和可再生能源的开发利用,减少对化石能源的依赖和温室气体排放。

- **适应气候变化的工程措施与生态减排措施结合**

应对海平面升高的适应性对策中,可以采取生态护坡措施,一方面加强了海洋生态系统的保护,使近海珊瑚礁生态系统以及沿海湿地得到保护;另一方面,降低海岸带生态系统的脆弱性,同时通过营造沿海防护林,建立起一个生态护坡体系,可以增加碳汇、减少因单纯修建工程护坡产生的排放。

- **农业适应计划与新能源的协同效应**

在选育抗逆农作物品种时,除了有计划的培育和选用抗旱、抗涝、抗高温、抗病虫等抗逆品种外,尽量和生物质能源的需求结合起来,为生物质发电提供低价、稳定的原料供应;同时注意选择低排放的高产品种,降低稻田的甲烷排放;在提高农业生产能力建设过程中,促进秸秆处理和户用沼气技术的使用,推广环保型肥料,减少农田氧化亚氮排放、提升地力,增强农田土壤碳贮存。

延伸阅读

1. 林而达主编:《气候变化与人类——事实、影响和适应》,学苑出版社 2010 年版。

2. 中国 21 世纪议程管理中心:《国家适应气候变化科技发展战略研究》,

科学出版社 2016 年版。

3. ［美］苏珊·C. 莫泽、［美］麦斯威尔·T. 博伊考夫主编：《气候变化适应：科学与政策联动的成功实践》，曲建升等译，科学出版社 2017 年版。

4. Nadine Salzmann, Christian Huggel, Samuel U. Nussbaumer, *Climate Change Adaptation Strategies – An Upstream – Downstream Perspective*, Springer, 2016.

练习题

1. 如何理解适应气候变化？请列举国家和地方层面适应气候变化的政策、规划、法律规章等。

2. 请思考哪些是气候风险的影响因素？

3. 请简述发展型适应与增量型适应的区别。

4. 请思考并列举所在城市是否有适应气候变化的具体举措（例如供水、园林绿化、电力、交通、建筑、学校等）？

5. 如何协同管理减缓与适应气候变化？

第五章

减缓气候变化的经济分析

如果不采取行动，继续采取"一切照旧"的做法，那么，未来几十年全世界温室气体排放总量将继续增长，21世纪全球气温将突破安全上限。为了逆转气候变化趋势，必须采取各种措施来实现减排。本章讨论关于减缓气候变化的经济问题。首先，主要介绍减缓气候变化的基本概念和全球气候变化减缓方案的相关内容，包括全球温室气体历史排放、温室气体排放的驱动因子、展望未来温室气体排放趋势以及气候变化减缓目标和方案。其次，介绍减缓气候变化的经济分析框架，包括经济分析中常见的一些基本概念和针对减排项目的技术经济评价。再次，介绍了部门层面的减缓战略与措施，对能源供应、交通运输、工业、建筑，以及农业、林业及其他土地利用部门的具体措施进行讨论。最后，侧重于减缓气候变化的政策与减排路径，对不同类型的政策进行了梳理，并介绍出了全球的减排路径及中国的减排政策和行动。

第一节 减缓气候变化的概念和方案

一 减缓气候变化相关基本概念

国家层面和部门层面均有很多的减缓方案，包括减少能源使用、降低终端部门的温室气体排放强度、提升低碳能源供应比例、减少土地部门相关的净排放，以及增加土地的碳汇等一系列措施。要理解减缓气候变化问题，首先需要了解与减缓气候变化相关的一些重要概念。

减缓气候变化是指以减少温室气体的排放源或增加温室气体的汇为目的的人为干预手段/活动。

> **专栏 5-1　IPCC 报告中关于温室气体的源和汇的陈述**
>
> 温室气体的源是指任何向大气中释放温室气体、气溶胶或气溶胶前体物的过程、活动或机制。
>
> 温室气体的汇是指任何从大气中清除温室气体、气溶胶或气溶胶前体物的过程、活动或机制。
>
> 二氧化碳清除（Carbon Dioxide Removal，CDR）方法，指为了降低大气 CO_2 浓度，以增加天然碳汇或采用化学工程清除 CO_2 的方式从大气中直接清除 CO_2 的一套技术。
>
> 碳封存（Sequestration），是指陆地库或海洋库吸收（即将有关物质加入库中）含碳物质特别是 CO_2 的过程。狭义的碳封存指二氧化碳捕集和储存（Carbon Dioxide Capture and Storage，CCS），是将相对纯的 CO_2 流体从工业和与能源有关的源中分离（捕获）、控制、压缩并运至某个封存地点，使之与大气长期隔离的过程。生物封存的方法可以从大气中直接移除 CO_2，方法包括土地利用变化（Land Use Change，LUC）、造林、再造林、植被恢复、填埋场碳储存以及增加农业土壤碳的做法。
>
> 生物能和二氧化碳捕获与储存（Bioenergy and Carbon Dioxide Capture and Storage，BECCS）：二氧化碳捕获和储存技术应用于生物能转换过程。根据总生命周期排放，包括总的边界间接效应（来自间接土地利用变化和其他过程），生物能和二氧化碳捕获与储存有可能实现从大气中净清除 CO_2。

2015 年，联合国气候大会达成《巴黎协定》，明确了减缓气候变化的目标，即通过减缓行动，将升温幅度限制在相对于工业革命前水平 2℃ 以内，即 2℃ 温升目标；并力争将升温幅度限制在相对于工业革命前水平 1.5℃ 以内，即 1.5℃ 温升目标。

一般而言，战略指的是一种从全局考虑谋划实现全局目标的规划。气候变化减缓战略主要包括降低温室气体排放强度、通过技术手段降低能源强度、提高生产和资源效率、提高结构和系统效率以及活动指标变化等。

气候政策是政府为加强减缓或适应等目的所采取和（或）所授权的行动。以减缓为目标的政策例子包括可再生能源供应支持机制、碳税或能源税、汽车燃油效率标准。在减缓政策中，减缓措施是促进减缓气候变化的技术、流程和做法。例如，可再生能源技术、废弃物最少化流程以及公共交通做法等。

温室气体排放情景是根据对驱动力（如人口增长、社会经济发展、技术变革、能源以及土地利用等）及其相互之间的重要关系提出的具有连贯性和内部一致性的一组假设，对温室气体未来排放趋势作出的一种合理表述，专栏5-2介绍了关于情景的定义与设置（具体的情景分析方法学介绍可参阅第七章内容）。

专栏5-2　情景定义与设置

情景是对未来如何发展的一种似乎合理的描述，是基于对具有连贯性和内部协调性的关键驱动因素（如技术变革速度、价格）及其相互关系的一组假设。需要注意的是，情景既不是预测也不是预报，但对于预见有关发展和行动带来的影响是有用的。

基准（或基线）情景是衡量变化所对比的状态。基准情景是指基于下列假设的各情景：除了已生效和/或制定或计划通过的政策之外，不会实施其他减缓政策或措施。

基准情景并非旨在预测未来，而是反事实结构，用以强调在没有加大政策力度的情况下会发生的排放水平。基准情景通常是与为实现温室气体排放、大气浓度或温度变化不同目标而构建的减缓情景相对比。

减缓情景是对未来作合理假设，即设想落实减缓政策和措施后（被研究的）系统将如何应对的情景。

转型是指自然系统和人类系统基本属性的变化。转型路径则是一段时期内满足温室气体排放、大气浓度或全球地表平均温度变化等不同目标的变化曲线。转型路径包括一系列经济、技术和行为的变化，这些变化包括使用和生产能源和基础设施、管理自然资源、建立制度等方面的方式变化，也包括技术变化的节奏和方向本身的改变。从狭义的理解看,温室气体排放转型路径是为实现未来低温室气体排放目标、从现在开始的长期路径,主要包括产业结构优化调整、能源系统低碳化发展、开展节能和提高能效工作的战略、政策及其组合。

二 全球气候变化减缓方案

(一) 全球温室气体历史排放

从温室气体排放量的变化趋势看,全球温室气体总量基本呈上升趋势;全球人为造成的 CO_2 排放量也一直处于稳步增长的趋势(如图 5-1)。

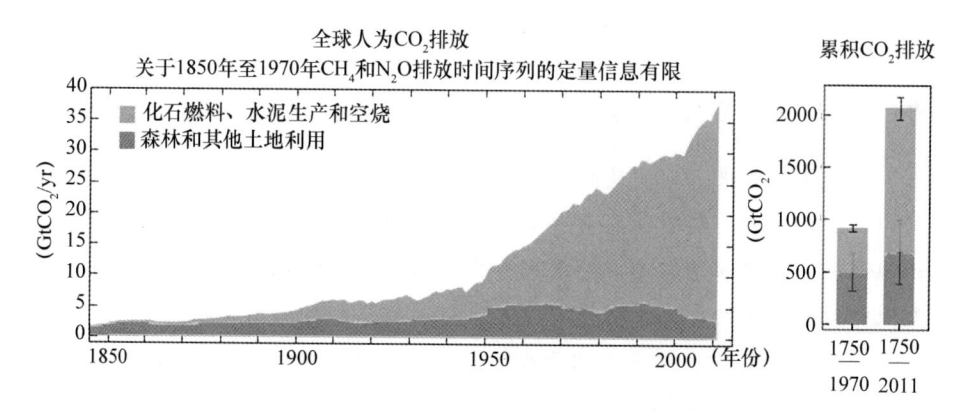

图 5-1 1850—2011 年全球来自化石燃料燃烧、水泥生产和空烧以及森林和其他土地利用(FOLU)的年度人为 CO_2 排放

注:累积排放及其不确定性以柱形和虚线分别在右侧表示。

资料来源:IPCC, *Climate Change 2014: Mitigation of Climate Change*, Contribution of Working Group Ⅲ to the Fifth Assessment Report of the Intergovernmental Panel on Climate Change, Cambridge: Cambridge University Press, 2014。

从各温室气体排放的贡献量看,CO_2 所占比例最大,其次依次为 CH_4、N_2O 和各种含氟气体。2015 年,全球温室气体排放总量中,CO_2 占比为 76%,CH_4、N_2O 和各种含氟气体所占比重分别为 16%、6% 和 2%[①]。

[①] Inventory of U. S. Greenhouse Gas Emissions and Sinks 1990-2015 (EPA, 2017), https://www.c2es.org/content/international-emissions/.

(二) 温室气体排放驱动因子

温室气体排放与人口、人均国民生产总值（人均 GDP）、单位 GDP 能耗和单位能耗碳强度密切关联。对全球 1990 年以来的碳排放增长趋势进行驱动因素分解的具体结果如图 5-2 所示。

从全球来看，2015 年相对于 1990 年的 CO_2 排放量增长约 57.5%，主要驱动因素为 GDP 的增长，其次为人口增长。其中，2015 年相对 1990 年人均 GDP 的增长 65.3%，人口增长 38.9%。与之相反的是，能源强度对碳排放的增长起负向抑制作用，相比 1990 年能源强度呈持续下降的趋势，到 2015 年下降至原来的 67.7%。另外，自 1990 年以来全球单位能耗碳强度的变化幅度不大，几乎没有变化。

(三) 未来温室气体排放趋势

从全球温室气体的排放格局看，发达国家减排进展缓慢，发展中国家人口和经济快速增长驱动排放增长，因而，总体上如果没有强有力的减排努力，全球温室气体排放的增长趋势预计还将持续下去。

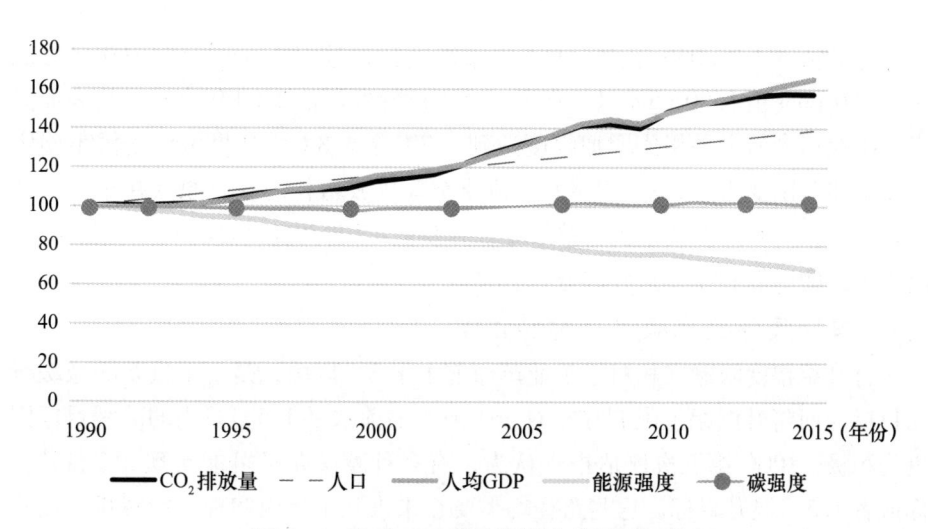

图 5-2 全球 CO_2 排放增长及其驱动因素

注：以 1990 年为基准年，以后每年相对 1990 年的排放变化及其驱动因素变化。

资料来源：International Energy Agency, "CO_2 Emissions from Fuel Combustion 2017", October 1, 2017.

IPCC 第五次评估报告指出，全球排放增长趋势仍十分明显，不断推高大

气中的 CO_2 浓度，并导致全球温度进一步升高（如图 5-3）。

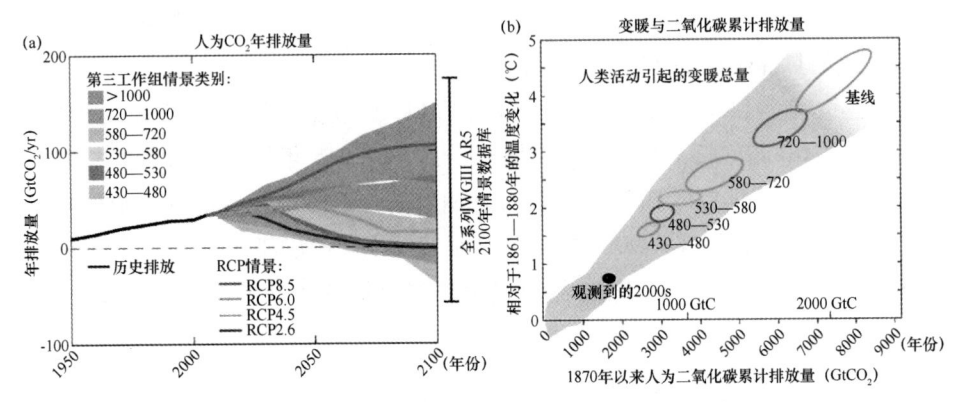

图 5-3　未来全球人为 CO_2 排放与全球温升趋势

资料来源：IPCC, *Climate Change 2014*: *Mitigation of Climate Change*, Contribution of Working Group Ⅲ to the Fifth Assessment Report of the Intergovernmental Panel on Climate Change, Cambridge: Cambridge University Press, 2014。

基准情景下，2030 年大气 CO_2 当量浓度会超过 450 ppm，到 2100 年可能达到 750 ppm 至 1300 ppm 以上水平。这可能导致预估 2100 年全球平均表面温度与工业革命前水平相比增加幅度达到 3.7℃ 至 4.8℃。如果考虑气候不确定性，上述范围变为 2.5℃ 至 7.8℃。造成全球排放增长的主要原因在于，预计未来全球人口和经济活动仍将持续增长，从而抵消掉能源供应和终端用能技术改进导致的节能和减少排放部分（如图 5-4）。

（四）气候变化减缓目标和方案

将升温幅度限制在相对于工业革命前水平 2℃ 以内，是一个重要的减缓行动目标，而将升温幅度限制在相对于工业革命前水平 1.5℃ 以内的减缓目标则更为积极。IPCC 第五次评估报告认为，有多种减缓路径可能实现 2℃ 温升目标或者 1.5℃ 温升目标。这些路径均需要在未来几十年内实现大幅减排，以及到 21 世纪末，使 CO_2 及其他长寿命温室气体水平降至零排放或接近水平。实施此类减排将面临巨大的技术、经济、社会和制度挑战，而额外减缓的延迟以及缺乏关键技术的突破都将加大减排难度。实现温升目标也会涉及诸多类似的挑战，只是实现不同目标的时间尺度各有差异。

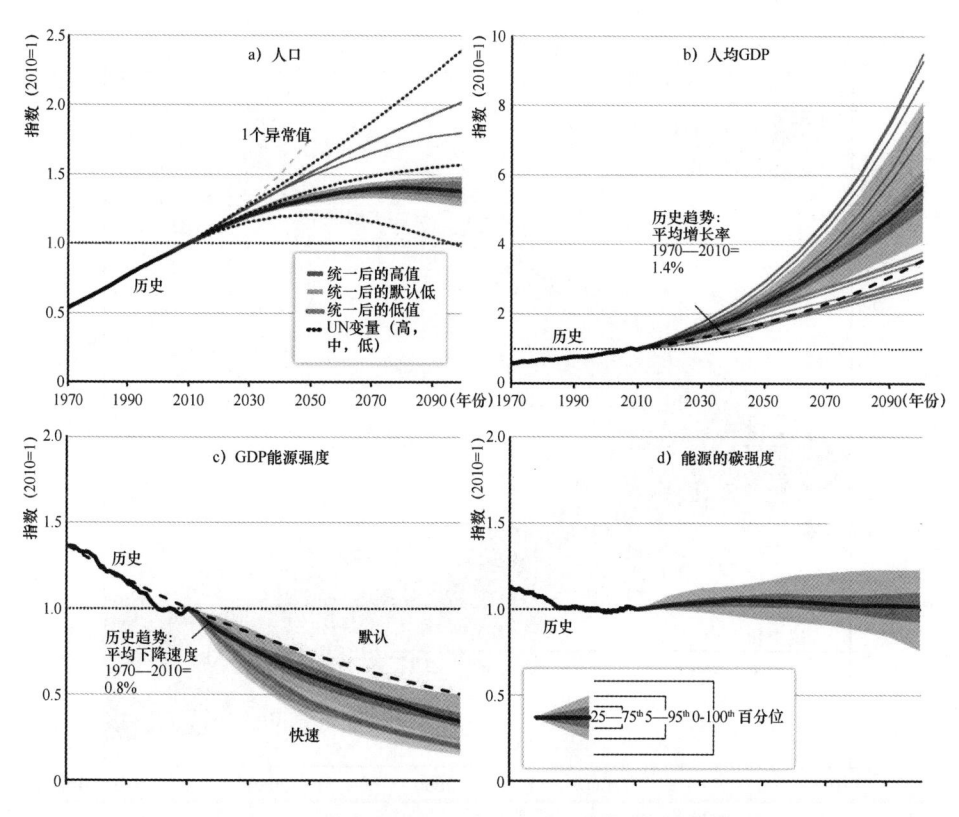

图 5-4　未来全球温室气体排放四大驱动力的变化情况

资料来源：IPCC，*Climate Change 2014：Mitigation of Climate Change*，Contribution of Working Group Ⅲ to the Fifth Assessment Report of the Intergovernmental Panel on Climate Change，Cambridge：Cambridge University Press，2014。

通过情景分析方法，不少研究都对未来温室气体排放路径及相应的减排技术方案进行了测算。图 5-5 展示了 1.5℃ 和 2℃ 情景下全球排放路径 10% 和 90% 分位数区间的估计结果。2℃ 目标下，部分情景所要求的近期（2030 年以前）减排力度较弱，导致 2030 年排放相对 2010 年进一步上升。同时有部分情景可以在 21 世纪末不需要实现净负排放的情况下实现 2℃ 目标。与 2℃ 情景相比，1.5℃ 目标下，近期减排力度要求较高，2020 年以后所有情景的排放均开始下降，同时在 21 世纪末需要大规模应用负排放技术。为实现 2℃ 目标，未来全球排放存在不同的时空分布方式，对应不同的排放路径，其差异主要在于减排时点的不同。

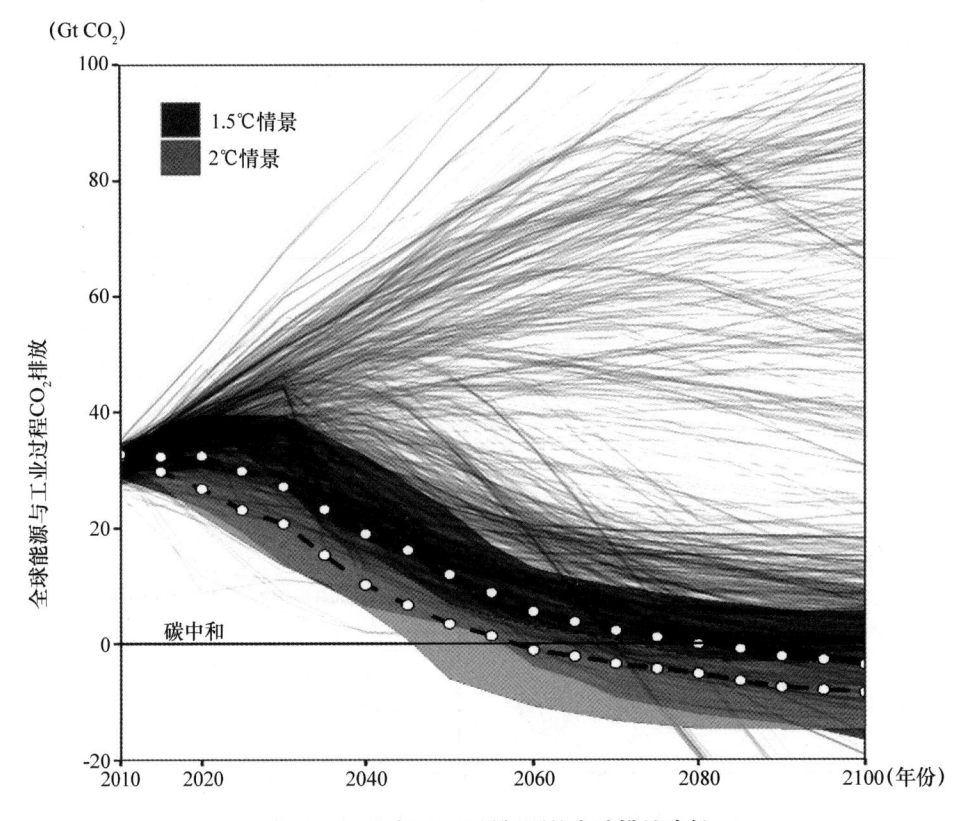

```
                    (Gt CO₂)
                100
                                1.5℃情景
                 80               2℃情景

                 60
全
球
能                40
源
与
工
业                20
过
程
CO₂                0      碳中和
排
放
                -20
                   2010   2020   2040   2060   2080   2100(年份)
```

图 5-5　2℃和 1.5℃目标下的全球排放路径

注：浅灰色和深灰色区域分别代表 2℃和 1.5℃情景的 10% 和 90% 分位数区间，带数据点的虚线代表 2℃和 1.5℃的中位数情景，细实线代表 IPCC AR5 数据库中所有的情景。

资料来源：崔学勤、王克、傅莎、邹骥：《2℃和 1.5℃目标下全球碳预算及排放路径》，《中国环境科学》2017 年第 11 期。

现有政策路径情景下，近期的减排力度较弱，排放进一步上升，到 2030 年以后进入快速下降期，但为了把全球温升控制在安全的范围内，到 21 世纪末将需要大规模应用各种负排放技术。与现有政策路径情景形成鲜明对比的是，最小成本路径情景下，近期减排力度较大，排放快速下降，而中期（2030—2050）减排要求相对缓和，同时能在 21 世纪末不需要实现净负排放的情况下就能保证实现 2℃目标（如图 5-6）。《巴黎协定》下的国家自主减排贡献（Nationally Determined Contribution，NDC）承诺路径和强化 NDC 路径情景在减排量和减排成本的时间分布上，介于现有政策路径和最小成本路径情景之间。现有研究已有一致结论，2030年前近期减排力度越低，全球累积减排成本越高。延迟近期减排行动导致减排成本上升的原因一方面在于中长期减排要求的提高会带来快速上升的减排成本；另一方面在于高碳的基础设施会造成锁定效应。此外，因此延迟减排行动会进一步增加负排放技术的需求，带来技术上的风险。

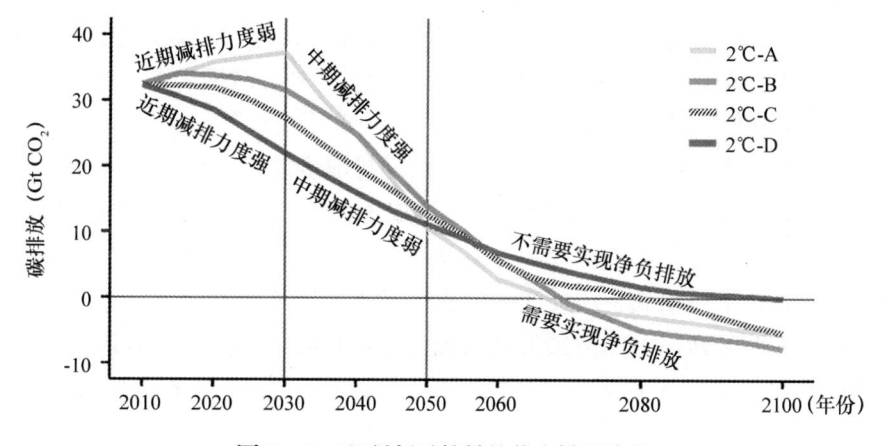

图5-6 2℃目标子情景的代表排放路径

注：2℃-A情景：现有政策路径情景；2℃-B情景：NDC路径情景；2℃-C情景：强化NDC路径情景；2℃-D：强化NDC路径情景。

资料来源：崔学勤、王克、傅莎、邹骥：《2℃和1.5℃目标下全球碳预算及排放路径》，《中国环境科学》2017年第11期。

可以看出有很多全球气候变化减缓方案都能最终实现减缓目标，因此亟须对减缓方案的经济性可行性（feasibility）进行科学评价，并识别、选择出成本最低、效率最高的减排路径。

第二节 减缓气候变化的经济分析

从不同尺度针对减缓气候变化问题开展经济分析的重点各不一样：在全球或者国家层面，需要分析温室气体减排成本和效益；从部门层面的宏观分析，需要研究减排潜力、关键技术及对应成本效益；而对于项目和技术层面的微观分析，需要重点分析直接和全生命周期的减排效果，以及相应的直接成本和协同效益等情况。

一　减缓气候变化经济分析基本概念

（一）减缓成本

减缓成本是指气候变化减缓造成人类福利损失的部分，一般用货币价值来计值。由于对减缓成本的估计通常只关注市场直接影响，所以没有考虑减缓行动的协同效益或所产生不利副作用的福利价值。此外，减缓成本一般也没有考虑通过减缓降低气候影响所产生的收益。

经济学家在分析中采用了各种各样的减排成本度量方法，以不同的方式或在不同的地点对减缓气候变化的经济成本进行测量，包括 GDP 的变化、消费损失、当量变化和补偿变化，以及消费者和生产者盈余损失等。因为消费损失能直接影响福利，因此很多分析会经常使用消费损失来作为减缓气候变化成本的度量指标。消费损失可表现为某年相对于相应基准情景消费水平的减少变化，或一定时间内相对于基准情景中消费增长平均速度的下降变化。

（二）边际减排成本（Marginal Abatement Cost，MAC）

在测算温室气体减排的成本方面，边际减排成本是指一个单位的额外的排放减少所需的成本。减缓成本和边际减排成本，与碳的社会成本、碳价是不同的概念，但具有一定的联系。

专栏 5-3　碳的社会成本和碳价

在给定时间区间内，碳的社会成本（Social Cost of Carbon，SCC）指的是以每增加单位碳排放（CO_2）引致损失的货币化价值估计结果估算的边际损害。该成本包括（但不仅限于）气候变化引起农业净生产力和人类健康的变化、洪水灾害造成的财产损失以及生态服务价值的变化。碳的社会成本度量的是碳排放所带来的气候变化影响给经济社会造成的边际成本，也可理解为每减少单位的碳排放带来的边际效益。SCC 的计算尽可能将每一吨额外排放到大气中的 CO_2 的边际影响加总起来，此过程需要一个温室气体在大气中停留的时间模型和将经济价值贴现到排放年限的方法。

通过对碳的社会成本进行估算使各相关机构在对碳减排政策进行的成本效益分析时能充分考虑到各种减排行动可能带来的货币化社会收益，从而使评估结果更加客观、可信。因此，为了全面考察减排的收益或增排造成的损失，除了对当期影响进行量化外，对碳的社会成本进行估计不仅要考虑排放增量造成的现在经济损失，还需要考虑排放增量造成的未来损失。以美国为例，美国白宫部门间工作组（Interagency Working Group）先后发布了两份关于碳的社会成本的估算报告，其中2013年版本同2010年版本相比，所估算的碳的社会成本结果提高了接近一倍，意味着每增加一吨碳排放水平给社会带来的损失更大，因此政府应当采取更积极的碳减排政策，例如提高排放标准等措施。

碳价（Carbon Price）则是避免或排放 CO_2 或 CO_2 当量的价格。它可指碳税率或按排放许可额度的价格。在很多用于评估减缓经济成本的模型中，碳价通常被用来作为表示减缓政策努力程度的替代参数。

（三）成本—收益分析（CBA）

以货币形式衡量某一特定行动的所有正面和负面影响称为成本—收益分析。按成本和收益差和/或成本收益比进行比较，能从社会观点评估某项特定投资或其他政策如何产生回报。如果一项政策以最低成本方式达到温室气体或者污染排放水平减排目标，那么这项政策可被称为是成本有效（Cost Effectiveness）的。

（四）协同—效应

协同效应是因各种原因实施的政策或措施所产生的附带效应，包括共生效益和不利副作用两类。协同效益是指一项政策或措施可对实现原定目标之外的其他目标产生的积极效益，也被称为共生效益或者附带效益。不利副作用则是指一项政策或措施可对实现原定目标之外的其他目标产生负面影响。

二 减排项目技术经济评价

温室气体减排项目是指以减少温室气体排放为唯一或者重要目标的项目，

而相应采用的技术即为温室气体减排技术（下文将其分别简称为减排项目以及减排技术）。

同一般项目评价相比，对减排技术和项目进行经济性评价有四个显著特点：第一，减排项目的评价以减排结果作为重要的评价目的；第二，在评价中减排成本是非常核心的评价指标；第三，在减排项目的经济性评价中，常用全生命周期分析方法；第四，能源项目是重要的评价对象。本节将重点介绍项目层面的分析方法和案例，而对于工业、交通和建筑等部门以及对于地区和经济体等层次的减排评价方法，读者可进行延伸阅读。

（一）一般项目评价

对于一般的项目评价，主要有表5-1中所述的三种净现值方法。

表5-1　　一般项目的三种评价方法主要特点

序号	评价层次	考虑角度	评价目标	主要评价指标	使用的价格
1	财务评价	投资者	利润	财务净现值	市场价格
2	国民经济评价	经济整体	GDP	经济净现值	影子价格
3	环境经济评价	经济和环境	社会福利	环境经济净现值	影子价格

资料来源：何建坤、陈文颖等：《应对气候变化模型与方法学》，科学出版社2018年版。

可以看出，财务评价是从财务角度，根据国家现行财税制度和市场价格，分析、测算项目的效益和费用，考察项目的获利能力、清偿能力等财务状况，以判别其财务可行性；而国民经济评价则是从国家利益出发，从国民经济整体的角度分析计算项目需国家付出的代价和对国家的贡献，以考察投资行为的经济合理性。

由于财务评价和国民经济评价出发的角度不同，所以这两种评价方法对同一项目的效益和成本的含义与划分范围也不同：财务评价根据项目的实际收支确定项目的效益和成本，其中税金和利息等均应计为费用；国民经济评价则着眼于项目对社会提供的用户产品和服务以及项目所耗费的全社会有用资源来考虑项目的效益和费用，所以税金、国内借款利息和补贴等均不计为项目的效益和成本。财务评价只计算项目直接发生的效益及费用，即项目的内部效果；国民经济评价对项目引起的间接效益与费用即外部效果也要进行计算和分析。由于效益与成本含义的差别，使财务评价和国民经济评价中采用的价格和主要参数有很大不同。财务评价对投入物和产出物都采用市场价格，国民经济评价则应采用根据机会成本和供求关系所确定的影子价格；财务评价对外汇采用官方汇率，对资金成本采用各行业的基准收益率作为折现率，国民经济评价则采用国家统一测定的影子汇率和社会折现率。

进行环境经济评价的关键是进行考虑了环境影响外部性的成本和收益的测算，要对项目的实际和潜在的环境后果进行归类集中，筛选出重点影响进行货币化测算。因此，核心就是将环境的经济影响评价的结果纳入国民经济评价中去，即把货币化的环境影响的成本和收益纳入项目的成本和收益中去，从而为项目的最终经济决策服务。

（二）减排项目评价

对于减排项目，需要确定合理的基准项目（作为基准线），才能测算对应的减排量，并进行增量减排成本的测算。

为了确定减排项目活动的减排量，必须确定合理的基准项目。基准项目是指在没有减排项目情况下，最可能出现的项目，其相应的温室气体排放水平即为排放量的基准线。相对基准项目，减排项目活动带来的减排量和减排增量成本测算的基本步骤如图 5-7 所示。

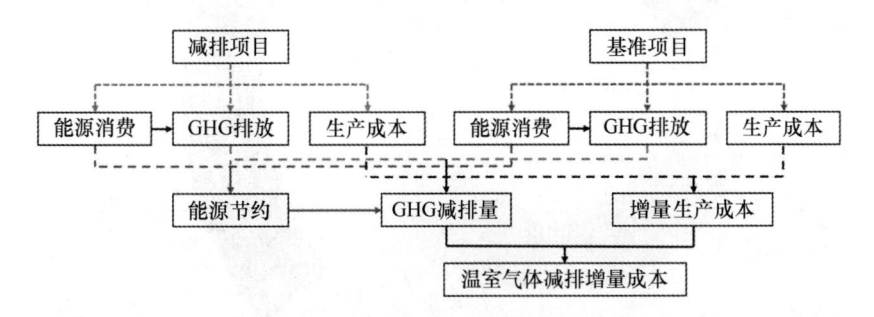

图 5-7 减排量和成本测算的基本步骤

资料来源：何建坤、陈文颖等：《应对气候变化模型与方法学》，科学出版社 2015 年版。

基准项目可以根据所考虑具体设施/设备的技术经济参数和实际运行工况的统计资料和实地调查，从而能比较准确地确定，因此是一种最直接，最常用的方法。对于在同一行业里实施一批同类技术的减排项目群的情况，可以考虑其中典型的技术规范，或技术政策和有关技术标准和法规，作为技术级标志基准项目。

第三节 部门层面减缓战略与措施

一 概述

温室气体减排主要涉及能源供应部门和终端能源消费部门，以及农业、林业和其他用地（Agriculture, Forestry and Other Land Use, AFOLU）等部门。因此要实现整体减缓气候变化目标，需要将主要行动和目标分解到各部门去，并进行部门层面的减缓路径和措施分析。

（一）温室气体排放的部门分布

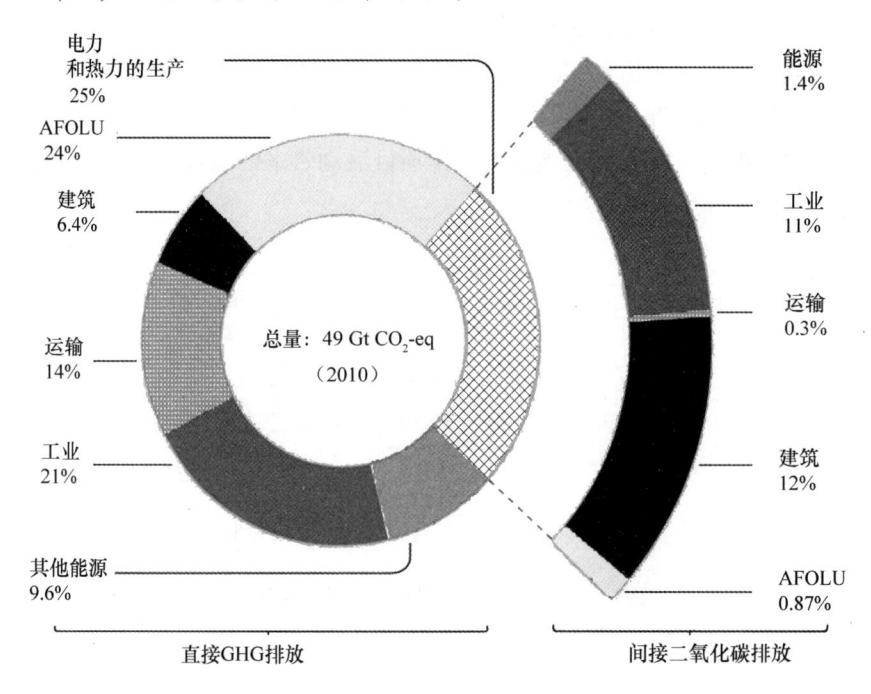

电力和热力的生产 25%
AFOLU 24%
建筑 6.4%
运输 14%
工业 21%
其他能源 9.6%

总量：49 Gt CO_2-eq（2010）

能源 1.4%
工业 11%
运输 0.3%
建筑 12%
AFOLU 0.87%

直接GHG排放　　间接二氧化碳排放

图 5-8　按经济部门划分的 2010 年人为温室气体排放总量（10^9 吨 CO_2-eq/年）

资料来源：IPCC, *Climate Change 2014: Synthesis Report*, Contribution of Working Groups Ⅰ, Ⅱ and Ⅲ to the Fifth Assessment Report of the Intergovernmental Panel on Climate Change, IPCC, Geneva, Switzerland, 2014。

2010年，全球能源行业的温室气体排放量占总量的35%，其中AFOLU的净排放量占24%，工业占21%，交通占14%，建筑业占6.4%。发电和供热的排放核算到终端能源的行业后，工业和建筑业在全球温室气体排放量中的占比将分别增至31%和19%（如图5-8）。各种温室气体均按100年全球变暖潜势（GWP100）将各自排放量换算成CO_2当量，核算各行业部门的排放量及占比，图中的内环表示2010年五个经济行业的直接温室气体排放份额（占人为温室气体排放总量的百分比）。放大的扇面表示如何将发电和产热的间接CO_2排放份额（占人为温室气体排放总量的百分比）划归于最终使用能源的行业。"其他能源"指除发电和产热以外的能源行业内所有的温室气体排放源。农业、林业和其他土地利用的排放数据包括源于森林火灾、泥炭火灾、泥炭腐烂的陆地CO_2排放量，相当于来自林业和其他土地利用（Forestry and Other Land Use，FOLU）子行业的CO_2净排放量。

（二）分解到部门的减缓情景综述

为了实现整体温升目标，各主要行业/部门温室气体减排的测算，主要依

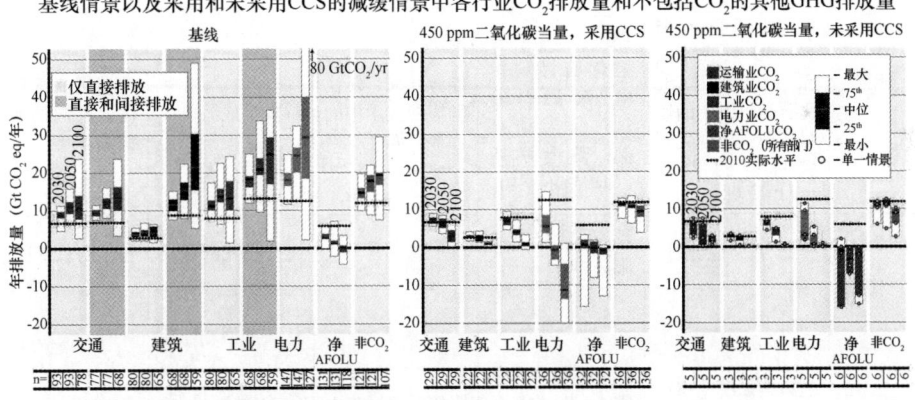

图5-9 未来基准情景和减缓情景中不同部门的温室气体排放分布

注：在基准情景（左图）、采用CCS达到约450（430—480）ppm CO_2当量（可能将温升控制在不超过工业革命前2℃）的减缓情景（中间图）、和未采用CCS达到约450（430—480）ppm CO_2当量的减缓情景（右图）中，均给出了部门的CO_2排放量和非CO_2的其他温室气体排放总量。

资料来源：IPCC，*Climate Change 2014：Synthesis Report*，Contribution of Working Groups Ⅰ，Ⅱ and Ⅲ to the Fifth Assessment Report of the Intergovernmental Panel on Climate Change，IPCC，Geneva，Switzerland，2014。

据各自相应的减缓方案以及针对未来温室气体排放所设置的不同发展情景（包括基准情景和减缓情景）。图 5-9 展示了 IPCC 对能源供给、能源终端消费以及 AFOLU 等不同部门在不同情景设置下的排放状况。

相对于单一部门的减排，精心设计的系统性和跨部门的减缓措施更具成本效益。在能源系统层面，所涉及的跨部门措施包括降低能源供应部门的温室气体排放强度、转换到低碳能源载体（包括低碳电力）以及在不影响发展的情况下降低终端用户部门的能源需求。要使减缓更加成本有效，需要使用综合性方法，通过结合各类措施以降低最终使用行业的能源使用和温室气体强度、脱碳能源供应、降低净排放以及提高地基行业的碳汇。

（三）部门层面减缓措施

表 5-2 列举了主要行业和跨行业的减缓路径与措施，作用机理在于降低

表 5-2　　　　　　　　　部门层面的减缓措施

	降低温室气体排放强度	通过技术效率降低能源强度	提高生产和资源效率	提高结构和系统效率	减少活动量
	排放/二次能源输出	能源输入/能源输出	内部能源/能源产出	—	最终能源使用
能源	更多使用可再生能源（RE）、核能和（BE）CCS；化石燃料组中的燃料转换；降低化石燃料链的溢散（甲烷）排放	提取、运输和转换化石燃料；电/热/燃料输送、分配和存储；热电联产（CHP）或联输	能源开采、转换和输配技术中的内部能源	解决集成需要	终端用能部门需要不同的能源载体
	排放/最终能源	最终能源/交通服务	—	每个模式的比例	每年的总里程
交通	燃料碳强度［CO_2当量/兆焦（MJ）］：燃料转换为低碳燃料，例如来自低碳能源的电/氢；各种模式特定的生物燃料	能源强度（MJ/客公里、吨公里）：燃油效率更高的发动机和车辆的设计；更先进的推进系统和设计；利用使车辆更轻的材料	车辆制造过程中的内部排放量；材料的效率；回收材料；基础设施生命周期排放量	从轻型汽车（LDV）变为公共交通、自行车/步行的典型转变，从航空和重型车（HDV）转为铁路；环保驾驶；完善货运物流；运输（基础设施）的规划	避免旅行；提高入住率/负荷率；降低运输需求；城市规划

续表

	降低温室气体排放强度	通过技术效率降低能源强度	提高生产和资源效率	提高结构和系统效率	减少活动量
建筑	排放/最终能源	最终能源/有用能源	内部能源/运行能源	有用能源/能源服务	能源服务需要
建筑	燃料碳强度（CO_2当量/MJ）；建筑物内集成的可再生能源技术；燃料转换为低碳燃料，如电力	设备效率：加热/冷却（高性能锅炉、通风、空调、热泵）；烧水；做饭（先进的生物质炉具）；照明；家电	建筑寿命；组件、设备、器具耐久性；用于建筑的低（更低）能源和排放材料选择	整体效率：集成设计过程；低/零能耗建筑；楼宇自动化和控制城市规划区域供暖/制冷和热电联产；智能电表/网格；调试	行为改变（如恒温器设置、设备使用）；生活方式的改变（如人均套型、自适应舒适）
工业	排放/最终能源	最终能源/材料生产	材料输入/产品产出	产品需要/服务需要	服务需要
工业	排放强度：过程减排；废物利用[例如城市固体废弃物（MSW）和水泥窑中的污泥]和工业CCS；氢氟碳化物替代和修复渗漏；化石能源转换为低碳电力的燃料转化或生物质燃料	能效/最佳可用技术：高效的蒸汽系统；窑炉和锅炉系统；电机（泵、风机、空气压缩机、冰箱和材料处理）、电子控制系统；（废）热交换；回收	材料效率：降低收入损失；生产/建筑：过程创新、新的设计方法、重新使用旧材料（如结构钢）；产品设计（例如重量轻的汽车设计）；粉煤灰替代熟料产品	产品服务效率：更密集地使用产品（如拼车、延长衣物等产品的使用、新的和耐用的产品）	降低对服装等产品的需要；替换出行方式，降低汽车生产需要
	供应方的改进				需求方的措施
	排放/区域或单位产品（保持的、恢复的）				人均动物/作物产品消费
农业、森林和其他土地使用（AFOLU）	减排：甲烷（如牲畜管理）和一氧化二氮（化肥和粪便管理）、通过保护现有土壤或植物碳库来减少进入大气的排放（减少毁林和森林退化、防火/控制、农林业）；降低排放强度（温室气体/单位产品）	封存：增加现有碳库的大小，从大气中提取CO_2（如造林、再造林、集成系统、土壤碳封存）		替代：生物制品替代化石燃料或能源密集型产品，从而减少CO_2排放量，如生物质混燃/热电联产、生物燃料、生物质炉具、隔热产品	需求方的措施：减少粮食损失和浪费；改变人类饮食，更多使用低排放密集型产品；使用长寿命的木制品

资料来源：IPCC, *Climate Change 2014*: *Synthesis Report*, Contribution of Working Groups Ⅰ, Ⅱ and Ⅲ to the Fifth Assessment Report of the Intergovernmental Panel on Climate Change, IPCC, Geneva, Switzerland, 2014。

终端消费部门的温室气体排放强度,通过技术效率降低能源强度以提高生产和资源利用效率,提高结构和系统效率,以及减少能源消耗和排放的各类经济活动量等。

二 能源供应部门

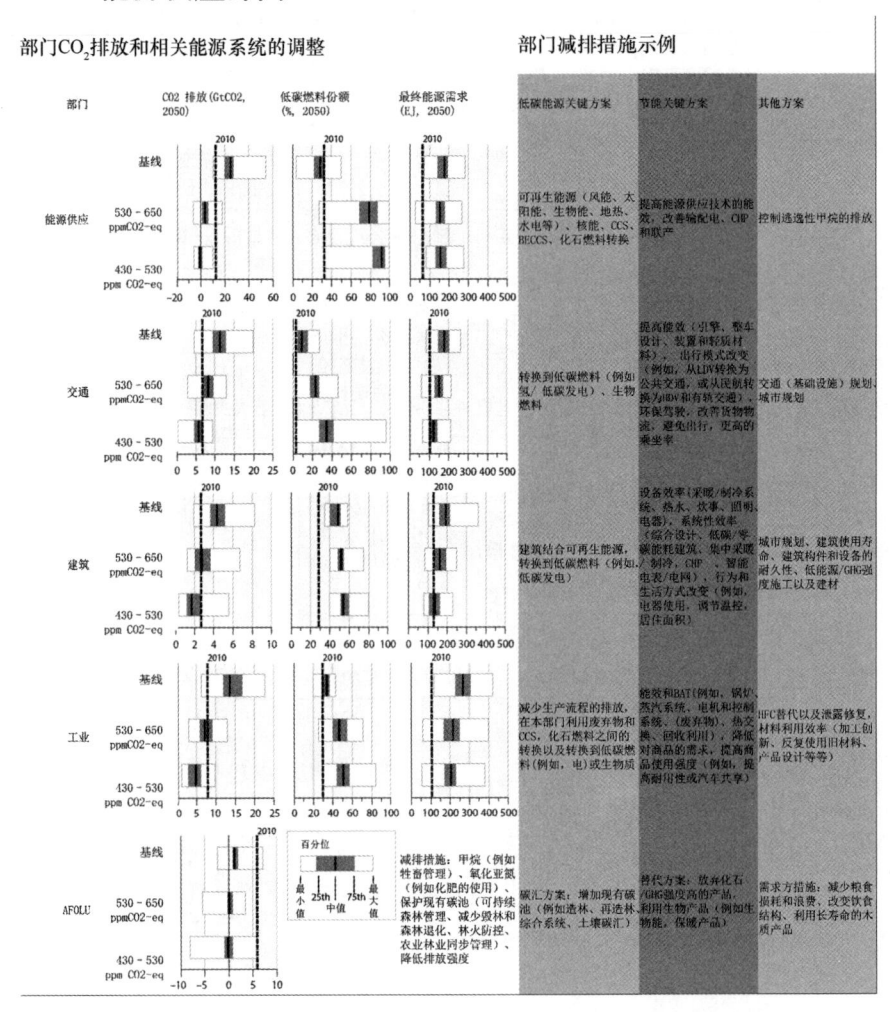

图 5-10 与能源系统调整相关的部门 CO_2 排放以及减缓措施示例

资料来源：IPCC, *Climate Change 2014: Synthesis Report*, Contribution of Working Groups Ⅰ, Ⅱ and Ⅲ to the Fifth Assessment Report of the Intergovernmental Panel on Climate Change, IPCC, Geneva, Switzerland, 2014。

能源供应行业包括所有能源提取、转换、存储、运输和分配等过程，即将最终能源提供给终端使用行业（工业、运输业、建筑业、农业和林业）的各个过程。

能源供应行业是全球温室气体排放的最大贡献方。2000—2010年，全球能源供应行业每年温室气体排放增长速率快于前十年的水平；增速从1990—2000年的1.7%/年增长到2000—2010年的3.1%/年。造成这一趋势的主要促因是对能源服务的需求不断增加以及全球燃料结构中煤炭份额的不断增长。

能源供应行业可为温室气体减排提供多种方案（如图5-10），具体包括：在燃料提取以及能源转换、运输和分配系统方面提高能效和减少逸出排放；化石燃料替换；低温室气体排放的能源供应技术，例如可再生能源（RE）、核能及CCS等。

三 交通运输业部门

2010年，全球交通运输业占最终能源使用量的27%，该部门产生了6.7 $GtCO_2$直接排放；在2050年，预估的基准情景CO_2排放将增至9.3—12 $GtCO_2$/年；年；IPCC第五次评估报告给出的各种基准情景中，大多数预见交通运输业部门的排放水平还会继续显著增长。在不实行积极、持续的减缓政策情况下，交通运输业的排放增速会高于其他能源最终使用行业，到2050年时可导致为2010年水平的两倍以上的CO_2排放。

最近20年，尽管采用了更有效的交通工具（公路、铁路、船舶和飞机）和各种节能减排政策，但全球交通运输业的排放水平仍继续增长。公路运输在总体排放中占主要地位。航空业产生的排放在未来CO_2排放总量中占比将继续增加。

低碳燃料的组合、改进型车辆和发动机技术性能、减少出行以及交通模式转变、相关基础设施投资以及建成环境变化，均有着较高的减缓潜力。

通过使用更低碳强度的燃料、降低交通工具能源强度、鼓励交通模式转变到更为低碳的客运和货运系统，改进基础设施投资及建设紧凑型城市形态以及减少出行等方式可有效减少客运和货运产生的直接（油箱到车轮）温室气体排放（如图5-11）。

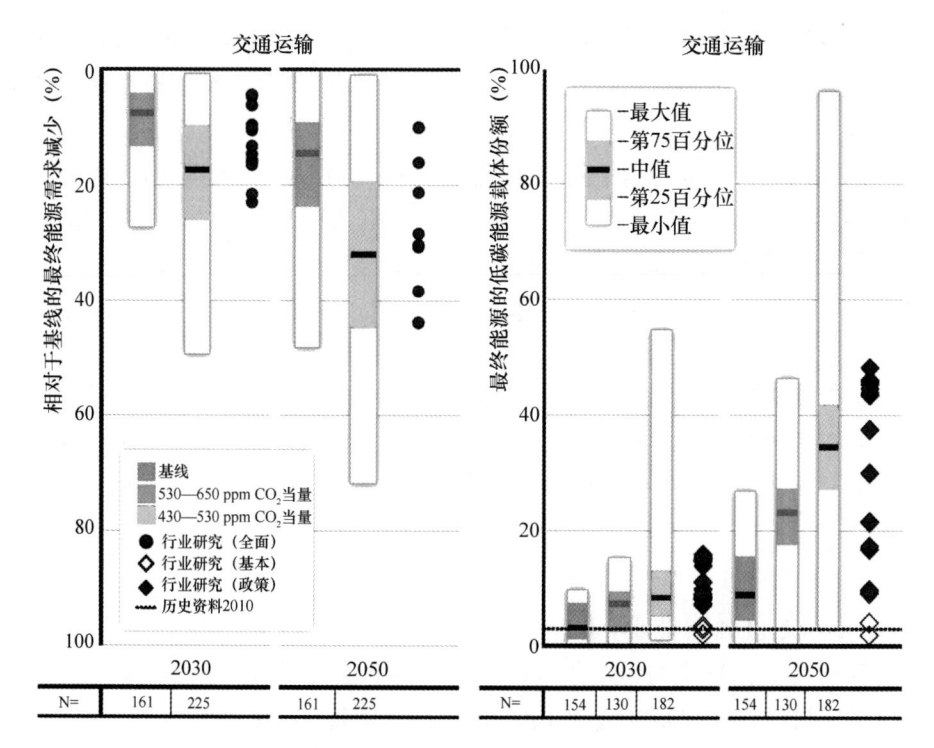

图 5-11　交通运输部门未来能源需求和低碳能源发展比例

注：到 2030—2050 年，与基准情景相比在三个不同 CO_2 当量浓度范围的减缓情景中，交通运输的最终能源需求将减少（左图），最终能源中最终低碳能源载体份额将有所发展（包括电、氢和液态生物燃料；右图），实心圆表示行业全覆盖的行业研究。

资料来源：IPCC, *Climate Change 2014*: *Synthesis Report*, Contribution of Working Groups Ⅰ, Ⅱ and Ⅲ to the Fifth Assessment Report of the Intergovernmental Panel on Climate Change, IPCC, Geneva, Switzerland, 2014。

四　工业部门

2010 年，工业部门能源消费约占终端能源使用的 28%，直接和间接温室气体排放（后者与电力和热力使用有关）超过了建筑或运输等其他终端使用部门的排放，并在 2010 年占全球温室气体排放的 30% 以上（如果总量中不计入 AFOLU 排放，则该比例增至 40%）。

在行业减排的基准情景中，工业 CO_2 排放（包括直接和间接排放以及过程排放）预估会从 2010 年的 13 $GtCO_2$/年增至 2050 年的 20—24 $GtCO_2$/年。如果最佳可用技术能够大规模更新换代和推广，尤其是在尚未使用的国家以及非能源密集型工业进一步推广,那么与现有水平相比,可使工业行业的能源强度直接降低约25%。但工业行业的绝对减排需要采用广泛的各类减排方案,而不能仅仅局限于能效措施(如图5-12和图5-13)。

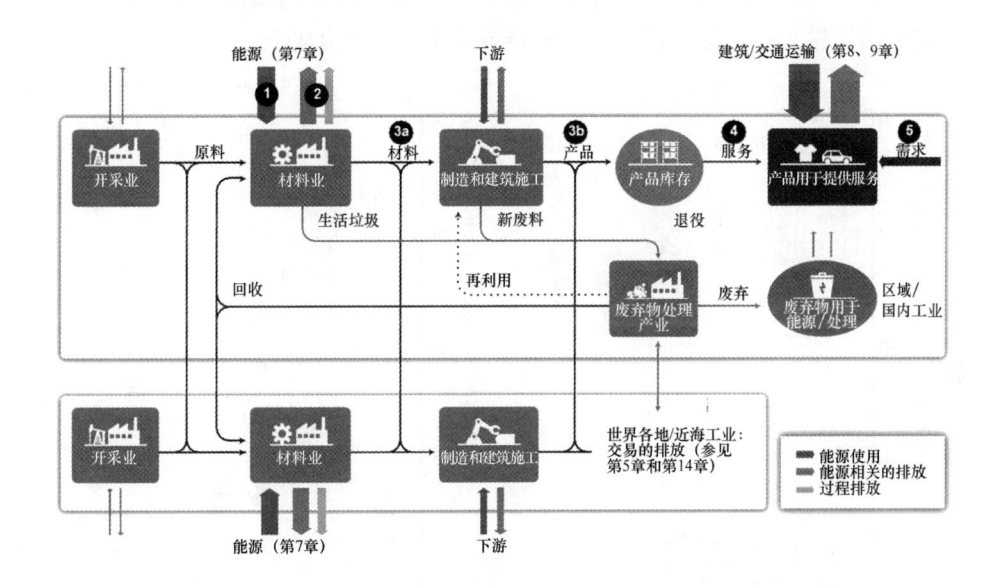

图5-12 基于供应链活动的工业部门减排方案①

注:工业行业减排方案以带有圆圈的数字表示,具体含义为(1)能效;(2)排放效率;(3a)制造业的原料效率;(3b)产品设计的原料效率;(4)产品—服务效率;(5)降低服务需求。

资料来源:IPCC, *Climate Change 2014*: *Synthesis Report*, Contribution of Working Groups Ⅰ, Ⅱ and Ⅲ to the Fifth Assessment Report of the Intergovernmental Panel on Climate Change, IPCC, Geneva, Switzerland, 2014。

五 建筑部门

建筑行业(包括住宅、商用、公共和服务业;施工建设排放计入工业行业)的温室气体排放水平随着经济发展增长迅速。建筑部门使用的电力也多

---

① IPCC, *Climate Change 2014*: *Synthesis Report*, Contribution of Working Groups Ⅰ, Ⅱ and Ⅲ to the Fifth Assessment Report of the Intergovernmental Panel on Climate Change, IPCC, Geneva, Switzerland, 2014.

源自化石能源例如煤炭、天然气的燃烧，因而，建筑部门排放需要纳入电源排放。这样，建筑部门的温室气体排放在全球总排放中占比约为1/5。在基准情景中，建筑的直接和间接 CO_2 排放将从2010年的 8.8 $GtCO_2$/年增长到2050年的 13—17 $GtCO_2$/年。在IPCC第五次评估报告第三工作组提供的基准情景中，大多数估计结果显示建筑部门未来的排放水平还将显著增长。

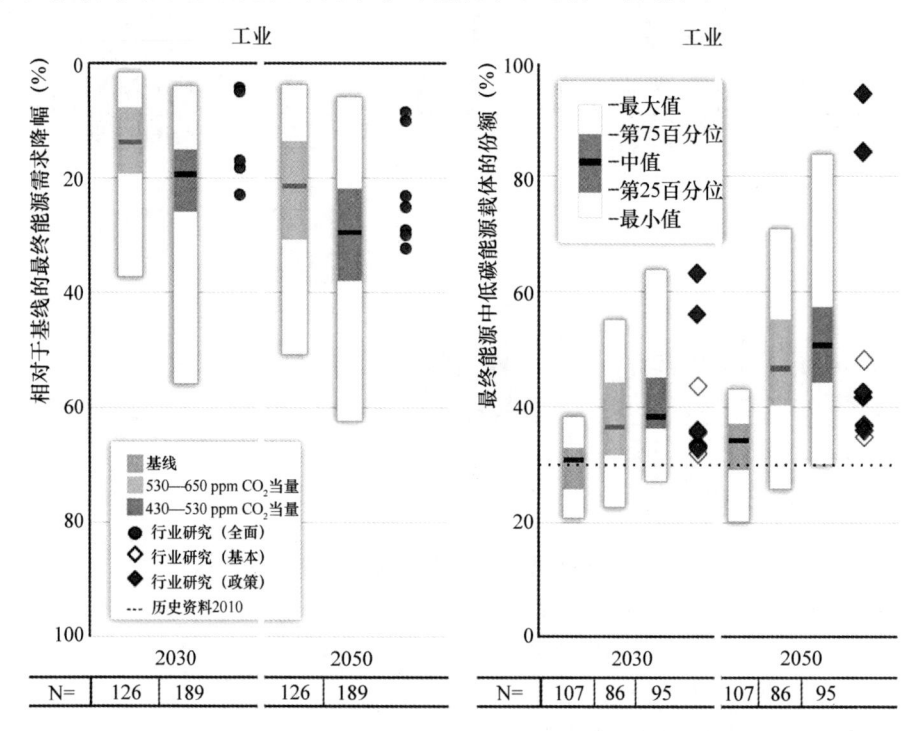

图 5-13　关于工业部门的未来能源需求和低碳能源发展比例

资料来源：IPCC, *Climate Change 2014: Synthesis Report*, Contribution of Working Groups Ⅰ, Ⅱ and Ⅲ to the Fifth Assessment Report of the Intergovernmental Panel on Climate Change, IPCC, Geneva, Switzerland, 2014。

建筑物和相关基础设施的较长使用期会带来显著的锁定风险。与采用当今最佳做法的建筑物作为新建成建筑物和翻新建筑的标准的情景相比，如果仅落实目前拟定的政策，到2050年可锁定的建筑物最终能源使用量相当于2005年建筑业最终能源使用量的近80%。

从图5-14可见，与预计能源使用量增长两倍以上的基准情景相比，如果各种雄心勃勃的政策得以落地，到 21 世纪中期有可能使全球建筑物的能源消费保持不变或显著减少。

建筑能效提高的历史表明，在该部门有 25%—30% 的能效提升是以显著低于边际能源供应的成本实现的。未来生活方式、文化及其他行为变化如果能使建筑和电器能源需求进一步显著减少，所产生的节能幅度将超过通过技术和结构所实现的节能改善。

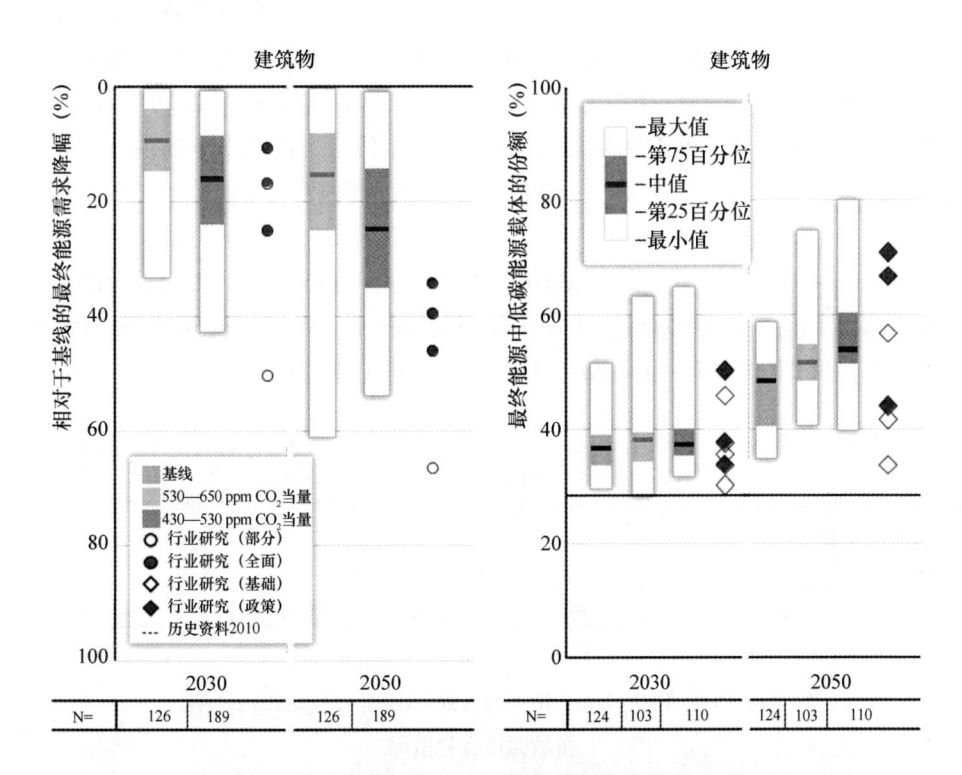

图 5-14　关于建筑部门未来能源需求和低碳能源发展比例

注：不同 CO_2 当量浓度区间的减排情景中，到 2030 年和 2050 年，建筑中相对于基准的最终能源需求降幅（左图）和最终能源中最终低碳能源载体份额的发展（电力，右图）。不同 CO_2 当量浓度区间的减排情景中，到 2030 年和 2050 年，工业相对于基准的最终能源需求降幅（左图）和最终能源中最终低碳能源载体份额的发展（包括电力、热能、氢和生物能源，右图）。

资料来源：IPCC, *Climate Change 2014: Synthesis Report*, Contribution of Working Groups Ⅰ, Ⅱ and Ⅲ to the Fifth Assessment Report of the Intergovernmental Panel on Climate Change, IPCC, Geneva, Switzerland, 2014。

六 农业、林业及其他土地利用部门

进入 21 世纪，农业、林业及其他土地利用（AFOLU）部门的温室气体排放保持稳定，但在人为温室气体排放总量中的份额有所下降。2000—2010 年，AFOLU 部门的年均温室气体总排放量为 10—12 $GtCO_2$ 当量，其中农业的全球平均排放量为 5.0—5.8 $GtCO_2$ 当量/年，而林业及其他土地利用产生的排放约为 4.3—5.5 $GtCO_2$ 当量/年。该部门的非 CO_2 排放大部分来自农业，主要是农田土壤产生的 N_2O 排放和牲畜业及肥料管理产生的 CH_4 排放，以及来自稻田的其它 GHG 排放，这些排放总量为 5.0—5.8 $GtCO_2$ 当量/年。自 2010 年以来，大部分关于林业及其他土地利用（FOLU）产生的 CO_2 排放水平的估计结果显示未来排放水平将有所下降，主要是因为全球范围内毁林率降低和造林率增加的缘故。

基准预测结果表明，来自 AFOLU 部门的净年度排放水平在未来会随时间的推移而下降，到 2050 年，AFOLU 部门的净排放可能可以降至不到 2010 年的一半；到 21 世纪末之前，AFOLU 部门有可能实现净汇。

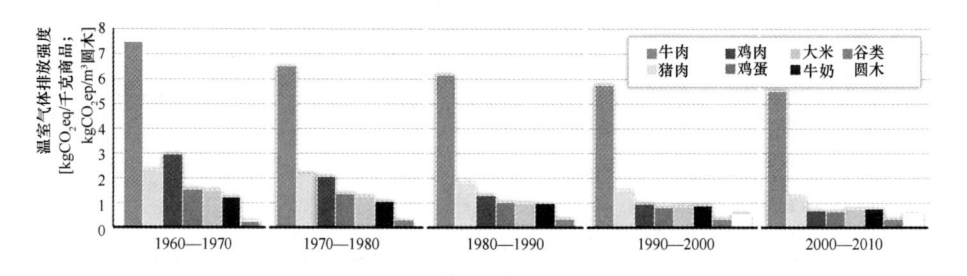

图 5-15 1960—2010 年主要 AFOLU 部门产品的温室气体排放强度变化情况

注：（1）牛肉，定义为温室气体（肠内发酵 + 牛粪管理，乳品业和非乳品业）/产肉；（2）猪肉，定义为温室气体（肠内发酵 + 猪粪管理，市场和饲养）/产肉；（3）鸡肉，定义为温室气体（鸡粪管理）/产肉；（4）牛奶，定义为温室气体（肠内发酵 + 牛粪管理，乳品业）/产奶；（5）鸡蛋，定义为温室气体（小鸡和蛋鸡的鸡粪管理）/产蛋；（6）大米，定义为温室气体（大米种植）/产米；（7）谷物，定义为温室气体（合成肥料）/所产谷物；（8）木材，定义为温室气体（成材后产生的碳损失）/所产圆木。

资料来源：IPCC, *Climate Change 2014*: *Synthesis Report*, Contribution of Working Groups Ⅰ, Ⅱ and Ⅲ to the Fifth Assessment Report of the Intergovernmental Panel on Climate Change, IPCC, Geneva, Switzerland, 2014。

AFOLU 部门的减排机会包括供需双方的减排方案：供应方的措施包括减少土地利用变化造成的排放，尤其是减少毁林以及土地和牲畜管理、通过封存在土壤和生物质中增加碳储存或用生物质替代化石燃料发电；需求方的措施包括粮食供应链上的饮食改变和减少浪费。

在不增加相应排放的情况下，促进林业和农业生产（即可持续集约化的一部分）也可以降低排放强度（即产品的单位温室气体排放）（如图 5-15）。

在供应方的措施中，最具成本效益的林业方案是造林、可持续的森林管理以及减少毁林，但这些方案的减排效果在各地区之间呈现巨大的差异。虽然对需求方的措施研究不足，但研究发现改变饮食、减少食物供应链的损失以及其他措施都有减少食物生产造成的温室气体排放的潜力，但是具体效果并不确定（到 2050 年为 0.76—8.55 $GtCO_2$ 当量/年）。

第四节　减缓气候变化的政策与减排路径

一　减缓气候变化的政策

（一）政策类型与特点

从不同研究视角，减缓政策可以以不同的方式予以分类。广义的减缓政策可分为七大类，具体包括国家目标、相关规划、激励政策、能力建设、教育宣传和公众参与以及试点示范等。

在许多国家，针对气候变化的应对计划和战略尚处于制定和实施的早期阶段。针对具体行业或部门的减缓政策应用范围比应用于整个经济领域的减缓政策更为广泛。

全球范围内，监管方法和信息措施得到了广泛的应用，而且这类政策通常具有明显的环境有效性。监管方法的实例包括能效标准；信息计划的实例包括帮助消费者作出更明智决定的标识计划。目前在一些国家和区域已建立了温室气体总量管制与交易制度（Cap and Trade）/排放权交易系统。在一些国家，尤其旨在减少温室气体排放的税收型政策，以及技术和其他政策都有助于弱化温室气体排放与 GDP 之间的关系。另外，减少对各行业温室气体相关活动的补贴也能实现减排目标，具体效果取决于使用政策的社会和经济背景。

值得注意的是，减缓政策之间的相互作用可对减排产生协同效应或可能并无累加效应。例如，碳税会对可再生能源供应补贴等政策产生环境累加效应。相比之下，如果温室气体总量管制与交易制度有一个约束性上限（非常严格，能够影响与排放相关的决定），则其他政策（如可再生能源补贴）在采用总量管制的时期内对减排没有额外性影响（尽管其会影响成本，而且可能影响未来更严格目标的可行性）。总之，可能需要额外的政策来解决涉及创新和技术推广的市场失灵。

有些减缓政策可使某些能源服务的价格上涨，而且有碍于社会将现代能源服务向得不到应有服务的群体拓展的能力。采用互补性政策能够避免这些潜在的不利影响。值得注意的是，技术政策可补充其他减缓政策。技术政策包括技术推动型（如政府资助的研发）和需求拉动型（如政府采购计划）。此类政策可解决与创新和技术推广有关的市场失灵。

（二）部门层面政策工具

部门层面可以采用的减缓政策工具非常多，如表 5-3 所示，主要分为经济手段、监管手段、信息计划、政府提供的公共产品和服务以及自愿行动等。

二 减排路径

（一）未来全球长期减排路径

IPCC 第五次评估报告中指出，有多个情景可提供一系列技术和行为选择来实现减排目标，每种选择的特征和对可持续发展的影响各不相同，但与不同的减缓水平相一致。IPCC 建立了一个基于已公布综合模型的数据库，征集到大约 900 个减缓情景[①]。减缓情景的区间涵盖了 2100 年从 430 ppm CO_2 当量到 720 ppm 以上 CO_2 当量的大气浓度水平，这一区间又与 RCP 2.6 和 RCP 6.0 之间 2100 年的强迫水平具有可比性（如图 5-16）。减缓情景涉及各种技术、社会经济和体制轨迹，但存在各种不确定性和模型的局限性，而且有可能出现超出这一区间的情况。

---

① 第三工作组评估的长期情景主要是由大尺度综合模型生成的，这些模型可对 21 世纪中叶乃至更长时期的各减缓路径的许多重要特征作出预估。

表5–3 部门层面政策工具

政策工具	不同部门					
	能源	交通	建筑	工业	AFOLU	人类居住区和基础设施
经济手段——税收	·碳税	·燃油税 ·拥堵费、车辆注册费、道路通行费 ·车辆税	·碳税和/或能源税（涉及部门或整个经济领域）	·碳税或能源税 ·废弃物处理税或费	·旨在减少氧化亚氮（N_2O）的化肥税或氮税	·居住区扩展税、影响费、强制税费、分级不动产税、税收级量融资、改善增量融资、拥堵费
经济手段——可交易配额	·排放交易（例如，EU ETS） ·CDM 的排放信用证 ·可交易的绿色证书	·燃料和车辆标准	·可交易的能效改进证书（白色证书）	·排放交易 ·CDM 的排放信用证 ·可交易的绿色证书	·《京都议定书》清洁发展机制（CDM）的排放信用证 ·京都议定书以外的履约机制（国家机制） ·自愿碳市场	·城市级别的限额交易
经济手段——补贴	·取消化石燃料补贴 ·可再生能源的上网电价 ·第一代二氧化碳捕获和封存（CCS）的资金补贴和保险	·生物燃料补贴 ·购车补贴 ·碳综合税制（Fee-bates）	·高效建筑、改造和产品投资补贴或免税 ·贴息贷款	·补贴（例如，用于能源审计） ·财政激励（例如，用于燃料转换）	·低碳农业和可持续林业信贷额度	·专项整治或重建区

续表

政策工具	不同部门					
	能源	交通	建筑	工业	AFOLU	人类居住区和基础设施
监管手段	·效率或环境绩效标准 ·可再生能源的可再生配额标准 ·公平接入电网 ·长期储存 CO_2 的法律地位	·燃油经济性能标准 ·燃油质量标准 ·GHG 排放性能标准 ·鼓励模式转变（公路到铁路）的监管限制 ·在某些地区限制车辆使用 ·机场环境容量限制 ·城市规划和区划限制	·建筑规范和标准 ·设备和家电标准 ·能源零售商帮助客户投资能效率的职责	·设备能效标准 ·能源管理系统（也有自愿的） ·自愿协议（接受监管） ·标识和公共采购规定	·支持 REDD+ 的国家政策，包括监测、报告和核查 ·减少毁林和森林法规 ·空气和水污染控制 ·GHG 前体 ·土地利用规划和治理	·综合使用区划 ·开发限制 ·保障性住房任务 ·现场进出控制 ·转让开发权 ·设计规范 ·建筑规范 ·街道规范 ·设计标准
信息计划		·燃料标识 ·车辆能效标识	·能源审计 ·标识计划 ·能源咨询计划	·能源审计 ·基准法 ·为行业合作搭桥	·可持续森林实践认证机制 ·支持 REDD+ 的信息政策，包括监测、报告和核查	
政府提供的公用产品和服务	·研发 ·基础设施的扩建（集中供暖/制冷或公共承运人）	·公交和人力驱动运输的投资 ·替代燃料基础设施的投资 ·小排量车辆采购	·高效建筑和家电的公共采购	·培训和教育 ·为行业合作搭桥	·保护国家、州和地方森林 ·在改进和推广创新型农业和林业技术方面投资	·提供公用事业基础设施，如配电、集中供暖/制冷和废水连接 ·公园改进 ·步道改善 ·城市轨道交通
自愿行动			·高效建筑标识计划 ·产品生态标识	·能源目标自愿协议，采用能源管理系统、或资源效率	·通过制定标准促进可持续性和教育活动	

资料来源：IPCC, *Climate Change 2014: Synthesis Report*, Contribution of Working Groups Ⅰ, Ⅱ and Ⅲ to the Fifth Assessment Report of the Intergovernmental Panel on Climate Change, IPCC, Geneva, Switzerland, 2014。

专栏 5-4　大气浓度描述情景与温升目标关系

如按 2100 年大约 450 ppm CO_2 当量大气浓度描述各类减缓情景，则在这些情景中相对于工业时代前水平因人为温室气体排放引起的温度变化可能保持在低于 2℃ 的范围内。

到 2100 年达到约 500 ppm CO_2 当量浓度水平的减缓情景多半可能将温度变化限制在不超过工业时代前水平的 2℃，除非这些情景在 2100 年前暂时"排放超过"约 530 ppm CO_2 当量浓度水平，在这种情况下它们或许可能达到目标[①]。

到 2100 年达到 530—650 ppm CO_2 当量浓度的情景多半不可能将温度变化控制在不超过工业时代前的 2℃。

到 2100 年达到 650 ppm CO_2 当量浓度的情景不可能将温度变化限制在不超过工业时代前水平的 2℃。升温多半可能不超过工业时代前水平 1.5℃ 的情景的特征是到 2100 年 CO_2 当量浓度低于 430 ppm。

2100 年大气 CO_2 当量浓度能达到大约 450 ppm 的各种情景（与相对于工业革命前水平将温度变化保持在 2℃ 以下的可能概率相一致）均假定到 21 世纪中叶通过大规模改变能源系统和潜在的土地利用大幅度削减了人为温室气体排放。到 2100 年达到该浓度水平的情景具有如下特征：2050 年全球温室气体排放低于 2010 年，全球范围内低 40%—70%[②]。在这些情景中，能效水平将加速提高，到 2050 年可再生能源、核能，以及使用二氧化碳捕集和存储（CCS）的化石能源或使用 CCS 的生物能源（BECCS）所供给的零碳或低碳能

[①] 减缓情景，包括那些到 2100 年达到或高于约 550 ppm CO_2 当量浓度的情景，可以暂时"超过"大气 CO_2 当量浓度水平，之后降至更低水平。这种浓度超排允许短期内的减排力度相对较弱，但是在长期需要更快更大幅度的减排量。超排加大了超过任何给定温度目标的概率。

[②] 该范围与 IPCC 第四次评估报告中一个类似的浓度类别的范围（仅对 CO_2 而言，比 2000 年低 50%—85%）有所不同。这种不同的一个原因在于本报告评估的情景远多于第四次评估报告所提供的情景，同时考虑了所有温室气体类型。另外，很大一部分新情景包括二氧化碳清除（CDR）技术。其他因素包括使用 2100 年的浓度水平而非稳定水平，并将参照年从 2000 年改为 2010 年。2050 年排放水平更高的情景的特征是在 21 世纪中叶之后更加依赖 CDR 技术。

源占比翻两番或接近三番。

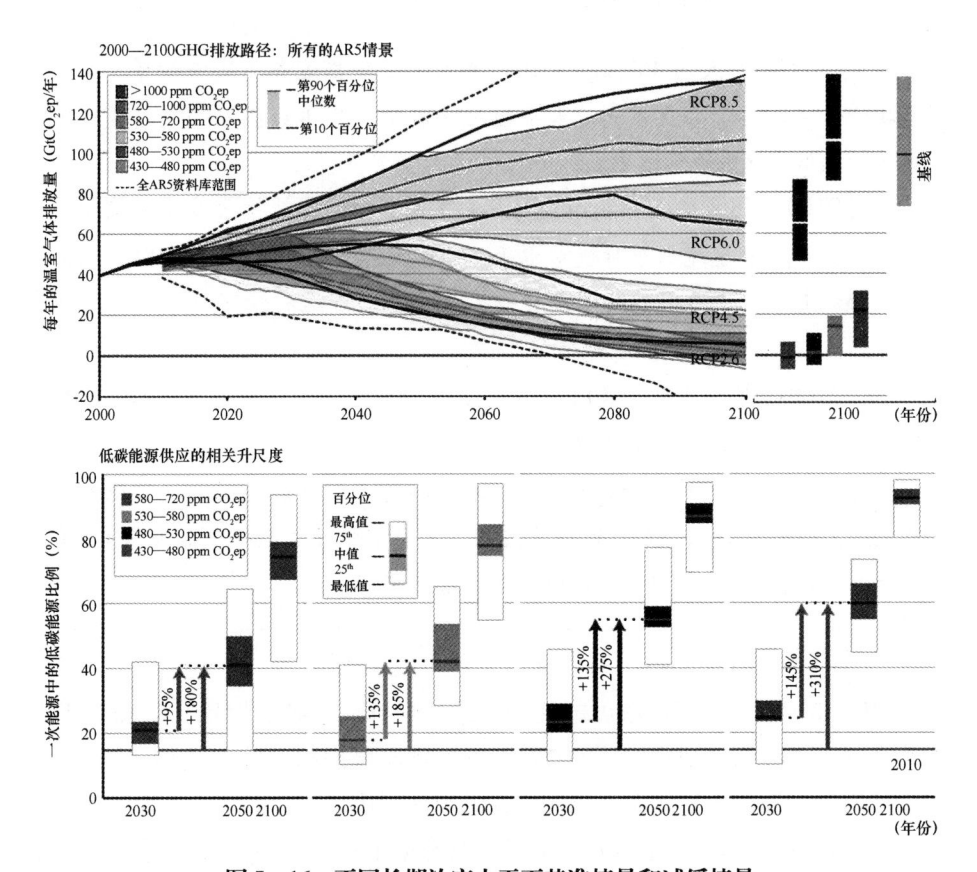

图 5-16　不同长期浓度水平下基准情景和减缓情景

注：上图表示同期浓度水平下基准情景和减缓情景中的全球 GHG 排放（$GtCO_2$ 当量/年）路径；下图表示在减缓情景中，到 2030 年、2050 年和 2100 年（相对于 2010 年水平）相应的低碳能源规模扩大需求变化情况（占一次能源的百分比）。

资料来源：IPCC, *Climate Change 2014*: *Synthesis Report*, Contribution of Working Groups Ⅰ, Ⅱ and Ⅲ to the Fifth Assessment Report of the Intergovernmental Panel on Climate Change, IPCC, Geneva, Switzerland, 2014。

许多在 2100 年达到 500 ppm 至 550 ppm CO_2 当量的情景也具有类似的特征。超出大气浓度值的情景一般依赖在 21 世纪后半叶生物能源、碳捕获和地质封存（BECCS）的具备程度和普遍推广利用以及造林，但具体结果取决于超出大气浓度值的水平。上述以及其他二氧化碳清除（CDR）技术和方法的具备程度和规模是不确定的，而 CDR 技术和方法在不同程度上与面临的各种挑战和风险相关①。

（二）未来全球长期减排路径

未来长期全球减排，国际上分析探讨较多，但所基于的，是《巴黎协定》的目标导向。例如，国际能源署（International Energy Agency，IEA）在所发布的《2017 年世界能源展望》报告中设置了以下三组情景来对未来实现《巴黎协定》目标的部门行动与技术选择进行预测。三组情景的含义及碳预算如表 5-4 所示。

表 5-4　　　　　　　　　　IEA 能源展望情景设置

情景名称	情景含义	CO_2 预算（2015—2100）	
		总的 CO_2 预算	能源部门 CO_2 预算
参考技术情景（RTS）	参考情景，实施现有政策及 NDC 目标承诺等的情景		
2℃情景（2DS）	2 度情景，50% 概率实现 2100 年全球 2 度温升目标	1140	1170
超越 2℃情景（B2DS）	相比两度目标更为激进，将温升控制在 2 度以下的情景，等同于 50% 概率将全球温升控制在 1.75 度	720	750

资料来源：IEA，《2017 年世界能源展望》。

在参考技术情景（RTS）下，CO_2 排放将持续增长，直到 2050 年左右达到峰值，之后开始出现缓慢下降的趋势。

2℃情景（2DS）下，要求 2020 年之前就达到 CO_2 排放峰值，2060 年 CO_2 排放量将下降至 2014 年碳排放总量的四分之一左右（如图 5-17）。相比 RTS 情景，2060 年之前的累计碳预算将减少 40%，大约需要减排 760 $GtCO_2$。要实

---

① IPCC 第一工作组认为，CDR 方法的潜力在全球尺度上存在生物地球化学和技术方面的局限性。目前缺乏足够的知识来量化多大规模的 CO_2 排放能在一个世纪的时间尺度内被部分抵消掉。而且，CDR 方法在全球尺度上有副作用，并可产生长期影响。

现这一减排目标，需要综合运用各部门的行动和减排技术。其中，减排贡献最大的是能效和可再生能源技术，两者的减排贡献分别是 40% 和 35%；其次是 CCS 技术，其减排贡献将是 14%；燃料转换和核能技术的减排贡献相对较小，分别为 5% 和 6%。

从三种情景下分部门的累积 CO_2 减排量看，能源部门的累积减排贡献最大，其次是交通部门和工业部门，建筑部门和转换部门的累积减排贡献相对较小。

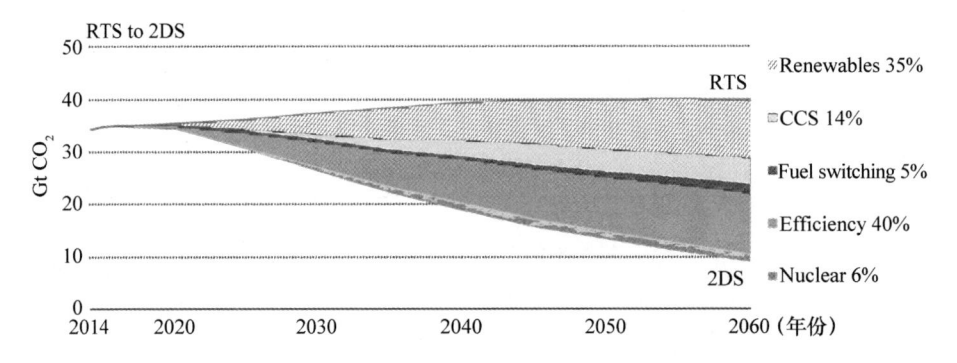

图 5-17　从 RTS 到 2DS 的排放量与技术选择

资料来源：IEA，《2017 年世界能源展望》。

从分部门的减排技术看，对大部分部门而言，能源效率技术和可再生能源技术仍是最主要的减排技术选择，其次是 CCS 技术（如图 5-18）。具体而言，在能源部门和交通部门中新能源技术发挥重要的减排作用，其减排贡献量大约占累计减排量的一半以上。而对于工业、建筑和能源转换部门而言，可再生能源技术发挥的减排贡献有限。能效技术在除电力部门以外的其他部门均发挥主要的减排作用。CCS 技术的作用也非常明显，特别是在能源转换部门中，CCS 技术发挥着重要的作用。

在 2DS 情景的基础上，要实现更为激进的减排目标，就需要依靠 B2DS 情景刻画的技术路线实现情况。其中能效技术仍发挥最主要的减排作用，其减排贡献高达 34%。发挥第二大减排贡献是 CCS 技术，其减排贡献占到 32%，这与由 RTS 情景到 2DS 情景中实现的减排有所不同。燃料转换技术、可再生能源技术和核能技术在实现由 2DS 到 B2DS 的转换中发挥的作用相对较小，其减排贡献分别为 18%、15% 和 1%（如图 5-19）。

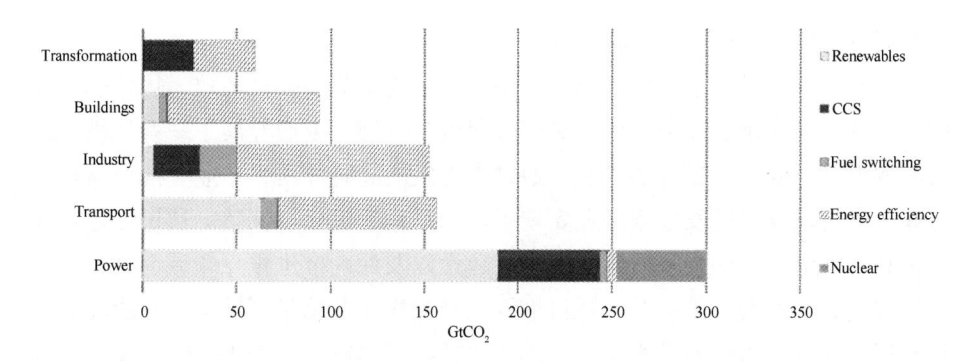

图 5 – 18　从 RTS 到 2DS 的部门累积 CO_2 减排量及技术选择

资料来源：IEA，《2017 年世界能源展望》。

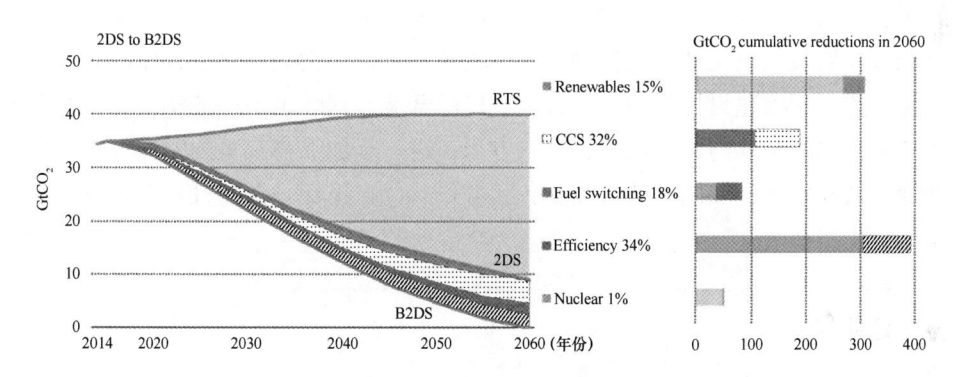

图 5 – 19　从 2DS 到 B2DS 的排放量与技术选择

资料来源：IEA，《2017 年世界能源展望》。

综上，在不同的减排阶段，为实现不同的减排目标，所需的主要减排技术和重点减排部门都有所不同。但总的来说，能效技术、可再生能源技术和 CCS 技术均将是最重要的减排技术选择，应重视增加对这些技术的投资和战略部署。

（三）中国减缓气候变化的政策和行动

2015 年 6 月，中国政府提交了国家自主贡献，对中国的减排和适应行动作出了承诺，主要目标包括：2030 年左右实现 CO_2 排放达到峰值并争取尽早达峰；单位国内生产总值 CO_2 排放比 2005 年下降 60%—65%；非化石能源占一次能源消费比重达到20%左右等。

为实现这些目标，中国政府在调整产业结构、节能提高能效、优化能源结构、适应气候变化、加强气候领域国际交流与合作等方面开展了一系列积极的行动和举措，取得了较好的进展。通过大力发展战略性新兴产业、推动高耗能行业去产能以及促进发展服务业实现了产业结构的优化与调整。通过强化目标约束和政策引领、加强节能管理和制度建设以及深入推进重点领域节能，促进各领域能效水平的有效提升。通过继续控制煤炭消费总量、推动化石能源清洁化利用以及发展非化石能源来优化能源结构。此外中国政府还在农业、水资源、林业、海岸带及相关海域、城市、气象、防灾减灾以及加强适应能力建设等领域开展多项工作，提高了这些重点领域的适应能力，同时通过加强基础设施建设、建立监测预警机制、提高科技能力等进一步加强了适应能力建设，取得了一系列积极进展。中国政府还与各国有关国际机构、发达国家和发展中国家积极开展气候变化和绿色低碳发展领域务实合作，为促进全球合作应对气候变化发挥了积极建设性作用。一方面，广泛开展与国际组织的务实合作，积极参与相关国际会议与行动倡议；另一方面，进一步加强与有关国家在气候变化和绿色低碳发展领域的对话交流和务实合作，并积极探索深化气候变化方面的南南合作。

延伸阅读

1. 李俊峰等：《减缓气候变化：原则、目标、行动及对策》，中国计划出版社2011年版。

2. 国家发展和改革委员会能源研究所编：《减缓气候变化：IPCC第三次评估报告的主要结论和中国的对策》，气象出版社2004年版。

3. 潘家华、庄贵阳、陈迎：《减缓气候变化的经济分析》，气象出版社2003年版。

4. Mitsutsune Yamaguchi, *Climate Change Mitigation: A Balanced Approach to Climate Change*, Springer, 2014.

练习题

1. 温室气体排放主要驱动因素包括哪些？

2. 同一般项目评价相比，对减排技术和项目进行经济性评价有什么显著的特点?

3. 温室气体排放主要部门包括哪些? 分别占多少比例?

4. 减缓气候变化主要政策和措施有哪些?

5. 未来全球减排路径研究中,对温升目标、分部门减排目标、主要减排技术发展趋势是如何考虑的?

第 六 章

应对气候变化的国际政治经济分析

应对气候变化国际政治经济学是随着国际气候治理进程发展而产生的新兴交叉学科和研究领域。本章主要从理论层面探讨全球气候治理的原则基础和治理模式，并为全球气候治理中减缓、适应、资金、技术等关键要素的认知和解决方式提供方法论和技术支持。首先，介绍应对气候变化的国际政治经济学中涉及的一些基本概念。其次，介绍应对气候变化的国际进程与特征，包括国际气候治理的结构和机制以及全球气候治理格局。再次，运用国际政治经济学分析框架对应对气候变化问题进行深入的分析。最后，梳理应对气候变化的国际政治经济学研究面临的一些关键议题。

第一节 基本概念

一 气候变化国际政治经济学

应对气候变化是当今世界面临最严峻的全球性挑战之一，由于气候变化问题的特殊性，即不管在全球什么地方排放温室气体，其影响将是全球性的，因此气候变化问题是典型的"全球问题"。应对气候变化国际政治经济学是随着国际气候治理进程发展而产生的融合了国际政治学、环境经济学、产业经济学、城市经济学以及全球治理科学等多学科的新兴交叉学科和研究领域，从理论和实践层面探讨全球气候治理的原则基础和治理模式，并为全球气候治理中减缓、适应、资金、技术等关键要素的认知和解决方式提供方法论和技术支持。

应对气候变化不仅需要考虑历史排放责任、各国经济社会发展水平、减缓和适应气候变化的能力等客观基础,还需考虑经济发展水平、地缘政治、社会发展乃至行为主体、执政者或者党派的政治诉求等政治因素,具有经济与政治连锁互动,各国政策相互关联,相互影响的特性。应对气候变化国际政治经济学作为一门交叉学科,其研究对象主要是国际气候治理进程中各行为主体经济活动和政治活动之间的相互影响与制约关系,这些行为主体主要是指各国政府、国际组织、非国家行为体乃至个人等,经济与政治活动的相互影响与制约则是各行为主体在国际体系中利益、权力、责任、义务的动态建构体系,是一个从灵活博弈走向相对均衡的过程。

二 全球气候治理

"治理"的概念(governance)源于拉丁文和古希腊语,原意为控制、引导和操纵。长期以来它经常与"统治"(government)一词交叉使用,主要用于与国家的公共事务相关的管理活动和政治活动。1989年世界银行在一份关于非洲的报告中,首次使用了"治理危机"(Crisis in Governance)一词,1992年世界银行发表了"治理与发展"的报告[1],报告中引用韦氏新通用大词典对治理一词的解释,将治理定义为"以发展为目的的管理国家经济和社会资源的方式"。联合国开发计划署(the United Nations Development Programme,UNDP)在1997年发布的报告《人类可持续发展治理》(Governance for Sustainable Human Development)中将治理定义为行使政治、经济、行政权力来管理国家各级事务。治理由复杂的机制、制度、流程组成。公民和团体通过这些机制、制度、流程表达其利益诉求,调解分歧,行使其合法权利和义务。良好的治理(善治)具有参与性、透明性和问责性等多种属性,有利于资源的有效利用,同时推进公平和法治。该报告还进一步指出,治理(的主体)不但包括政府,还包括私营部门和民间团体。这三者对于人类的可持续发展至关重要。政府创造有利的政治和法律环境,私营部门创造就业机会和收入,民间团体促进政治和社会互动,动员团体参与经济、社会和政治活动,三者各有优势和劣势。善治的主要目标是推动三者间的建设性互动,不能再把治理视为一个封闭的体制。

全球气候治理是国际社会合力应对气候变化的制度和行动的合集,是对

---

[1] World Bank, *Governance and Development*, Washington, D. C. : The World Bank, 1992.

多元行为主体利益诉求的协调，并通过正式和非正式的制度安排以及政府主导和非政府主导的措施和行动实现气候治理目标的动态过程。全球气候治理的目标是，"将大气温室气体的浓度稳定在防止气候系统受到危险的人为干扰的水平上，这一水平应当在足以使生态系统能够可持续进行的时间范围内实现"；全球气候治理的基本制度基础是以《联合国气候变化框架公约》为核心的多种决策和行动机制的合集，表现为 UNFCCC + N 的多圈层治理结构；参与全球气候治理的主体包括各国政府、正式的国际组织，如联合国、国际航空航海组织、国际能源组织等以及全球的企业、公民社会组织和个体；因涉及各国经济发展模式、发展水平和需求以及行动能力，全球气候治理的原则基础包括公平原则、共同但有区别责任原则以及各自行动能力原则等，以确保最广泛和高效的国际参与。专栏 6 - 1 介绍了联合国气候制度框架下的国家分组情况。

专栏 6 - 1　联合国气候制度框架下的国家分组

1992 年 5 月 9 日在纽约联合国总部通过了《联合国气候变化框架公约》，截至目前共有 197 个国家（国家集团、地区）加入《联合国气候变化框架公约》。《联合国气候变化框架公约》缔约方分为附件一缔约方和非附件一缔约方，分别承担不同的责任。附件一缔约方主要是指发达国家，这些国家在公约下承担减排和出资等义务（参见表 6 - 1）；非附件一国家是指附件一所列国家之外的《联合国气候变化框架公约》缔约方，主要是发展中国家。按照《联合国气候变化框架公约》表述，在应对气候变化的行动与社会和经济发展时，需充分考虑发展中国家实现持续经济增长和消除贫困的正当的优先需要，因此，《联合国气候变化框架公约》和《京都议定书》中，并没有对发展中国家的减排行动和目标作出明确约束。

第二节　应对气候变化国际进程与特征

应对气候变化国际进程是一个动态发展的气候政治和国际经济发展相互影

响、相互作用的过程。自1992年达成《联合国气候变化框架公约》以来，各国根据自身经济社会发展水平和行动能力，在气候公约的制度框架下，为了实现全球应对气候的共同目标而携手合作；为了维护各自的利益而开展博弈，确立了不同阶段的全球行动目标以及不同国家的责任、义务和权益。同时，各方气候治理的政治博弈，建构了全球应对气候变化的制度体系，也深刻影响了全球经济发展模式和能源结构的调整方式，让低碳发展从理论走向现实。

表6-1　　　　　　　联合国气候制度框架下不同的分组比较

《联合国气候变化框架公约》附件Ⅰ缔约方：		《京都议定书》附件Ⅰ缔约方：	
澳大利亚	拉脱维亚*	澳大利亚	立陶宛*
奥地利	立陶宛*	奥地利	卢森堡
白俄罗斯*	卢森堡	比利时	摩纳哥
比利时	荷兰	保加利亚*	荷兰
保加利亚*	新西兰	加拿大	新西兰
加拿大	挪威	克罗地亚*	挪威
捷克斯洛伐克*	波兰*	捷克共和国*	波兰*
丹麦	葡萄牙	丹麦	葡萄牙
欧洲共同体	罗马尼亚*	爱沙尼亚*	罗马尼亚*
爱沙尼亚*	俄罗斯联邦*	欧洲经济共同体	俄罗斯联邦*
芬兰	西班牙	芬兰	斯洛伐克*
法国	瑞典	法国	斯洛文尼亚*
德国	瑞士	德国	西班牙
希腊	土耳其	希腊	瑞典
匈牙利*	乌克兰*	匈牙利*	瑞士
冰岛	大不列颠及北爱尔兰联合王国	冰岛	乌克兰*
爱尔兰	美利坚合众国	爱尔兰	大不列颠及北爱尔兰联合王国
意大利		意大利	美利坚合众国
日本		日本	
		列支敦士登	
https://www.un.org/zh/documents/view_doc.asp?symbol=A/AC.237/18（PARTII）/ADD.1 *：正在朝市场经济过渡的国家		https://unfccc.int/documents/2409 *：正在朝市场经济过渡的国家	

注：《联合国气候变化公约》的缔约方包括完成工业化的苏联、东欧国家。随后苏联、南斯拉夫、捷克斯洛伐克等解体，一些工业化水平较高的东欧国家和解体后新独立的国家，单独列入附件Ⅰ缔约方名单，而一些工业化程度相对较低的新独立国家，例如一些中亚国家，则列入非附件Ⅰ缔约方名单。因而，《京都议定书》缔约方名单始于《联合国气候变化框架合约》。

一　应对气候变化国际进程

随着科学研究的深入，全球气候变化的总体趋势越来越显著，气候极端事件增加导致的经济损失越来越大，国际社会对气候变化问题的认识也从怀疑逐步走向共识，把气候变化问题视为影响人类社会可持续发展的重要国际性问题。温室气体排放是分散的、局部的，但造成的影响是全球性的包括对贫穷地区。为了应对全球气候变暖，国际社会于20世纪70年代开启了相关研究和工作进程。通过多方共同努力，于1992年的联合国环境与发展大会上达成了《联合国气候变化框架公约》，正式启动应对气候变化的全球治理进程。《联合国气候变化框架公约》于1994年3月正式生效，奠定了世界各国团结合作应对气候变化的国际制度基础。

《联合国气候变化框架公约》的目标是"将大气中温室气体的浓度稳定在防止气候系统受到危险的人为干扰的水平上"并明确规定发达国家和发展中国家之间负有"共同但有区别的责任"，即各缔约方均有义务采取行动应对气候变化，但发达国家对气候变化负有历史和现实的责任，理应承担更多义务；而发展中国家的首要任务是发展经济、消除贫困，但也需要采取措施降低温室气体排放，走低碳发展的路径。

由于《联合国气候变化框架公约》只是一般性地确定了温室气体减排目标，因此难以保障所确定的最终目标能够得以实现。1995年召开的第一次《联合国气候变化框架公约》缔约方大会决定进行谈判以达成一个有法律约束力的议定书，并于1997年在日本京都召开的《联合国气候变化框架公约》第三次缔约方大会上达成了具有里程碑意义的《〈联合国气候变化框架公约〉京都议定书》（简称《京都议定书》）。《京都议定书》，首次为附件I国家（发达国家与经济转轨国家）规定了具有法律约束力的定量减（限）排目标，并引入排放贸易（Emission Trade，ET）、联合履约（Joint Implementation，JI）和清洁发展机制（Clean Development Mechanism，CDM）三个灵活机制。2007年，在印尼巴厘岛召开的公约第13次缔约方会议，达成了《巴厘行动计划》，勾画了构建2012年后国际气候制度的路线图和基本框架，也将游离于《京都议定书》之外的美国拉回谈判轨道。2011年，在南非德班召开的第17次缔约方会议形成德班授权，开启了2020年后国际气候制度的谈判进程，并同时讨论如何增强2020年前减排行动的力度；2012年在卡塔尔多哈召开的公约第18次缔约方会议明确执行《京都议定书》第二承诺期，包含美国在内的所有缔约方就2020年前减排目标、适应机制、资金机制以及技术合作机制达成共识，并形成长期合作行动工作组决议文件。2015年巴黎气候会议，在包括美国、中国在内的各方大力推动下达成《巴黎协定》基本明确了 2020—2030 年国际气候治理的制度安排和国际气候治理的合作模式。

专栏 6-2 《京都议定书》三大机制

1997 年 12 月在日本京都召开的第三届联合国气候变化框架公约缔约方大会通过了《京都议定书》。《京都议定书》是《联合国气候变化框架公约》的补充协议，明确了 2008 年到 2012 年全球气候治理的阶段性目标以及发达国家具体的减排目标。京都三机制指《京都议定书》中为促进缔约方履约引入的三种灵活机制：联合履约（JI）、清洁发展机制（CDM）和排放贸易（ET），这些机制希望通过市场手段促进各国合作开展减排活动，并降低减排成本。

联合履约（Joint Implementation）

联合履约下，《京都议定书》中作出减排承诺的国家有资格转让或获得减排单位（Emission Reduction Unit，ERUs），并利用这些单位来实现其部分减排目标。

清洁发展机制（Clean Development Mechanism）

清洁发展机制是发达国家和发展中国家合作开展减排的灵活履约机制。由于发展中国家在议定书下没有承担减排义务，发展中国家的减排活动可获得核证减排量信用额，每个信用额代表一吨二氧化碳。核证减排量可在市场上进行交易和买卖。发达国家可以通过购买发展中国家的核证减排量完成一部分《京都议定书》下的减排目标。此外，清洁发展机制还是《联合国气候变化框架公约》"适应基金"的主要收入来源。适应基金旨在资助发展中国家适应气候变化的项目和行动，帮助发展中国家应对气候变化造成的负面影响。清洁发展机制实施项目 2% 的核证减排量将作为税款上缴"适应基金"。

排放贸易（Emission Trade）

《联合国气候变化框架公约》中附件一所列缔约方可参与排放贸易。如果附件一国家超额完成了其承诺的减排任务，便可以将其多余的排放配额出售给排放量超过排放配额的附件一国家。排放贸易通过附件一缔约方之间的协商确定总的排放量,根据各个国家减排目标分配各自的排放上限"分配数量单位"(Assigned Amount Unit,AAUs),附件一国家可以根据本国实际温室气体排量,对超出分配数量的部分进行购买或者对冗余部分进行出售。

二 国际气候治理的结构和机制

为了应对气候变化,对温室气体排放水平进行控制在某种程度上有可能限制一些国家的发展空间,影响各国的经济和政治利益,但这也可能成为国际合作的重要领域。人类社会必须理性地通过国际制度安排应对气候变化,明确各国应承担的责任,同时推动国际合作,实现人类社会发展与保护全球气候的共赢。从1979年世界气象组织召开第一次世界气候大会呼吁保护全球气候,到1990年国际气候谈判拉开帷幕,人类应对气候变化进入了制度化、法律化的轨道。应对气候变化的国际合作机制,主要分为气候公约机制和气候公约外机制两大类,公约外机制包含了定期的、不定期的、国际的、区域性的、行业性的、专业性的多种机制。所有的这些机制因其不同的定位和功能,在应对气候变化国际合作中扮演了不同的角色、发挥了不同的作用。

(一) 气候公约机制

1992年在巴西里约热内卢通过了《联合国气候变化框架公约》并获得缔约方签署,1994年3月21日,气候公约生效,成为国际气候治理的重要法律基础。《联合国气候变化框架公约》规定的最终目标是"将大气中温室气体的浓度稳定在防止气候系统受到危险的人为干扰的水平上。这一水平应当在足以使生态系统能够自然地适应气候变化、确保粮食生产免受威胁并使经济能够可持续的进行的时间范围内实现"。1997年《京都议定书》、2009年《哥本哈根协议》和2012年《多哈决议》、2015年《巴黎协定》等UNFCCC框架下气候谈判产生的重要成果,明确了不同时期人类合作开展全球气候治理的阶段性目标和国际制度框架,为开展全球合作行动指明了方向。在缔约方的共同促进下,国际气候制度谈判进程在多方分歧中寻求妥协,艰难前行,成为国际气候治理的核心平台并不断巩固和形成国际合作的法律基础。治理气候变化问题需要所有国家共同努力,需要坚持和完善《联合国气候变化框架公约》的合作平台，发挥国际气候治理的主导作用，以实现全球减排目标，保障气候安全。

专栏6－3 《巴黎协定》达成的目标

2015年12月12日在巴黎举行的第21届联合国气候变化框架公约缔约方大会通过了《巴黎协定》，该协定为2020—2030年全球应对气候变化行动作出安排，明确了全球气候治理的主要目标：把全球平均气温升幅控制在工业化前水平以上低于2℃之内，并努力将气温升幅限制在工业化前水平以上1.5℃之内；为了实现"控制在工业化前水平以上低于2℃之内"的目标，缔约方应尽快实现温室气体排放的全球峰值，并在考虑公平和可持续发展的基础上，在21世纪下半叶实现温室气体源的人为排放与汇的清除之间的平衡。

（二）气候公约外机制

为了推动公约谈判，缔约方在公约体系外也开展了多种活动与实践，这些合作机制体现了对公约机制的补充，为增进缔约方相互了解，推动达成共识起到积极作用。这些机制从性质上来看，主要可以分为政治性、技术性和经济激励/约束性的三种类型。第一，政治性的公约外机制，主要包括联合国气候峰会、千年发展目标论坛、经济大国能源与气候论坛、二十国集团、八国集团、亚太经合组织会议等。这些机制的共同特点是由政府首脑或者高级别官员参与磋商，就一些重大问题达成政治共识，但一般不就具体技术细节进行讨论。联合国气候峰会等政治性的公约外机制，通常主要在全局性、长期性、政治性的问题上发挥重要作用，因为参会级别高，尤其是首脑峰会，往往能解决一些长期困扰公约下技术组谈判的重大问题，从而推进公约谈判进程。第二，技术性的公约外机制，主要包括国际民用航空组织、国际海事组织以及联合国秘书长气候变化融资高级咨询组等合作机制。这些机制，针对公约谈判中的一些具体问题开展专题研究和讨论，并将讨论结果和建议反馈公约，以促进公约下相关问题的谈判进程。这些机制的局限性在于，首先气候变化并非这些机构或机制的主营业务，其关注的角度和目的可能与公约不同；其次不同的机制也有各自的议事规则和指导原则，不同机构所遵行的规则和原则与公约也可能存在差异，从而存在认识上的不匹配。第三，经济激励/约束性的公约外机制，包括与气候变化相关的贸易机制，与生产活动和国内外市场拓展相关的生产标准制定等公约外磋商机制。经济激励措施在公约谈判中属于辅助性的谈判议题，大部分时间谈判的并非公约的核心关注问题，但这些问题与实体经济运行以及相关行业、领域的发展利益紧密相关。贸易机制、标准制定机制等这些机制本身已经有很长时间的积累和发展，在气候变化问题形成国际治理机制之前，就已经存在；但在气候变化治理机制产生之后，各种机制之间存在边界模糊、原则差异等问题，因此这些机制对气候变化问题的讨论磋商不仅包含技术性问题，也包含政治性、原则性问题。

国际合作机制是为了促进世界各国开展合作，协同治理气候变化问题。公平、高效的国际合作机制，是开展国际合作治理的基础，也是国际合作治理的目标。从各种机制在国际气候治理进程中的作用、功能、约束力以及参与程度等综合影响力来看，气候公约在国际合作气候治理进程中无疑应该起到主导作用，而气候公约外的合作机制，应该作为对公约机制的补充，辅助推进公约谈判进程。这样的治理机制既能体现国际合作的公平原则（最大的参与度），同时，因为气候公约的专注度以及法律效力，也更能保证国际合作效率。

三 基于经济发展水平的全球气候治理格局

从20世纪80年代中后期联合国启动全球气候变化谈判到2007年巴厘岛气候大会，国际气候治理格局基本上按照经济发展水平分为南北两大阵营：发达国家以欧盟、美国为代表，发展中国家以77国集团加中国为代表。尽管两大阵营内部在利益诉求和目标上颇有差异，但两大阵营的总体格局基本稳固。在发达国家内部，美国先是规则的制定者，《京都议定书》后又成为规则的破坏者；欧盟奉持国际道义，一直追求充当全球气候变化的领导者与《公约》和《京都议定书》的维护者。尽管美国和欧盟的利益与目标不尽一致，但在共同面对发展中国家的立场方面，发达国家集团基本稳固。在发展中国家内部，由于发展阶段和发展需求的差异，各国或者各个小集团利益诉求有所差异，但坚持"共同但有区别的责任"原则，要求发达国家承担减排、资金和技术义务的目标和利益诉求相近。

2011年启动"德班平台"谈判以来，美国由于金融危机和页岩气革命，碳排放总量下降，奥巴马政府希望重新成为全球气候变化的领导者和新气候协议的制定者。欧盟在国际经济格局中的地位相对弱化，已难以充当领导者角色，但仍希望积极配合和促进国际治理进程。以中国为代表的新兴经济体国家经济发展水平进一步增强，人均 GDP 普遍达到或超过中高收入水平，部分国家人均碳排放接近欧盟，表现出发达国家和发展中国家"二重性"，与最不发达国家和小岛屿国家在减排、出资等问题上立场差距有所扩大，逐渐形成发展中国家中的一个新的集团："立场相近发展中国家集团"。

因而，当前应对全球气候变化的基本格局可以概括为：南北交织、南中泛北、北内分化、南北连绵波谱化的局面，大致可以描述为"两大阵营"、"三大板块"、五类经济体。发展中国家和发达国家"南北"两大阵营依稀存在；发达、新兴和低收入国家三大板块大体可辨；发达经济体可分为以美国为代表的人口较快增长及以欧盟和日本为代表的人口趋稳或下降两类；新兴经济体也可分为以中国为代表的人口趋稳及以印度为代表的人口快速增长两类；低收入经济体主要为低收入国家。这些国家将来可能有不断的分化重组，但作为一个整体，或将在一个相当长的时期内存在。

第三节　应对气候变化的国际政治经济学分析

应对气候变化治理不仅需要考虑各国经济社会发展水平、历史排放责任、减缓和适应气候变化的行动能力等客观基础，还需考虑经济和社会发展诉求、地缘政治乃至执政者或者党派的政治诉求等政治因素，具有经济与政治连锁互动，各国政策相互联系，相互影响的特性。

一　经济影响引致政治进程

IPCC 第五次评估报告指出，气候变化问题主要是由于人类活动导致的温室气体排放累计到一定程度造成的[1]。所有国家的经济活动均产生温室气体，当全球温室气体排放累积到一定程度，对全球所有的国家都可能产生显著的

---

[1] IPCC, *Climate Change 2014: Mitigation of Climate Change*, Contribution of Working Group Ⅲ to the Fifth Assessment Report of the Intergovernmental Panel on Climate Change, Cambridge: Cambridge University Press, 2014.

环境负外部性。限于人类社会的认知水平，长期以来温室气体排放可能导致的气候环境的治理成本并未纳入经济社会的成本收益框架，即温室气体排放者无须承担温室气体排放带来的经济治理成本。大气环境也正因为缺乏认知和治理体系，持续成为"公地悲剧"，这也加速了温室气体的积累并造成整体的"外部不经济"。对于世界各国来说，温室气体的排放空间属于全人类的公共资源，如果一国大量排放温室气体，没有为之付出相应的治理成本，并形成跨国界的环境污染导致更大范围甚至是全球范围的经济、社会和健康损失，从社会整体福利改进的角度来看这些生产活动是低效率甚至无效率的。而长期来看，随着温室气体进一步累积，大气中温室气体浓度上升，气候环境恶化导致气候灾害风险加大，气候事件导致的损失可能超过全球经济承载能力。也只有当人类认识到气候环境恶化的负面影响可能超越世界经济的韧性，导致经济社会难以持续发展的时候，国际社会不得不关注、研究气候变化的负外部性问题，并将其纳入国际治理的政治进程。由于气候变化问题的全球属性，各方单独开展气候治理行动，不仅成本高、收效微，而且其产生的收益作为公共产品由全球共享，导致投入和收益的失衡，不利于开展积极的、长期的应对气候变化的行动。因此，各国达成共识在联合国框架下开启全球气候治理进程，通过连续的、阶段性的气候制度和履约等国际政治进程约束各国的排放行为并且组织和调动各国的资源实现全球气候治理，从而保障全球的环境安全和经济安全。

二 政治进程影响经济发展

气候变化的经济影响引致国际政治进程讨论和构建应对气候变化的国际制度。而经过各国政治博弈达成的国际制度、协议，也将对全球和各国的经济发展产生深刻影响。这种影响主要体现在两个方面：一是经济发展模式。在应对气候变化的背景下，减排 CO_2 等温室气体成为全球和所有国家经济发展的约束。低碳经济的概念得到认同并成为国际社会的优先选项，经济发展模式、能源消费、产业发展、就业、国际贸易等都在围绕低碳发展转型、布局。一些高能耗、高排放的企业、产品失去市场竞争力逐渐走向衰退，能源结构中碳含量和污染物排放占比高的煤炭，在各国的能源发展战略中份额逐渐萎缩，其庞大的产业链的就业机会和就业人口也将面临转型；传统汽油、柴油燃料汽车已经开启逐步退出市场的进程，取而代之的是纯电动汽车的快速发展。在国家层面，为了履行气候协议中的承诺，多数国家也积极开展履约相关的低碳经济发展规划、国家中长期低碳战略规划等，表现了国内经济行动对国际政治进程的积极响应。二是经济发展成本。从传统经济发展路径转换到低碳经济发展模式，必然涉及技术、产业、基础设施、消费模式等方面的转换升级，也必然会有关联的升级发展的成本。气候治理成本分担也是国际气候谈判屡屡出现僵局的根本问题之一。由于各国发展水平、技术水平的差异，应对气候变化的能力、成本和诉求也存在显著差异。在应对气候变化的国际治理进程中，所有国家都希望分享气候治理的红利，避免承担气候治理的成本。因为成本反映到经济活动中可能是对发展的约束，可能是工作岗位的丢失、收益的下降。比较理想的状态是，所开展的应对气候变化的行动通过技术、制度创新，可以对冲实体经济中的福利损失，从而实现经济发展与气候治理的协同。实践证明，在政治协定的刚性约束下，低碳转型发展的成本正在加速下降，包括中国在内的许多国家的风、光等可再生能源的电价与火电价格基本可以进行公平竞争，针对新能源行业的补贴也大幅削减甚至已经停止；电动汽车的使用、维护价格低的吸引力也在推动销量大幅提升；煤炭等传统行业就业损失的负面影响也能被新能源产业的就业增长逐渐抵消。随着低碳技术的发展，低碳发展的成本还将继续下降，这也会为更有力度、更高水平的全球合作应对气候变化的政治进程注入信心。

三　应对气候变化与全球治理

全球治理是一个较为宽泛的概念，是由众多领域包括军事、金融、环境、贸易、社会、交通等多种机制组成，当然也包括气候变化的全球治理进程。气候变化是一个跨学科、跨行业的综合性议题，其政治进程和产生的经济含义也会对全球治理进程中的其他机制或进程产生影响。

能源领域的国际治理，是与气候治理关系最紧密的国际进程之一。事实上在气候治理的目标中，能源发展目标也是重要的减缓目标之一。国际气候协议在推动传统能源转型，大力发展可再生能源方面起到了非常积极的作用。从一定程度上来看，国际气候协议正在推动能源领域的国际治理进程。

在国际金融领域，应对气候变化的国际进程通过持续不断地培养碳市场以及相应的金融衍生品包括信贷、债券等产品，使得与碳排放相关的金融产品正在逐步纳入国际金融领域，对于引导和加大气候治理领域的投资，推动低碳产业规模发展具有积极意义。

国际贸易是国际经济活动中最重要的环节之一，同时也是各国的重要关切。在1992年达成的气候公约中，就有专门针对气候变化与国际贸易的条文规定（《联合国气候变化框架公约》第3.5条：各国"为应对气候变化而采取的措施，包括单方面措施，不应当成为国际贸易上的任意或无理的歧视手段或者隐蔽的限制"），这段话就是为了防止一些国家以应对气候变化为名制造贸易壁垒，影响国家贸易。而在气候治理的进程中，包括碳关税、隐形碳关税等与碳排放相关的贸易措施受到各方广泛关注，从而使得在国际气候治理进程和国际贸易治理进程产生了实质性的交叉，有需要共同开展工作对与碳排放相关的贸易问题作出制度安排。

交通领域的国际航空、航海组织，涉及大量的国际交通排放，这两个组织也是气候变化框架公约的观察员组织，并接受气候公约委托，计算各自行业排放情况以及相关国家和企业履行承诺的情况。在气候公约进程的推动下，两个行业组织也各自开启了约束碳排放总量、提升交通企业能源利用效率的工作进程。

就业是各国高度关注的经济指标。应对气候变化，实现低碳转型发展必然导致大量的传统能源行业、高耗能高排放产业萎缩，这些行业的就业人口的转型发展必然面临挑战。因此，国际气候治理进程为全球传统行业的公正转型提出了研究和治理的需求，气候公约与国际劳工组织也在各自相关议程中相互配合，协作开启工作进程应对失业的影响，并推动建立公正转型的机制和社会保障体系。

气候变化与保险业、林业、农业、旅游业等多个领域和行业也有交集，国际气候公约事实上也推动这些行业、部门开展了相应的工作进程，加快或者开启了这些行业内部的应对气候变化工作。而这些领域在气候变化领域开展的工作，也构成国际气候治理多层多圈结构的重要环节。

第四节　应对气候变化国际政治经济学关键议题

随着全球经济、政治和生态环境的发展，全球气候治理面临的问题和矛盾也在动态演变，这就更需要借助国际政治经济学分析，识别和解决影响气候治理进程向前推进的关键问题。

一　促进全球多边治理进程

国际气候治理在国际政治与世界经济层面自 1990 年开始正式被纳入了联合国的政治议程。在科学认知层面，政府间气候变化专门委员会自 1988 年成立，会聚全球科学家开展气候变化的科学评估，定期发布评估报告，不断深化确认人类活动对全球气候变化的影响。但国际社会对气候变化问题的认识仍需进一步提升。美国等主要排放国家对气候变化问题的国际政治认同尚存摇摆，为全球气候治理增添了巨大的不确定因素。因此，如何提升全球理性，进一步凝聚各方共识、推进全球多边治理进程是未来全球气候治理需要解决的一个关键问题。国际政治经济学阐释了国家间合作的必要性和重要性，主张国家间相互依存的互惠权利，从经济学的角度阐释开展应对气候变化国际合作的重要意义；同时，基于 IPCC 评估报告中经济学分析，进一步论证和说明应对气候变化全球治理对降低全球减排成本、保障气候安全的作用和意义。通过深化和推动 IPCC 报告的评估和国际政治经济学的"相互依存"等理论共识，提升国际社会在应对气候变化问题上的认知水平，并在政治和经济等层面达成积极开展国际气候治理的广泛共识。

二　匡算气候治理成本—收益

全球气候治理进程，表面上看是一个由各国政府主导的政治进程，但究其实质，每个国家的政治立场、诉求是由各自的经济发展水平、发展诉求所决定的。不同发展水平的国家，对于应对气候变化的成本和收益具有不同的认知能力和价值判断，从而导致各方对气候治理的挑战和利益的估算差别迥异，各国政治立场随之产生分歧。因此，如何科学匡算成本和收益，识别气候治理中的挑战与利益成为解决气候治理问题的关键问题，也是气候变化政治经济学需要开展研究的核心问题。

广义来看，任何需要调动资源、资金、人力等应对气候变化的行为都可以看作是经济行为，也都构成应对气候变化的成本或收益。这些成本可以分为两个部分：当期成本和未来成本。当期成本事实上包含了历史成本和当期成本两个部分，历史成本的支付，也是通过当期成本支付一并实现。当期成本的计算包括减缓气候变化的成本和适应气候变化的成本，减缓部分又包括能源结构调整、能效技术提升以及产业结构、碳汇工程等多方面的经济成本；适应领域则包含了农业、海岸带、城市基础设施建设、健康等多个领域的成本。目前来看，当期成本测算的方法学还很不统一，各国、各机构计算的结果差异还很大，存在很大的统一和改进的空间。

气候变化未来成本多以综合评估模型进行预估，以贴现的方式将未来气候变化导致的损失或成本折算为现值，从而体现对远期或者代际成本的认知和当期行动力度的判断。贴现率可以分为市场贴现率与社会贴现率等。贴现率的大小在评估气候变化未来成本中起到关键性作用。高贴现率将未来气候损失贴现计算得到一个较小的现值，从而趋向于相对较弱的当期行动；而低贴现率则会相对放大未来损失，趋向于当前开展积极行动，实施大幅度减排。贴现率大小的选择，也是经济学伦理派和市场派的争议焦点，反映了不同国家和国家集团、不同经济学派对气候变化问题紧迫性和严重性的价值判断。

在应对气候变化的政策和技术选项中，并不是所有的政策和技术都需要付出增量成本。如果综合考虑政策和技术的投入、产出和生产效率的提升导致的资源、人力节约等效益，部分政策和技术的实施成本可以为负，也就是该政策和技术的实施在应对气候变化的同时还可产生正的经济收益，而并不体现为增量成本，实现经济发展与气候治理的协同。这些领域可以作为当前应对气候变化的优先领域，而国际治理进程也需要创造条件让更多的领域成为可以产生协同效益的气候治理领域，从而降低全球应对气候变化的成本。

三　推动建立公平博弈机制

核算成本并根据各国的发展水平和能力明确减排选项或选项组合是经济学的研究范畴，虽然不同经济学家的计算结果可能体现一定的政治倾向，但总体来讲经济学家应该提供相对客观的评估结论和比较明确的不同选项最终指向的结果供政治决策。各国最终立场和诉求，是基于成本—收益核算、地缘政治诉求、国家发展关切等多方面因素确立，并通过参与全球治理进程明确在气候治理中的责任和义务。

博弈是行为主体之间的理性互动，20世纪40年代被应用到经济学中，用来分析经济和贸易竞争。20世纪50年代以后博弈论被广泛应用于国际政治经济研究领域。最常见的国际政治博弈论模型有"囚徒困境""针对不平等的威胁对策"和"协调博弈"等。根据博弈的结果和参与方,又可分为"零和""非零和""双方"和"多方"博弈等模型。无论是现实主义国际政治经济学者还是自由主义国际政治经济学家都广泛使用这种研究方法①。博弈虽然是一个经济学概念,但行为主体参与博弈时,每个国家或者行为主体均存在自我认知和定位以及被博弈对象定位等混合了经济水平、政治利益等综合判断,而博弈的妥协和达成协议的过程也是国际政治中制度建构的过程,需要综合应用政治和经济两个学科领域的理论进行分析。

气候变化是一个涉及全球所有国家、民众的国际问题,参与全球气候治理博弈进程的主体也体现了多元性特征,这些参与博弈的主体,可以被统称为国际行为主体。国际行为主体是指有意愿且有能力参与国际活动和国际游戏规则制定,并承担和实施相应义务和责任的行为体②。气候变化作为非传统安全问题,主权国家政府不再是唯一的国际行为主体,政府间国际组织、企业和非政府组织等均是国际行为主体。主权国家政府是主要参与方和成本分担主体,在考虑本国发展情况和发展诉求的条件下,通过参与联合国气候谈判和各种政府间磋商机制开展气候治理行动,并承担全球气候治理成本;政府间国际组织、非国家行为体一方面协调各国、各机构和组织开展气候行动;另一方面也向各国政府施压,要求政府开展更积极的行动③。

由于参与主体多,国际气候治理呈现多层多圈博弈的复杂博弈格局。博弈主体之间还因为经济社会发展导致立场变化而表现出动态重组、立场调整等特征。因此,分析这些博弈主体的立场和立场变化趋势对于判断国际气候治理趋势具有重要意义。同时,推进国际气候治理进程,还需要给参与博弈的多元主体提供适应国际经济发展水平和形势,公平的表达诉求、承担责任的博弈平台或机制。在考虑各个国家历史排放的责任、经济社会发展水平、应对气候变化成本测算和行动能力基础上,通过复合博弈界定每个国家行动的贡献方式和幅度,并通过国际条约如《巴黎协定》等加以确定,实现建立在各国发展水平、发展需求、发展诉求基础上的责任和行动的动态均衡。

---

① 宋新宁、陈岳:《国际政治学概论》,中国人民大学出版社2003年版,第43—44页。
② 樊勇明:《西方国际政治经济学》,上海人民出版社2017年版,第9页。
③ Mou Wang, Wenmei Kang, Zi Chen, et al., "Global Energy Interconnection: an innovative solution for implementing the Paris Agreement—the significance and pathway of integrating GEI into global climate governance", *Global Energy Interconnection*, Vol. 1, No. 4, October 2018, pp. 467–476.

四 构建低碳经济发展模式

从国际气候治理的实践来看,广义的国际气候治理制度,不仅包括《联合国气候变化框架公约》的谈判进程及其确立的《京都议定书》《巴黎协定》等公约内的制度安排,也包括公约外的一些讨论并推进国际气候治理的进程如亚太经济合作组织(Asia-Pacific Economic Cooperation,APEC)、二十国集团(G20)、国际海事组织(International Maritime Organization,IMO)、国际民用航空组织(International Civil Aviation Organization,ICAO)等。实际上国际气候治理进程已经与国际贸易、金融、就业、能源、航运、森林等议题产生了广泛交集,体现出相互影响甚至是融合的关系。比如在气候治理的框架下,出现了与约束碳排放相关的关税、生产标准等问题,成为气候治理与全球贸易的交叉问题,需要在气候治理的原则约束下形成贸易解决方案;此外,全球减排目标无疑会对全球能源行业、交通行业、产业分工布局等发展方向和模式构成深刻影响,推动形成一些新的行业发展目标、模式以及路径,从而以国际气候制度推动全球相关行业的转型发展,实现国际气候治理进程知识和经验成果的外溢,并构建国际低碳经济规则体系。

在国家层面,全球气候治理进程也在深刻推进各国低碳经济发展,通过广泛的知识分享,避免发展中国家重复工业化国家"先污染后治理"的老路,鼓励各国基于自身发展水平和条件探索低碳经济发展路径。《巴黎协定》签署以后多个国家提出了涉及能源、经济、消费等转型发展的国家低碳发展战略规划,形成了全球低碳转型发展的总体形势。在这种大趋势下,从应对气候变化国际政治经济学的角度可以深入研究国际协议与国内法、国家发展战略、发展规划、行业规划的深入融合和对接机制,如何将国际制度的规范、目标等传导到国家相关政策、措施中,并推动本地化项目活动的开展,对构建低碳经济起到实质推动作用。这些研究将体现全球气候治理政治进程下形成的国际气候制度如何对各国经济社会发展产生影响,促进政治进程、经济发展的良性互动,既可以为后续气候治理进程提供参考,也可以为丰富国际政治经济研究的理论成果做出贡献。

延伸阅读

1. 王文涛、刘燕华等:《全球气候治理与中国战略》,中国社会科学院出版社 2019 年版。

2. 袁倩：《全球气候治理》，中央编译出版社 2017 年版。

3. 何建坤、王韬、滕飞：《全球气候治理的中国行动》，外文出版社 2016 年版。

4. 朱松丽、高翔等：《从哥本哈根到巴黎：国际气候制度的变迁和发展》，清华大学出版社 2017 年版。

练习题

1. 《联合国气候变化框架公约》附件中的缔约方是如何划分的？
2. 《京都议定书》中的三个灵活机制指的是什么？
3. 《巴黎协定》确定的目标是什么？
4. 国际气候政治层面关键问题包括哪些？
5. 如何理解气候公平与效率？

第七章

气候变化经济分析方法学

为了解决现实中不同的气候变化经济问题，研究学者开发出了各类不同的分析工具，本章主要总结了关于气候变化经济分析的方法体系分类。首先，梳理气候变化经济分析的方法学体系，对各种研究方法的适用性和特点进行介绍。其次，针对不同类型的分析方法及解决的问题，阐述了不确定性分析方法学、气候变化归因方法学、气候变化影响评估方法学、技术评估与协同效应分析方法学以及国际气候谈判与碳排放权分配方法学的相关理论认知与研究实践。

第一节 气候变化经济分析方法体系概览

一 气候变化经济分析研究方法体系

随着全球气温持续变暖，海平面不断上升，极端气候事件发生频次提高，对全球各国的经济发展、农业生产、劳动生产率等领域都产生了不同程度的影响。为了了解气候问题对经济、社会产生的影响，针对这些领域开展定量分析研究是一个全新的交叉科学研究方向，也成为各国政府和学者关注的重点。早期的气候变化经济分析仅关注于气候变化对经济活动的直接影响效应，主要包括对农业、经济增长以及劳动力市场的影响。诸多经济学者通过将气候变化因素纳入经典经济理论模型，开发并建立了一些新的气候经济模型。其中诺德豪斯开创性地将经济系统和气候系统整合在一个模型框架内，用来分析气候政策的效果，此举标志着经典的经济学理论用于分析气候问题的发端①。随后越来越多的分析工具和方法被运用于该领域，既包括一些传统经济学分析工具在气候变化经济学领域的应用，也包括一些方法学上的创新。

气候变化经济学分析研究方法学大体上可以分为模型评估方法和非模型评估方法两大类。模型评估方法采用各类模型针对研究目标开展定量分析，评估精度相对较高，因此现有研究大都会基于可生成的模型进行分析。非模型评估方法主要是采用定性研究手段，分析研究对象"有没有"和"是不是"的问题②，通过分析综合、比较、抽象和概括的方式进行分析。

从学科发展特点来看，气候变化经济研究方法是基于需求驱动，根据研究目的吸纳已有研究方法不断发展、延伸，进而不断完善。针对气候变化相关问题进行经济分析的根本目的是为研究气候变化问题的经济影响提供理论支撑和实证分析支持，并为解决气候变化问题提供规范的政策分析工具和指导性结论。

同金融、贸易、产业等传统经济学议题不同，气候变化经济学所涉及的范围和领域非常广泛且复杂。气候变化经济分析以气候、能源、排放行为、经济和社会体系问题为主要研究对象，采用的研究方法也较为广泛，在一些传统经济分析方法的基础上，还纳入一些自然科学和技术评估方法，形成全新的方法学体系。

气候变化经济分析研究的对象繁多而复杂，大体上可以分为影响评估、技术措施方案评估以及可持续发展研究三大板块③。对于气候变化研究整体方法学体系和主线的确定至今并未形成广泛性共识，本章仅对一些重要领域应用较为广泛而普遍的方法学进行了梳理，具体可分为气候变化归因分析、气候变化影响评估、应对气候变化技术评估、减缓气候变化潜力评估、应对气候变化政策选择、协同效应分析、国际谈判与减排责任分担、低碳经济评价等领域（如图7-1）。气候变化经济分析各领域互相关联，各领域根据需要可采用不同的研究方法，但也有一些研究方法可以被用于对不同问题进行分析。

---

① William Nordhaus, "Economic Growth and Climate: The Carbon Dioxide Problem", *American Economic Review*, Vol. 67, No. 1, 1977, pp. 341–346.

② 何建坤、陈文颖等：《应对气候变化研究模型与方法学》，科学出版社2015年版。

③ 焦建玲、王宇、李兰兰、韩晓飞编著：《应对气候变化研究的科学方法》，清华大学出版社2015年版。

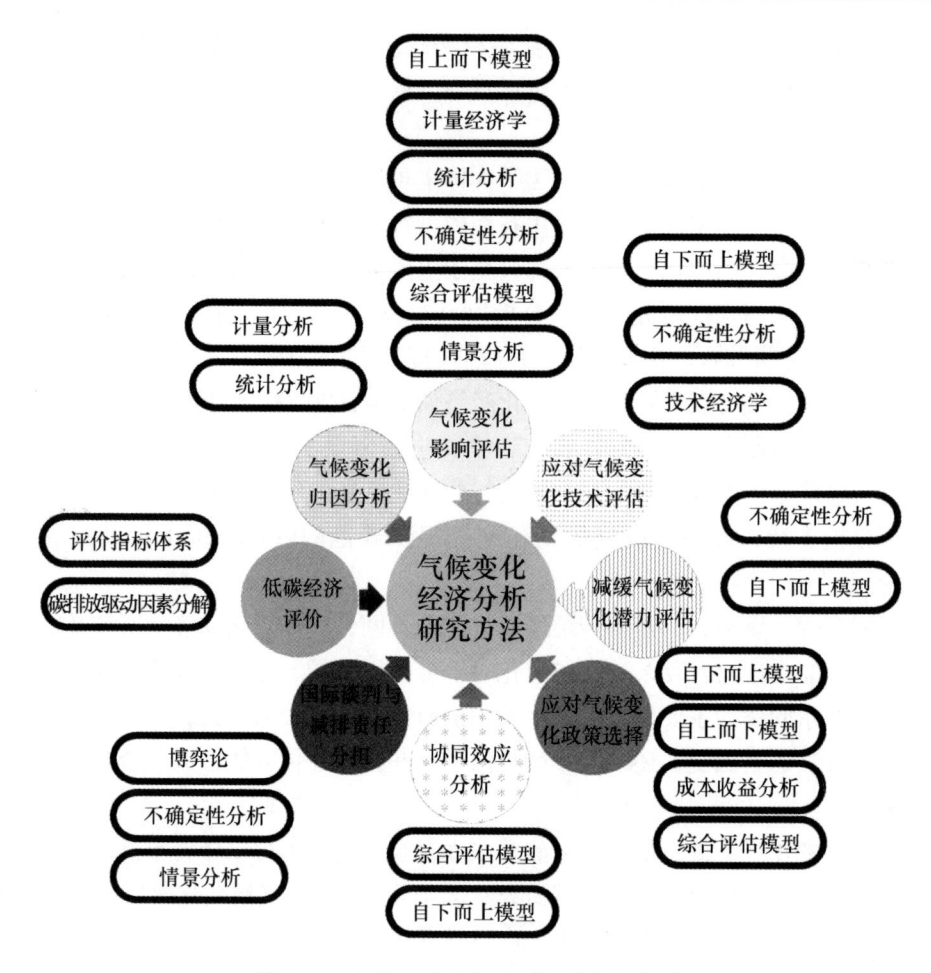

图 7-1　气候变化经济分析研究方法体系

资料来源：笔者整理绘制。

关于气候变化的科学研究仍然存在大量的不确定性，气候变化研究领域的不确定性来源广泛，包括数据资料的不精确、概念或术语含糊，或对人类行为预估的不确定等[1]，因此在气候系统观测、气候变化的检测和归因以及对未来气候变化预估等多个方面的研究和评估中，都不可避免地面临不确定性问题。

---

[1] IPCC, *Climate Change 2007*: *The Physical Science Basis*, Contribution of Working Group I to the Fourth Assessment Report of the Intergovernmental Panel on Climate Change, Cambridge, United Kingdom and New York: Cambridge University Press, 2007.

因此,在与气候变化相关的经济研究中,解决不确定问题也成为所面临的最大挑战。

不确定性几乎与所有气候变化研究领域都相关,因此在讨论具体研究领域之前,首先将针对该问题进行总结和介绍,主要分析的方法包括各类不确定性评估工具。为了对不确定的气候变化情景进行描述,需要构建一些不同的气候变化情景,因此本章在讨论中,将情景分析也纳入不确定性分析框架进行介绍。

气候变化归因分析主要是对于给定统计置信度水平评估各种影响因素对造成气候变化的相对贡献。在经济视域对气候变化进行归因分析主要考察人为因素对造成气候变化的贡献,常采用统计分析和计量经济学方法等。

气候变化影响评估主要是基于对气候变化的认识,研究其对自然系统和人类经济社会系统的影响。针对整体和具体领域或部门的气候变化影响评估需要综合运用不同的研究方法,包括综合评估模型、自上而下模型,关于气候变化造成影响的经济评估通常还会运用经济学中常用的统计分析和计量经济方法。由于气候变化影响充满不确定性,因此不确定性评估和情景分析也是气候影响评估中常用的分析工具。

应对气候变化的技术评估将对各种适应于减缓气候变化技术的有效性进行全面性的评估,对各种技术的成本、减排技术的减排潜力等具体问题开展研究。主要采用的工具是技术经济学中的一些具体分析方法,如生命周期评价方法。针对具体技术的成本和潜力分析,还通常会采用自下而上模型来刻画部门行为和技术细节。

为了有效应对气候变化,各国都制定和推出了一系列政策措施,其中大部分都是通过经济手段和杠杆来引导实现减排。对于气候变化政策的选择和评估与传统经济政策分析类似,但是应对气候变化的效果是评价这些政策有效性的重要方面,具体分析方法包括各类具体的自下而上和自上而下模型,综合评估模型以及其他成本收益分析方法。

气候变化政策和措施还会产生其他协同效应,如有助于实现环境保护目标,因此还需要对这些协同效应进行评估,相关研究中主要也是采用自下而上模型和各种综合评估模型工具。

气候变化是一个全球性问题,需要各国共同努力实现减排目标,在关于气候变化的国际谈判进程和减排责任分担过程中,目前存在大量不同意见,因此关于气候变化谈判的博弈论也是经济分析的一个重要分析领域。

为了实施应对气候变化战略，必须推动各国走上绿色、低碳的发展路径，关于低碳经济的评估方法也应运而生，成为近年来一个重要的研究领域。研究者根据研究需要，从不同的角度去探究碳排放驱动因素以及经济发展与气候变化之间的相关性，可以通过构建低碳评价指标体系，运用不同碳排放驱动因素分解方法来实现。

二 气候变化经济分析研究方法概述

基于对气候变化经济分析文献的梳理，目前在该领域分析不同具体问题时，较为常见的研究方法主要包括不确定性分析、情景分析、统计分析、计量经济学、自上而下模型、自下而上的模型、综合评估模型、成本收益分析、技术经济分析、博弈论等。

作为研究方法的不确定性分析是对各类事前无法控制的外部因素的变化与影响所进行的估计和研究。在经济分析中，不确定因素普遍存在。为了正确决策，需进行技术经济综合评价，计算各因素发生的概率及对决策方案的影响，从中选择最佳方案。针对不确定性问题的基本分析方法包括敏感性分析、概率分析等。气候变化研究领域的不确定性分析主要针对气候变化不确定性背景下的相关政策决策研究。

气候变化的不确定性导致相关的自然科学和社会科学研究都需要构建不同的情景，因此情景分析也是气候变化领域常见的研究方法之一，主要是通过分析气候变化系统中的驱动力以及相互联系来探究未来的可能性。同预测不同，情景分析主要是通过探究未来可能面临的多种可能路径，去检查可能的选择。

统计分析方法指的是采用合适的统计工具对数据进行全面、精确的分类描述和统计推断等分析、研究和考察对象或指标间的相互关联性和统计规律。统计分析在气候变化研究领域应用极为广泛，在自然科学领域，针对气候变化特征，如气温和降水等指标所进行的统计分析是各项其他研究的基础。此外，关于气候变化趋势的预测也需要用到统计分析工具。针对与气候变化有关的经济分析，也常运用统计分析方法，如探索人类各项经济活动对气候变化的影响以及气候变化对经济社会的影响都需要以大量的统计数据为基础来进行。

计量经济学尽管研究方法很多以数理统计学为方法论基础，但是研究的对象更偏经济问题，是以经济学理论和统计数据为基础，综合运用多种分析技术，通过建立经济计量模型，对经济理论进行定量分析的经济学研究分支。在气候变化经济分析中，广泛运用应用经济计量工具的实例不胜枚举。如通过生产函数法模拟气候变化对农业生产的影响，通过建立气候与作物产量之间的函数关系，并利用估计的生产函数模拟气候变化对农业生产的影响；还有研究气候变化给经济增长带来的影响，与国际贸易（出口）的关系等。本章结合关于气候变化问题在经济分析中使用计量经济方法的实际研究，对一些常见的研究领域进行简要介绍。

自上而下（Top-down）模型和自下而上（Bottom-up）模型是从研究分析角度区分相对应的两类建模方法。前者主要面向经济效果进行总量分析，根据总量经济指标（总产值、总收入）等来评价效果，主要是从经济发展对各部门或者技术的影响出发，对于国民经济中各部门间相互作用的关系能较好描述，但是对于能源生产、技术利用等方面刻画的比较抽象，投入—产出模型、可计算一般均衡模型和一些宏观计量模型等均属于该范畴；后者则主要从部门或技术出发，通过具体技术或相关政策的组合来分析系统影响，对部门和技术细节能有比较详细的描述，能清晰呈现能源使用变化以及成本变化的原因，被广泛应用于各种减排技术路线分析研究。但由于自下而上模型同宏观经济模块的关系不甚紧密，因此难以分析能源技术和使用变化对经济的影响。在气候变化经济分析中，常用的自下而上模型包括一些考察部门减排潜力的动态优化模型、部门能源利用和排放预测模型等。

气候变化综合评估模型是将综合评估模型方法运用于研究气候问题的一类模型统称，这些模型将经济系统和气候系统整合在一个模型框架内，可以用于分析不同的气候变化情景产生的经济影响或不同经济政策产生的气候变化影响。这种模型已经成为IPCC评估气候变化政策效果的主要工具，也是目前气候政策研究的主流工具。IPCC发布的几次评估报告都介绍了大量用于分析气候经济问题的综合评估模型。一些国家在对其国内气候变化政策进行经济评估时也多采用这类模型。这些综合评估模型中的经济系统仍主要采用传统经济学的假设和分析方法，探究气候变化问题中的减排、适应、融资等具体议题对传统经济决策产生的影响。综合评估模型中的社会经济分析模块，既可以采用自上而下模型工具也可以采用自下而上模型工具，具体选择取决于研究目的。

成本收益分析是指以货币单位为基础对投入与产出进行估算和衡量的方

法。该方法通常被用于对投资项目的效益进行评估。当成本收益分析框架用于分析气候政策时,逻辑在于,如果气候政策的收益大于其成本,就应该采取该政策。从纯粹的经济学角度来看,成本收益分析框架可以较好地综合评估减缓或适应气候变化的政策和举措,因为社会必须最有效地去使用稀缺的资源,将公共资金投入能产生最大收益的领域中。采用这种分析框架可以对减缓气候变化举措在长期内产生的成本和收益进行比较。

技术经济分析是通过研究气候变化领域各类技术的经济性质和经济规律,研究不同技术对于应对气候变化的效果,寻找各类相关技术与经济的最佳结合以求实现应对气候变化目标和实现可持续发展的分析方法。在气候变化领域,关于能源生产和供应、减排技术的合理选择等都可以采用技术经济分析方法。技术经济分析一般会将定性研究和定量研究结合起来,根据评估和分析选择经济效果最好的方案。应对气候变化的技术评估,常采用生命周期评价和各类指标评价法。

博弈论是现代数学的一个新分支,也是经济学常用的分析工具之一,在金融学、证券学、国际关系研究领域都有非常广泛的应用。该方法主要通过数学公式,对不同参与主体的相互关系进行描述和刻画,通过分析个体的预测行为和实际行为来研究其优化策略。在气候变化领域,可以用博弈论分析国际气候谈判、碳市场中的一些具体议题。

评价指标体系是指由表征评价对象各方面特性及其相互联系的多个指标所构成的具有内在结构的有机整体。为了评价经济体或区域的低碳发展水平,可以综合考虑能反映其技术水平、经济水平以及社会水平的综合指标体系进行测算及评价。

驱动因素分解可以通过定量分析重要驱动因素对于考察目标变化水平的贡献情况来识别出相对重要的因素,针对低碳发展和碳排放水平的因素分解可以为实现低碳发展或减排目标提供事实依据。

第二节　不确定性分析方法学

一　气候变化研究中的不确定性

根据不确定的程度,可以划分为风险和不确定性两大类。前者表示结果未知,但结果的概率分布已知的随机性;后者指的是结果和其概率分布都未知的不确定性。不确定性可以进一步分为值不确定性和结构性不确定性。值不确定性来自特定取值或结果决定过程中的不完全性;结构性不确定则主要源自对特定取值或结果控制过程的不完全理解。气候变化系统中存在大量的不确定性,在各种相关研究中已经反映出这一点,而关于气候变化的不确定性基本都属于结构性的不确定。因此,对各种不确定性的评估与度量也成为气候变化研究所面临的巨大挑战。

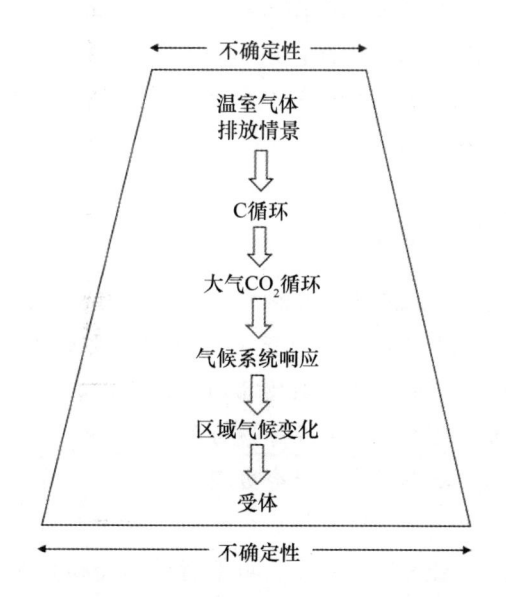

图7-2 气候变化研究中的不确定性传播特征

资料来源:Hulme, M. New M, "Representing Uncertainty in Climate Change Scenarios: A Monte-Carlo Approach", *Integrated Assessment*, Vol. 1, 2000, pp. 203–213。

IPCC 第四次评估报告系统归纳了目前在气候变化科学基础方面面临的一些主要的不确定性[1],主要包括排放情景、资料和模式的不确定性,气候预测和预估的不确定性,温室气体辐射效应的不确定性等。气候变化系统中的这些

---

[1] IPCC, *Climate Change 2007: The Physical Science Basis*, Contribution of Working Group I to the Fourth Assessment Report of the Intergovernmental Panel on Climate Change, Cambridge, United Kingdom and New York: Cambridge University Press, 2007.

不确定性也给气候变化影响评估以及相应的经济分析研究带来了多层次、多样化的不确定性[①]。而且随着研究层次的深入，不确定性会自上而下逐层传递且扩大（如图7-2）。

气候变化的不确定性也成为气候变化经济学研究中的一个重点和难点。传统的经济分析方法和模型都假定气候敏感性服从标准正态分布，并在此基础上设定效用函数和损失函数，评估气候变化产生的经济影响。但以美国哈佛大学教授马丁·魏茨曼为代表的经济学家提出，由于气候变化具有高度的结构性不确定性，因此温升分布应该服从厚尾分布，这一观点以气候自然科学为基础，并得到众多经济学家的认可。因此，在不确定性条件下气候变化的公共决策研究也成为气候变化经济分析领域中的一个重要研究方向，对当前和未来气候变化的经济分析和政策决策影响深远。

专栏7-1　贴现率与不确定性

贴现率是投资项目成本收益分析中一个核心指标，因此在各种公共政策分析中，关于贴现率的选择一直是一个非常重要且具有争议性的问题。气候变化作为一个典型的全球公共物品问题，在成本收益分析中，采取不同的贴现率将对最后的结果产生显著影响。

贴现率可分为市场贴现率与社会贴现率两大类。前者又称为资本回报率，指的是能够有效平衡当前减排成本和由于减少未来灾害所带来收益的贴现率；后者也称社会时间偏好率，用来衡量社会福利或消费的效用随时间的变化率，主要用于公共投资项目的成本收益分析。社会贴现率往往低于市场贴现率。

在贴现理论中，不确定性来自多个方面：第一类是直接假定贴现率存在不确定性，人们对未来赋予各种主观贴现率，并对各种贴现率计算得到的净现值结果进行加权加总，由此得到的确定等价贴现率将随时间递减；第二类是假定未来经济增长率存在不确定性，这也会得出随时间递减的贴现率期限结构。肯尼斯·阿罗等学者指出这里人们对未来贴现率的不确定

[①] A. Shlyakhter, L. James, A. Valverde, et al., "Integrated Risk Analysis of Global Climate Change", *Chemosphere*, Vol. 30, 1995, pp. 1585-1616.

必须反映的是人们对未来经济增长率不确定的信念。

在气候变化经济学中,选择递减贴现率将提高气候损失成本和碳的社会成本。至于具体如何估计递减贴现率的期限结构,应该采用哪种理论方法和实证计量模型进行计算,对贴现率相关的参数如何取值和取多大值,目前都存在很大的争议。2006 年,英国经济学家尼古拉斯·斯特恩主持完成并发布《斯特恩报告》。报告指出,不断加剧的温室效应将会严重影响全球经济发展,减少温室气体排放刻不容缓,并主张应尽早以碳税等手段来实现碳减排目标,且应对发达国家与发展中国家一视同仁。而威廉姆斯·诺德豪斯等学者们则认为,短期内的减排强度可保持在较低的水平,而中远期再加大减排力度。同时发达国家应比发展中国家减排力度更大,这样有利于发展中国家的经济追赶。为何诺德豪斯等学者与斯特恩报告得出的结论具有如此大的差距?原因是二者采用的模型对于社会时间偏好率(ρ)的设置。斯特恩报告中采用的综合评估模型将其设定为 0.1%。当社会时间偏好率越低时,人们将更重视未来,为了减轻未来的风险,则在当前就应付出相应较大的代价。威廉姆斯·诺德豪斯等学者则认为《斯特恩报告》的结论不符合经济学传统的参数设定,因为经济学文献通常将社会时间偏好率设定在 3%—5%。

二 情景分析方法

经过了数十年的研究,气候变化研究已经形成了一套关于描述、处理和评估不确定性的方法。情景分析就是描述气候变化不确定性的重要方法之一,通过设立不同情景,并分别进行研究,可以获得对气候问题比较全面、科学的认识。

情景分析方法的基础在于研究对象充满不确定性,不确定性是不可避免的,但未来有部分内容是可以预测的,这是由不确定性的特征决定的。气候变化情景分析方法有助于评估具有天生不可预测或高度不确定性的复杂气候系统。情景分析法可以通过不断获取相关信息,从而增强认知能力,从而降低不确定性。在气候变化领域,情景是进行气候模拟、评估气候变化影响和脆弱性、选择适应和减缓措施以及评估气候变化相关政策的重要基础①。同气候变化有关的情景分析主要集中在三个方面：首先是根据情景分析研究全球气候变化情况；其次是利用情景分析研究低碳经济特别是碳排放未来变化趋势；最后是利用情景分析研究气候变化对社会经济系统的影响。

1990 年，IPCC 发布了第一套对全球温室气体排放水平预估的情景，即 SA90 情景。随后在 1992 年，又发布了 IS92 系列情景。2002 年，IPCC 第三次评估报告《排放情景特别报告》(Special Report on Emission Scenarios, SRES) 发布了一系列新的排放情景。2007 年，IPCC 提出了用典型浓度路径表示的新情景 RCP，并在其基础上建立了共享社会经济路径 SSP，这些情景都被收录在第五次评估报告中。在这些报告中，情景被用来评估一个复杂系统的未来发展。

合理设定社会经济发展情景是进行气候变化研究的基础，也是对气候变化影响进行评估的技术基础。以 IPCC 提出的一系列气候变化情景为代表，从其发展情况来看不难发现，根据估算的温室气体排放水平，对相应社会经济假设的描述也在逐步的具体化和定量化。各阶段 IPCC 情景发展的具体特点总结详见表 7-1。

情景设定需要首先确定基准情景 (Business as Usual, BaU)，也常被称为参考情景 (Reference Scenario) 或基线情景。在气候变化情景分析，尤其是针对社会经济影响所建立的情景分析中，基准情景通常是在不考虑气候变化影响下单纯的对未来社会经济发展情况的描述。与之相对的其他情景则是考虑了气候变化带来的影响，刻画不同气候政策使用所导致的不同发展情况。

确定情景后，就需要采用具有代表性的指标来描述不同情景的各情节特征。针对气候变化的情景分析，首先需要构建描述研究对象特定区域基本社会经济状况的背景值，包括人口、自然资源、经济基础、消费情况以及市场贸易情况等。一般需要通过具体的指标，利用相关参数来描述或表示抽象的社会经济概念。在针对社会经济分析的情景分析中，常用的具体指标包括人口指标、经济指标、自然资源使用指标、政府政策指标和文化分析指标等。以表 7-2

---

① N. Nakicenovic, and R. Swart, *Special Report on Emissions Scenarios: A Special Report of Working Group III of the Intergovernmental Panel on Climate Change*, Cambridge University Press, Cambridge, 2000, p. 599.

表7-1　　　　　　　IPCC气候变化情景的发展阶段和应用情况

阶段	情景描述	社会经济假设	特点/变化	应用情况
SA90情景及之前	考虑CO_2倍增或递增，特别是CO_2加倍试验，包括A、B、C、D情景	人口和经济增长假设相同，能源消费不同	最早使用的全球情景，简单的CO_2浓度变化描述和假设	IPCC第一次评估报告及之前的气候模拟
IS92系列情景	包含6种不同排放情景（IS92a-IS92f），考虑单位能源的排放强度	分别考虑高、中、低3种人口和经济增长及不同的排放预测	考虑为能源、土地利用等相关的CO_2、CH_4、N_2O和S排放，能较合理地反映排放趋势	用于第二次评估报告及气候模拟
SRES情景	由A_1、A_2、B_1、B_2情景家族组成，包含6组解释型情景（B_1、A_1T、B_2、A_1B、A_2和A_1F_1），共40个温室气体排放参考情景	建立4种可能的社会经济发展框架，考虑人口、经济、技术、公平原则、环境等驱动因子；其中A_1和A_2强调社会发展；B1和B2强调可持续发展	温室气体排放预测与社会经济发展相联系。情景则表示有着相似的人口特征、社会、经济、技术变化的多个情景组合	主要用于第三次和第四次评估报告，成为气候变化领域的标记情景
RCP和SSP情景	以RCP描述辐射强迫，包括RCP8.5、RCP6、RCP4.5和RCP3-PD（通常取2.6）4个典型路径，其中RCP8.5为持续上涨的路径，RCP6和RCP4.5为没有超过目标水平达到稳定的两种不同路径，RCP3-PD为先升后降达到稳定的路径	基于RCP定义SSP，体现辐射强迫和社会经济情景的结合，每一个SSP代表一类相似社会经济发展路径，包括人口、经济、技术、环境、政府管理等因素和指标，统一各个研究团体间对社会经济发展的不同假设	改变根据社会经济假设确定排放情景，输入模式，根据预测结果进行综合评估的研究框架。SSP包含了已有情景中的社会经济假设，可用于全球、区域和部门，SSP矩阵可以更好地进行脆弱性分析，满足气候变化适应与减缓研究的需求	用于第五次评估报告，为更好地分析、评估人为减排等气候政策影响，为选择适应与减缓技术和政策提供研究平台

资料来源：曹丽格、方玉、姜彤、罗勇：《IPCC影响评估中的社会经济新情景（SSPs）进展》，《气候变化研究进展》2012年第1期。

表7-2　　　　　　　　情景分析中的指标设定举例

	A	B	C	D	E	F
人口增长	低	低	低	高	高	高
GDP 增长	低	高	高	高	低	高
能源使用	低	高	高	高	低	高
土地使用变化	低	低	低	高	高	低
非化石能源使用变化	低	低	高	低	低	高
技术进步速度	低	高	高	低	低	高

资料来源：笔者绘制。

为例，假设设置了 A、B、C、D、E、F 六种不同的社会经济情景，以几个代表性指标来描述情景的主要特征，如情景 A 表示人口与经济增长步入低增长期，但非化石能源和技术发展水平也相对较低；情景 B 则是低人口增长伴随高经济增长，尽管能源需求和技术进步速度发展较快，但非化石能源使用变化并不大；情景 C 是在人口低速增长背景下，实现经济高速增长以及能源结构的优化；情景 D、E、F 则在人口增长背景下，区分了经济高速增长和低速增长情况下，非化石能源使用变化不同的几种情况。

三　敏感性分析

敏感性分析是针对气候变化的不确定性进行评估常用的方法之一，可以从定量分析的角度研究目标系统受气候变化因素影响的程度大小。其实质是通过逐一改变相关变量数值的方法来解释关键指标受这些因素变动影响大小的规律。

敏感性分析的一般步骤是首先确定待分析的指标；其次选择来自气候系统的不确定性因素，包括平均气候状况、气候变化率、极端气候事件发生的频率与强度等；再次分析这些气候不确定性因素的变动对待分析指标的影响，但在分析每个不确定因素影响时，必须保持其他因素不变；最后可以基于分析结构确定重要的气候敏感性因素。这种方法能够清楚描述气候变化不确定性因素给社会经济以及自然系统造成的影响，因此也较容易被决策者和社会公众所理解。一般来说敏感性分析可以分为单因素敏感性分析和多因素敏感性分析。

(一) 单因素敏感性分析

进行单因素敏感性分析时，应该首先在固定其他因素的条件下，变动其中一个气候不确定因素；其次变动另一个因素（仍然保持其他因素不变）；最后求出某个不确定因素本身对指标目标值的影响程度。

$$变化率 = \frac{效果指标变化幅度}{变化因素变化幅度}$$

但单因素敏感性分析只反映关于参数局部敏感性，而无法反映参数之间的相关性，针对气候这些非线性的复杂系统，在很多情况下，需要进行多因素敏感性分析。

(二) 多因素敏感性分析

多因素敏感性分析方法指的是在其他不确定性因素不变条件下，计算分析两种或两种以上不确定性因素同时发生变动，对指标目标值的影响程度，确定敏感性因素及其极限值，但不确定性因素一般不能超过四个。多因素敏感性分析一般以单因素敏感性因素为基础，分析原理也与单因素敏感性因素基本相同。在进行多因素敏感性分析时，一般假定同时变动的几个因素都相互独立，且各因素发生变化的概率相同。

四 概率分析

概率分析是一种通过概率研究不确定性因素对目标指标影响的定量分析方法。因为不确定性程度及所导致的风险不仅与不确定性因素未来导致的后果相关，而且与不确定性发生的概率有关。敏感性分析虽然能够描述各种不确定性因素的变动对目标指标的最终影响，但并未考虑各种不确定性因素在未来发生变动的概率，因此最后研究结论的实用性和准确性将会因此受到影响。概率分析则可以通过确定各种不确定性因素发生变动的概率分布或不同程度变动的概率值来研究对目标指标的影响。针对气候变化，通常情景是对气候变化产生影响作出某种概率描述，并据此作出应对气候变化政策决策。

针对气候变化问题，所有气候系统中的不确定性因素都可以视作概率分析的因素，根据研究需要，对待研究指标有重大影响的因素进行分析。概率分析在研究气候变化不确定问题中的应用具体的分析方法包括使用极值分析方法或贝叶斯方法等。

（一）极值分析

极值分析通过概率统计方法，假设或构建各种极端气候要素极值的概率分布模型。基于历史数据，完成极端气候事件对气候变化的响应和预测研究，推断出极值序列的重现期①。因此极值分布可以根据未来气候预测结果的概率分布推断极值的各种统计特征，针对极端气候事件进行诊断和预测。

（二）贝叶斯方法

贝叶斯方法将参数作为随机变量，将参数的先验分布和实际观测结合起来推导其后验分布，从而分析模型的不确定性。因此在贝叶斯方法中不仅使用样本信息，而且还使用了先验信息，利用概率论中的贝叶斯定理将对初始或先验信息的看法转换为对后延数据的看法。在气候变化不确定性分析中，贝叶斯方法提供了一个方法学框架，因此也是针对气候变化不确定性开展研究中常用的重要方法之一②。

第三节　气候变化归因分析

针对气候变化的归因分析，能够反映人类活动对气候变量及极端气候事件的影响，为理解人类行为引起的气候变化情况提供了新的认识。随着气候归因科学的发展需求，针对气候变化的检测归因研究方法也愈加成熟和丰富，主要采用统计或计量分析工具，通过回归分析，评估待研究因素对气候变化的贡献。本节将简要介绍在气候归因分析中常用的一些方法学。但针对归因问题的研究、方法选择和数据基础及统计分析都与归因过程中面临的各种不确定性密切相关。气候变化归因分析仍需要方法创新，去解决大量相关具体问题。

一　指纹法

目前在气候变化检测和归因研究领域占据主导地位的统计归因分析方法是

---

① 张利平、杜鸿、夏军、徐霞：《气候变化下极端水文事件的研究进展》，《地理科学进展》2011年第11期。

② 宋晓猛、占车生、孔凡哲、夏军：《大尺度水循环模拟系统不确定性研究进展（英文）》，《地理学报》（英文版）2011年第5期。

依靠气候模式的模拟结果来确定气候变化的"指纹",并描述其不确定性①,这种分析方法也被称为"指纹法"或"最优指纹法"。指纹法可以通过气候特征进行分析,从而全面比较模式模拟和观测到的气候变化。

最初获取到的观测气候变化中的指纹使用的是模态相关法,通过计算多个连续时间段内预期和观测的气候变化之间的相关系数来获取相关信息。有学者通过该法证明了人类活动部分导致预期的气候变化固定指纹的模态和观测到的温度变化模态的相关系数在考察时间区间是上升的②。

随后,研究者们又逐渐开始采用广义线性回归来进行气候指纹分析,即观测到的气候变化 Y 被视为外部强迫的响应信号 X 和残留气候内部变化率 u 的线性结合:

$$Y = \sum_{i=1}^{n} a_i X_i + u$$

式中 Y 是经过滤波的气候观测记录, X 矩阵的列向量即为对外强迫响应的所有模态。$a = [a_1, a_2, a_3, \ldots, a_n]$ 是标量因子矢量,可以调整不同响应模态的比重,而 u 也是矢量,通常假定 u 是协方差矩阵为 C 的高斯随机量,即 $C = Cov(u)$。因此,根据最小二乘估计法,标量因子 a 的最佳线性无偏差估计值为:

$$a = (X^T C^{-1} X)^{-1} X^T C^{-1} Y$$

归因方法的最新发展是运用一种假设检验和加性分解的方法来取代传统的线性回归分析方法③。新的分析方法不再依赖于模式模拟来利用统计回归推导出标量因子,而是利用模式模拟出响应的幅度规模。

二 计量归因方法

还有一些研究通过采用计量经济学分析方法,如时间序列分析或格兰杰因果分析来对气候变化进行检测和归因。时间序列方法主要是通过对时间序

---

① G. Hegerl and F. W. Zwiers, "Use of Models in Detection and Attribution of Climate Change", *Climate Change*, Vol. 2, 2011, pp. 570–591.

② B. D. Santer, K. E. Taylor, T. M. L. Wigley, T. C. Johns, P. D. Jones, D. J. Karoly, J. F. B. Mitchell, A. H. Oort, J. E. Penner, V. Ramaswamy, M. D. Schwarzkopf, R. J. Stouffer and S. Tett, "A Search for Human Influences on the Rural Structure of the Atmosphere", *Nature*, 1996, Vol. 382, pp. 39–46.

③ Aurélien Ribes, Francis W. Zwiers, Jean-Marc Azaïs and Philippe Naveau, "A New Statistical Approach to Climate Change Detection and Attribution", *Climate Dynamics*, Vol. 48, 2017, pp. 367–386.

列数据进行尺度划分从而区分内部变化率以及外部强迫。因为基于时间序列的分析方法假设外部强迫的变化导致的变化模态与由气候系统内部变化率造成的短期模态在统计上是截然不同的,但由于气候系统内部变化率在任何时间尺度上都存在,因此基于时间序列的归因分析对人类活动造成的强迫无法完全分离。

格兰杰因果分析方法是针对一种基于"预测"的因果关系(格兰杰因果关系),通过考察两个变量之间超前—滞后相关关系来推断它们之间的因果关系,并识别和控制与这两个变量有关联的第三方变量的影响[①]。针对两组时间序列 X 和 Y,格兰杰因果分析可以通过统计检验确定包含两组时间序列过去信息的条件下,对时间序列 Y 的预测效果要优于只单独由 Y 的过去信息对 Y 进行的预测效果,即时间序列 X 有助于解释 Y 的将来变化,则认为 X 是引致 Y 的格兰杰原因;反之亦然。

从检验方法来看,对于两变量的自回归模型:

$$y_i = \alpha_0 + \sum_{i=1}^{m} \alpha_i y_{t-i} + \sum_{i=1}^{m} \beta_i x_{t-i} + \varepsilon_{t1}$$

$$x_i = \alpha_0 + \sum_{j=1}^{m} \alpha_j y_{t-j} + \sum_{j=1}^{m} \beta_j x_{t-j} + \varepsilon_{t2}$$

根据回归结果,判断两变量间回归结果的 F 统计量的临界值是否大于 F 分布的标准值,若临界值概率 $p < \alpha$,则时间序列 X 不能导致 Y 的零假设不成立,即 X 是 Y 的格兰杰原因。

第四节 气候变化影响与政策选择

一 气候变化影响评估

气候变化影响评估主要是通过科学方法,全面、客观地反映和评估气候变化造成的影响,既包括自然的、生态的影响,也包括对经济和社会的综合影响。例如,我国针对气候变化影响评估的主要研究领域包括气候变

[①] Clive W. J. Granger, "Investigating Causal Relations by Econometric Models and Cross Spectral Methods", *Econometrics*, Vol. 35, 1969, pp. 224 – 238.

化对农业影响、水资源影响、海岸带及近海资源环境影响、其他自然生态系统的影响、对冰冻圈环境的影响以及对重大工程、人体健康和环境影响的评估。本节将主要总结针对气候变化对于经济社会系统所造成影响及评估所采用的主要方法。

针对气候变化社会经济影响的评估研究中，可以分为模型评估方法和非模型评估方法两大类。模型评估方法的选择性较强，评估精度高，因此是目前分析的主流方法。

（一）成本收益分析方法

成本收益分析方法是通过比较项目的全部成本和收益来评估项目价值的一种方法。成本收益分析作为一种经济决策方法，将成本费用分析法运用于政府部门的计划决策之中，以寻求在投资决策上如何以最小的成本获得最大的收益。

随着气候变化受到越来越多的关注，针对气候变化问题的影响评估也开始引入成本收益概念和评估方法。IPCC 在第二次评估报告的第三工作组报告中，介绍了如何用成本收益分析来评价减排方案，并将成本收益分析定义为以货币形式衡量与某一行动相关的所有负面和正面影响[1]。成本收益分析在气候变化领域主要适用于研究是否应该进行减排以及由谁来减排等。但 IPCC 同时也指出，由于气候变化问题所蕴含的不确定性，面对较长时间跨度的成本收益风险将面临显著的不确定性。

成本收益分析方法除了可用于进行气候变化影响评估之外，还可以用于对相关政策的有效性进行分析。诺德豪斯开创性的将经济学中的边际分析法引入对气候变化问题的研究，实质上也是以成本收益分析为基础，完全从市场化的角度出发，通过寻找边际收益和边际成本的均衡点，来获得社会最优减排率。但因为气候变化涉及代际公平、人类健康、生存环境等问题，有些成本和收益无法完全货币化，因此难以从市场最优的角度来评估成本与收益。因此很多针对气候变化政策的成本收益分析，只考察不减排情景下人类面临的损失与达到一定减排目标时所需付出的成本，如果减排成本小于可避免的潜在损失，减排

---

[1] IPCC, *Climate Change 2001*: *Mitigation*, Contribution of Working Group Ⅲ to the Third Assessment Report of the Intergovernmental Panel on Climate Change, Cambridge, United Kingdom and New York: Cambridge University Press, 2001.

决策就是经济可行的。

成本收益分析方法在气候变化领域应用非常广泛，比如可以对气候变化损失和减缓收益进行评价、对减缓和适应气候变化决策进行分析，例如对碳的社会成本进行估算等。

成本收益分析方法中，除了简单的成本、收益计算之外，针对更为复杂的社会、经济系统，还可能采用其他模型作为估算成本和收益的工具，如利用综合评估模型、一般均衡模型等。但气候变化问题面临的各种不确定性限制了这种方法评估结果的准确性。而将一切相关因素货币化的方式也因有悖于伦理道德观念而招致很多批评者的指责。因此，除非计算过程中选定的假设和参数选择足够透明且易于理解，否则某种单一的成本收益估算结果将不足以被政策制定者接受并采用。

（二）生产函数法

生产函数法是将经济理论、统计学和数学结合在一起并加以运用的一种分析方法，表示在既定的技术条件下，生产要素的数量与某种组合和它所能生产出的最大产量之间的关系。

在气候变化研究中，使用生产函数模型，将在模型中加入气候因子，从经济学的角度定量评估或预测气候变化对经济系统的影响。科布－道格拉斯（CD）型函数形式是应用最为广泛的生产函数，其一般形式是 $Y = A(t)L^{\alpha}K^{\beta}\mu$。其中 Y 表示产出水平；$A(t)$ 表示随时间变化的技术水平；L 表示劳动投入水平；K 表示资本投入水平；α 和 β 分别表示劳动力和资本产出的弹性系数；μ 表示随机干扰因素的影响，气候因素的影响就通过该变量表征，一般而言，$\mu \leq 1$。

生产函数法在气候变化影响评估中应用非常广泛，包括针对各行各业、各区域以及整个宏观经济体系的影响。生产函数能够反映投入与产出之间的关系，针对气候变化问题，研究者指出气候要素也是一种影响最终产出的投入要素，因此完全可以采用这种传统经济分析方法来研究气候变化对产出水平的影响。

在运用生产函数模型针对气候变化影响评估的实证研究中，关于方法学的探索也在与时俱进，并不断扩大研究领域，从对更多、更具体的部门和区域进行分析到选取更具综合性的气候指标作为扰动要素；从研究工具上也从最简单的截面数据和时间序列数据模型逐步发展到面板数据和空间计量模型形式。

二 气候变化脆弱性评估

脆弱性含义丰富，在不同领域对脆弱性的界定存在差异。IPCC 在第三次评估报告中将气候变化领域的脆弱性定义为系统受到气候变化不利影响威胁程度的一种综合度量[①]，因此是某一系统气候的变化率特征、幅度变化速率及其敏感性和适应能力的函数。脆弱性是气候变化风险中的关键因素之一，深入认识和准确评估气候变化脆弱性，有助于降低社会、经济体系遭受气候损害的程度以及制定针对性的应对策略。

（一）调研评估法

调研评估法主要是通过实际调查获得关于气候脆弱性的第一手资料与原始数据，这种方法也是脆弱性评估的前提和基础。通过实地统计、问卷调查、数据搜集等方式，了解气候承灾系统中个体单元面对气候灾害的暴露度和敏感性。但这种方法通过区域个体样本体现出的脆弱性来反映总体的脆弱性，因此会受到调查模式、取样和统计方式以及调查者主观性等因素的影响，导致出现评估结果误差等问题。

（二）脆弱性指标评估法

脆弱性指标评估方法主要是从气候暴露度、敏感性和适应能力三方面入手，建立综合性的评价指标体系来评价气候变化脆弱性，其关键是选用可获取的具体指标并赋予合理的权重。由于这种方法相对简单、易于操作和理解，因此是气候变化脆弱性评估中运用较多的一种方法。针对脆弱性指标体系构建需要综合运用多种分析技术，包括主成分分析法、层级分析法、模糊综合评估法、专家打分法、灰色关联法等。根据脆弱性评估指数计算结果，可以构建指数测度计量模型等工具，形成最后的脆弱性评估模型。

（三）统计分析法

统计分析主要基于历史数据进行气候灾害脆弱性分析，通过特定灾害导致的死亡率、经济损失率来体现调查对象的整体气候脆弱性特征。这种方法适用

[①] IPCC, *Climate Change 2001: Impacts, Adaptation and Vulnerablity*, Contribution of Working Group II to the Third Assessment Report of the Intergovernmental Panel on Climate Change, Cambridge, United Kingdom and New York: Cambridge University Press, 2001.

于宏观尺度上进行的脆弱性评估,优点在于数据能够方便获取,计算相对简单。但采用该法的关键是需要有足够的统计数据作为分析基础,目标数据的缺失将影响统计分析方法的适应性。

(四) 情景模拟法

基于情景模拟的气候脆弱性评估主要是基于不同气候灾害情景,借助各种模型、技术和数值模拟软件,直观模拟气候灾害的演化过程,显示待研究对象气候脆弱性程度和受影响的状态。在情景模拟过程中,还可以根据需要随时调整评估结果。针对气候脆弱性的情景模拟可以分为单一脆弱性情景模拟和复合脆弱性情景模拟等。单一脆弱性情景模拟通过气候致灾因子和灾害环境两方面设计气候灾害情景指标,构建基准情景,再具体分析灾害强度与承灾个体的应对能力,从而得到气候灾害脆弱性的评估结果;复合脆弱性情景模拟可以考虑多种不同的灾害类型,采用与单一脆弱性情景模拟类似的方式进行叠加分析。

三 应对气候变化政策选择

为了应对全球性气候变化,需要采取针对性的政策措施,因此必须通过应用一些分析工具和评价方法对具体政策的有效性进行科学评估,识别并选择最合适的政策组合。一些评估气候变化影响的分析工具同样适用于政策评估,但针对政策的社会经济影响,还需要一些更加宏观、具体的分析工具。本节将对在该领域常见的一些研究方法加以介绍。

(一) 自下而上模型

在气候变化及相关的能源研究领域,自下而上模型强调的是对能源系统细节和相关技术的处理方法,在可供选择的多种能源和温室气体减排技术中,通过高能效、工艺改善等实现减排目标,多采用优化模型为框架来计算出各种约束条件下,满足最终外生减排目标的最小成本措施和技术组合。因此既适用于相关的政策评估,也可用于技术选择。

气候变化政策评估中运用的自下而上模型统称都是优化模型,其目标主要是福利最大化或减缓/适应气候变化成本最小化。在气候政策评估过程中,常用的自下而上模型包括由国际能源署开发的 MARKAL 模型以及由瑞典斯德哥尔摩环境研究所(Stockholm Environment Institute,SEI)开发的 LEAP 模型等。这些模型都是以具体技术为基础,用于分析成本效益最高的减排或用能技术组合。

(二) 自上而下模型

自上而下模型以新古典替代弹性的生产函数作为分析基础，通过高度集中的方式描述能源和经济系统。有些自上而下分析方法也包含技术模块，因此与自下而上模型的差别也在模糊化。但总体而言，这类模型考虑技术的现实可行性、公众的接受能力和产生的社会价值等诸多方面因素，通过运用经济学基本理论和计量经济、一般均衡分析等经济方法来分析政策对主要部门排放水平或能源消费量的影响。

宏观计量经济模型一般基于长期时间序列数据，考虑的是没有均衡假设条件下的估计方程。这类模型缺乏结构细节，一般适用于短期或中期的评估和预测。

投入—产出模型在气候政策领域的应用包括分析减排部门的经济效果、量化商品生产过程中的隐含碳排放水平、气候政策的就业影响等。全球多区域的投入—产出模型可以用于量化不同区域碳排放的消费者责任。投入—产出模型不以优化条件为基础，假设减排政策外生的条件下，去评估不同政策对气候以及社会经济系统的影响。

可计算一般均衡模型也是气候变化相关政策研究中常用的标准工具之一，这类模型以微观经济主体的优化行为为基础，以宏观与微观变量之间的连接关系将不同模块联系起来，分析经济系统整体状况，描述不同市场和行为主体间的相互关系，并通过投入产出数据和经济系统供需平衡来确定气候变化对整个经济的影响。一般均衡模型为研究导致排放的能源系统和其他经济主体之间的价格相关性提供了一致性框架。因为各种应对气候变化政策不仅会导致能源市场的价格变动，也会对其他商品市场产生间接的关联影响，而且也会被反馈到经济系统当中。

(三) 综合评估模型

气候变化综合评估模型 (IAM) 是将综合评估模型法运用于研究气候问题的一类模型统称，这些模型将经济系统和气候系统整合在一个模型框架内，可以用于分析不同的气候变化情景产生的经济影响或不同经济政策产生的气候变化影响，因此综合评估模型中的具体分析模块可以由自下而上模型或自上而下模型组成。这种模型已经成为 IPCC 分析气候变化政策效果的主要工具，也是气候影响评估和政策研究的主流工具。IPCC 发布的评估报告介绍了大量用于分析气候经济问题的综合评估模型。一些国家在对其国内气候变化政策进行经济评估时也多采用这类模型。这些 IAM 的经济系统仍主要采用传统经济学的假设和分析方法，探究气候变化问题中的减排、适应、融资等具体议题对传统经济决策产生的影响。IAM 的基本构成中至少应包括自然模块与经济模块，两个模块耦合后，可以模拟不同模型因素在不同假设下的变化结果，并同时反映各因素之间的相互影响。例如，在经济模型中，人类生产活动将排放温室气体；在自然模型中，温室气体排放造成海平面上升。回到经济模型，海平面上升将影响经济产出。IAM 刻画了这种双向反馈循环的模型，因此有助于模拟气候与经济在不同自然、市场、政策等因素变化下的演化，可以为全球或区域的气候政策作出最优选择。以 DICE 模型[①]为例，模型共有气候、灾害、经济、能源四个主要模块（如图 7-3）。

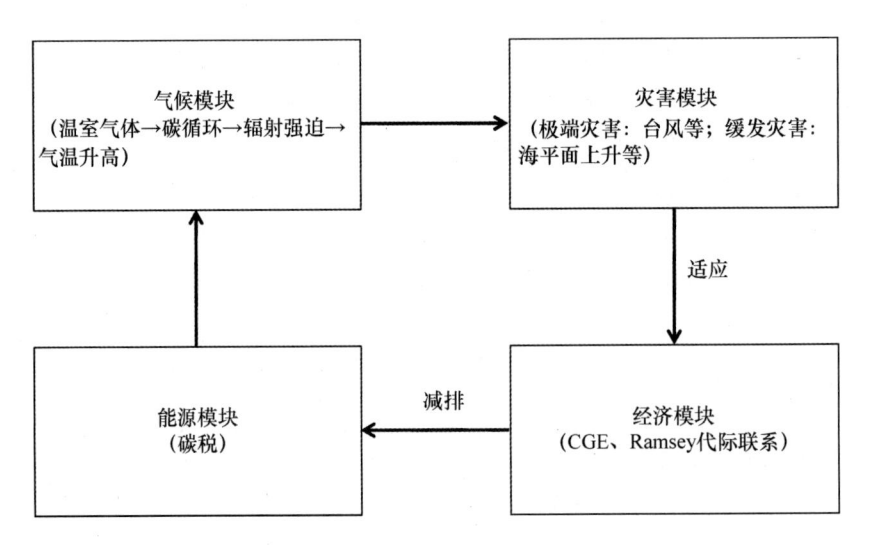

图 7-3 综合评估模型模块

资料来源：William D. Nordhaus, "The 'DICE' Model: Background and Structure of a Dynamic Integrated Climate-Economy Model of the Economics of Global Warming," Cowles Foundation Discussion Papers 1009, Cowles Foundation for Research in Economics, Yale University, 1992。

---

① William D. Nordhaus, "The 'DICE' Model: Background and Structure of a Dynamic Integrated Climate-Economy Model of the Economics of Global Warming", Cowles Foundation Discussion Papers 1009, Cowles Foundation for Research in Economics, Yale University, 1992.

早期的 IAM 的经济分析模块基本上都是根据经典经济增长文献，采用传统的概念和分析工具建立起来的。气候 IAM 同一般经济模型最大的区别在于其需要纳入气候系统，用模型工具对碳循环、水循环等复杂地球系统模式进行描述和刻画。其中，排放和全球温升之间的关系是气候模块最为核心的部分。然而，排放和温升之间的关系存在着很大的不确定性。在研究气候变化的综合评估模型中，经济分析模块一般都会假定存在一个代表性主体（即需要进行气候政策决策的地区或全球）。从经济学的角度来分析，气候问题的决策可以被理解为跨期最优化问题，因此该主体需要决定各种资源在减排行动（或发展清洁能源）以及常规经济发展（或消费）之间如何分配。

IPCC 第三次评估报告将分析气候问题的综合评估模型分为两大类，分别为政策优化模型（Policy Optimization Models，POM）和政策评估模型（Policy Evaluation Models，PEM）[①]。这两类模型的经济分析方法和思路存在着明显的差异：政策优化模型主要是对气候变化减缓和最优气候政策进行完整的成本效益分析，一般涉及求解最优化问题，如温室气体减排目标的确定，温室气体减排路径、温室气体减排义务的分配，碳税和碳价的确定等；而政策评估模型主要考察的是某种气候政策在实现一定的减排目标时的成本效率，这类模型并无法确定哪一种气候政策所带来的社会利益最大或者产生的社会成本最小，但是可以对未来各种可能排放情景下的不同社会成本进行估算和比较。

随着综合评估模型应用数量不断增多，也建立起能用于分析气候问题的各种经济模型，研究者开始关注这些模型之间的区别和联系，有些学者提出应该在相同的假设条件、参数和减排情景下对不同模型的估计结果进行比较。IPCC 在第五次评估报告中，针对气候变化减缓问题，评估了 31 个不同综合评估模型经济模块的特点和情景数据库[②]。此类研究发现政策优化经济模型并没有考虑气候系统对于经济中市场供需变化情况产生的反馈效应，大部分模型也

---

① IPCC, *Climate Change 2001*: *Mitigation*, Contribution of Working Group Ⅲ to the Third Assessment Report of the Intergovernmental Panel on Climate Change, Cambridge, United Kingdom and New York: Cambridge University Press, 2001.

② V. Krey, O. Masera and G. Blanford, et al., "Annex Ⅱ: Metrics & Methodology", in O. Edenhofer, R. Pichs-Madruga and E. Sokona, et al. (eds.), *Climate Change 2014*: *Mitigation of Climate Change. Contribution of Working Group Ⅲ to the Fifth Assessment Report of the Intergovernmental Panel on Climate Change*, Cambridge: Cambridge University Press.

没有考虑气候损害函数等。同政策评估模型不同，政策优化模型一般还会设定一个损害函数，用来模拟全球气温的提高对要素生产率造成的不利影响或对经济系统中的资本积累过程产生损害的情况。正确设定损害函数形式是气候变化政策分析的重点任务。在很多自下而上的气候综合评估模型中，将气候变化产生的各种影响通过不同的损害函数进行刻画，一般将气候变化引起的经济损失视作大气中温室气体浓度上升以及全球温度提高的函数，然后对这些函数的模拟结果进行加总得到气候变化带来的经济总损失，并评估碳的社会成本（SCC）。如英国和美国政府都曾召集一批气候经济学家应用此类模型来估算碳的社会成本，包括不断更新的 DICE 模型 2013 版，FUND 模型 3.7 版和 PAGE 模型 09 版，并用其模拟结果作为评估气候变化政策的参考证据[1]。

大多数政策评估模型都会使用复杂的投入—产出数据来构建一般均衡模型或部分均衡模型用于分析不同决策对经济系统产生的影响，因此很多气候变化综合评估模型中的经济系统会使用一般可计算均衡（CGE）模型来进行模拟和分析，例如 ICES 模型、ENVISAGE 模型及 REMIND 模型。而在另外一些模型中则建立的是部分均衡经济模型来进行分析，例如 FUND 模型和 IMAGE 模型。还有一些模型采用的是宏观经济分析中的递归动态一般均衡分析方法，例如 EPPA 和 Imaclim-R 模型。和很多经典的宏观经济模型一样，气候变化经济模型通常都是对跨期最优化进行求解（例如 FUND 模型），或者通过递归动态方法进行求解（例如 IMAGE 模型），或者同时采用这两种求解方法（例如 MESSAGE 模型）。

技术进步是影响经济增长的一个重要因素，因此在现代经济增长理论中，对技术进步的处理以及对技术进步与经济增长关系的研究也是一个重要的内容。不同的综合评估模型对于技术进步的处理也存在着差异，有的将技术进步带来的效率提升视为外生给定的，也有一些模型将技术进步内生化，通过加大投资可以加快技术进步的速度。表 7-3 总结了一些重要气候变化经济模型的类型及其主要特点。

---

[1] F. G. E. Metcalf and J. Stock, "The Role of Integrated Assessment Models in Climate Policy: A User's Guide and Assessment", http://scholar.harvard.edu/stock/publications/roleintegratedassessmentmodels-climate-policy-users-guide-and-assessment.

表7-3　　　　　重要的气候变化经济模型及其特点总结

模型	模型类型	地区	损害函数形式	技术处理
动态气候经济综合模型（DICE-2013R）	POM	全球模型	线性二次型函数	外生，后备技术
区域气候经济综合模型（RICE-2010）	POM	12	对每个地区设定专门的二次型函数	外生，后备技术

续表

模型	模型类型	地区	损害函数形式	技术处理
不确定性、谈判和气候框架模型（FUND）	POM	16	很复杂，对于不同地区或国家采取不同的损害函数形式	内生，学习诱导
区域与全球温室气体减排政策影响评估模型（MERGE）	POM	比较灵活	二次型函数形式，考虑了气候灾难	外生
温室气体影响政策分析模型（PAGE09）	PEM	8	没有明确考虑	内生，学习诱导
综合气候评估模型（ICAM）	PEM	17	没有明确考虑	内生
全球技术诱导混合模型（WITCH）	POM	12	二次型函数形式	内生，学习诱导和研发诱导

资料来源：笔者整理。

第五节　技术评估与协同效应分析

一　应对气候变化技术评估

应对气候变化的技术可分为减缓技术和适应技术两大类。同传统技术评价不同，应对气候变化的技术评估除了通过现金流、内部收益率和投资回收期等指标测度不同技术的经济性之外，还需要考虑减排潜力、减排成本、适应气候变化能力等新维度因素。

（一）生命周期评价

生命周期评价（Life Cycle Assessment，LCA）是一种常见的环境管理工具，不仅能对当前的环境问题进行有效的定量评估，还能对产品生产全过程中涉及的环境问题进行分析，是一种常见的产品环境管理评价工具。2006年3月，国际标准化组织发布了关于温室气体排放的最新标准 ISO 14054 – 2006，作为测度和控制温室气体排放的实用性工具。各国也致力于开放建立各类产品的清单数据库，并基于这些关于生命周期评价的数据开展清单分析，针对产品、工艺或活动在整个生命周期阶段的资源、能源消耗及产生的排放进行量化分析。

全生命周期评价作为一种环境管理工具，不仅能对当前的环境问题进行有效的定量分析和评价，而且能对产品及其"从摇篮到坟墓"的全过程所涉及的环境问题进行评价，因而是面向产品环境管理的重要支持工具。针对温室气体排放的全生命周期分析是减缓项目评价的重要方面，目前的方法学和标准已经发展的相对成熟。

专栏 7 – 2　国际标准化组织 ISO 14064 – 2006 标准

ISO 14064 标准为政府和工业界提供了关于项目评估的整套工具，该标准的根本目的在于减少温室气体排放以及增强排放权交易信用。

ISO 14064 系列有四个标准，分别是 ISO 14064 – 1：2006《温室气体 – 第一部分：在组织层面温室气体排放和移除的量化和报告指南性规范》；ISO 14064 – 2：2006《温室气体 – 第二部分：在项目层面温室气体排放减量和移除增量的量化、监测和报告指南性规范》；ISO 14064 – 3：2006《温室气体 – 第三部分：有关温室气体声明审定和核证指南性规范》；ISO 14065：2007《温室气体：温室气体审定和核证机构要求》。这些具体标准分别就温室气体在组织层面和项目层面的量化和报告，审查和核证做出详细报告，以及对认证机构的要求。

（二）技术经济评价

应对气候变化技术的技术经济评价即采用常见的技术经济评价方法学对具体的减排或适应技术（项目）的功能性和经济性开展研究。

其中针对具体技术或项目的技术评价是围绕"功能"所进行的评价。评价的主要内容是以减排或适应所能实现的效果为依据，一般可以实现应对气候变化的条件为评价目标。而在进行经济评价时，主要以成本为主要考量指标，考察具体技术的经济性。

因此针对具体的减排或适应技术，在技术经济评价框架下，需要按照价值工程的原理，兼顾项目的"功能性"和"经济性"，既要技术上先进，又要经济上合理。通过采用一些具体的技术经济指标，如项目投资收益率、温室气体回收期、减排技术的单位减排成本等，通过过程分析法、投入—产出分析方法以及其他混合分析法来评价技术或项目的可行性及经济性。

> **专栏 7-3 应对气候变化减排项目评价框架**
>
> 针对气候变化项目的技术评估需要将温室其他排放的经济影响评价结果纳入传统的国民经济评价体系中去，即把货币化的环境影响的成本和收益纳入项目的成本和收益中去，传统的净现值仍是项目评价的主要指标。
>
> 财务评价的净现值公式为：
>
> $$FNPV = \sum_{t=0}^{T}(B_t - C_t)/(1 + r_m)^t \geq 0$$
>
> 其中 B_t 表示 t 年以市场价格计算的项目收益；C_t 表示 t 年以市场价格计算的项目成本；r_m 表示资金的市场利率；T 表示项目的经济寿命。
>
> 而针对项目进行国民经济评价的公式为：
>
> $$ENPV = \sum_{t=0}^{T}(B_t - C_t)/(1 + r_e)^t \geq 0$$
>
> 其中 B_t 表示 t 年项目产生的环境经济（减排）收益；C_t 表示 t 年项目产生的环境经济成本；r_e 表示经济贴现率；T 表示项目的经济寿命。
>
> 针对应对气候变化项目，考虑了环境经济影响的评价公式则为：
>
> $$EENPV = \sum_{t=0}^{T}(B_t - C_t)/(1 + r_e)^t \geq 0$$
>
> 此时 B_t 表示 t 年以影子价格计算的项目收益；C_t 表示 t 年以影子价格计算的项目成本；r_e 表示经济贴现率；T 表示项目的经济寿命。
>
> 如果针对具体的减排项目去估算 CO_2 减排增量成本，根据通常的项目评价方法，可以用下式来表示现值成本 PIC：
>
> $$PIC = NPV/NPD = \sum_{t=1}^{T} C_t(1 + r)^{-t} / \sum_{t=1}^{T} D_t(1 + r)^{-t}$$
>
> 其中 PIC 表示单位减排量的现值成本；D_t 表示以实物量单位表示的第 t

年的减排量；C_t 表示以货币量表示的第 t 年的生产增量成本；NPV 表示减排项目生命周期内生产增量成本的现值，NPD 表示减排项目生命周期内减排量的现值，r 表示折现率。

减排成本效益计算与一般工业生产情况不同的是，投入量不是固定资产、人工、燃料、原料等直接投入，而是相对基准线工况所增加的投入量，称之为生产增量成本（假定年生产规模相同）；产出量不是工业产品而是温室气体减排量。

二 协同效应分析

由于温室气体和一些大气污染物具有同源性，因此很多应对气候变化的政策措施同时也能产生改善空气质量的效果。协同效应研究的就是应对气候变化给其他领域产生的影响。"协同效应"是应对气候变化对策通过对社会经济系统的影响而产生了温室气体减排之外的社会、经济效应，既可能是正效应，也可能是负效应（如图7-4）。

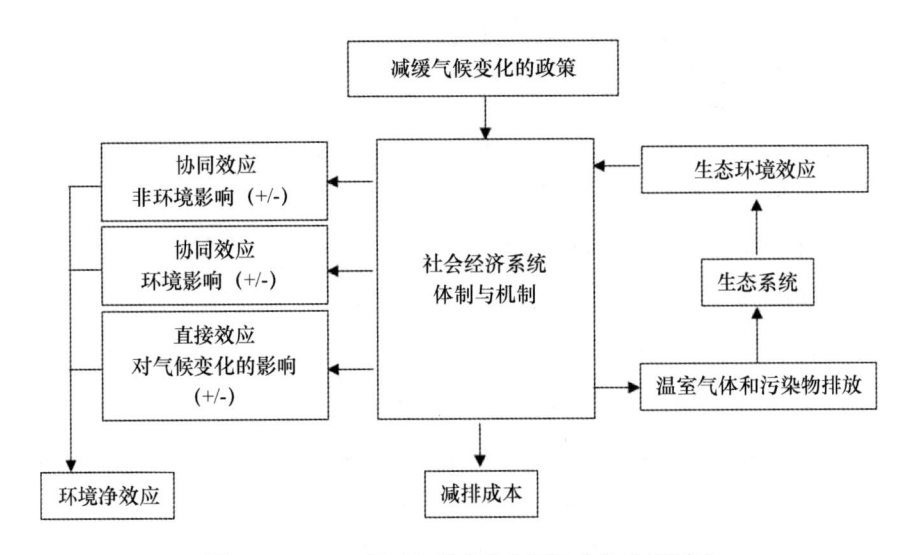

图7-4 IPCC关于气候变化协同效应的定义图示

资料来源：IPCC, *Climate Change 2001*: *Mitigation*, Contribution of Working Group Ⅲ to the Third Assessment Report of the Intergovernmental Panel on Climate Change, Cambridge, United Kingdom and New York: Cambridge University Press, 2001。

如第四章中曾经介绍过，协同效应既包括协同效益也包括附带产生的不利副作用。一般情况下协同效应分析主要考虑产生的协同效益。不同机构从各自视角对协同效益给出概念界定（见表7-4）。

气候政策具有广泛的协同效应，气候变化领域的协同效应分析主要是从应对气候变化的碳减排政策出发，考虑这类政策对于大气污染控制、公共健康改善甚至是就业创造等方面产生的积极影响。从研究方法来看，逐步从定性分析为主转为采用多种定量工具进行量化分析。

表7-4　　　　　　　　　不同机构给出的协同效益概念界定

机构名称	概念界定
政府间气候变化专门委员会（IPCC）	协同效益是因各种原因而同时实施的各种政策措施所产生的效益。协同效益一词反映的是：大多数以减缓温室气体为目的的政策在其初始阶段也常常涉及其他至少同样重要的（决策）理由，例如发展目标、可持续发展及和平等
经济合作发展组织（OECD）	协同效益仅是指在温室气体减排政策制定中明确考虑了影响并把影响货币化了的部分
亚洲发展银行（ADB）	协同效益可以从两个角度进行定义：从全球气候变化的视角看，协同效益是，从减缓气候变化的各项措施中产生的超越了温室气体减排目的的附加效益，例如减少了空气污染、提高了健康效益、增加了能源的可获取性从而提高能源安全等。从地方视角来看，温室气体排放所产生的额外的效益还包括发展问题，如空气污染带来的健康问题和能源安全的欠缺，以及其他经济社会问题等
美国环保署（USEPA）	协同效益应当包括由于当地采取减少大气污染和相关温室气体的一系列措施所产生的所有正效益

资料来源：笔者整理。

专栏7-4　IPCC第五次评估报告中关于减缓行动共生效益和不利副作用的内容

为了应对气候变化，政府所采取的减缓政策或措施也将对其他目标（如改善当地空气质量等）产生影响。如果产生的正面影响可被视为"共生效益"，而同时产生的负面影响则被称为"不利副作用"。

减缓行动可以带来许多潜在的共生效益和不利副作用，要对这些协同效应进行综合分析比较困难。气候政策产生的直接影响包括：对全球平均地表温度的预计影响、海平面上升、农业生产率、生物多样性以及全球变暖对健康的影响。气候政策的共生效益和不利副作用可能包括对其中部分目标的影响，如空气污染物减排和对健康以及生态系统影响，还有对生物多样性保护、水供应、能源和粮食安全、能源获取、收入分配、税收制度的有效性、劳动力供给和就业、城市扩张、发展中国家增长的可持续性等多领域的影响。

气候政策的全面评估需要考虑与其他目标相关的益处和成本，因此需要建立合适的评估方法对社会总福利产生的影响加以识别和量化。但气候政策与已有非气候政策、外部因素和非竞争行为之间的互动等因素可能会使这种评估面临各种技术挑战。

资料来源：IPCC, *Climate Change 2014*: *Mitigation of Climate Change*, Contribution of Working Groups Ⅲ to the Fifth Assessment Report of the Intergovernmental Panel on Climate Change, IPCC, Geneva, Switzerland, 2014。

常见的协同效应分析工具既可以采用自上而下的宏观经济模型，如投入—产出模型、CGE 模型等，也可以采用一些自下而上的技术性模型，如 LEAPS 模型等，还可以采用将两类模型结合起来的综合评估模型来进行分析，如日本国立环境研究所（NIES）开发的亚洲—太平洋综合模型/可计算一般均衡模型（AIM/CGE）。还有一些模型是针对协同效应分析专门建立开发的，如奥地利应用系统分析国际研究所（IIASA）构建的温室气体—大气污染相互作用协同（GAINS）模型等。

尤其值得指出的是，气候变化减缓与大气污染治理之间存在非常显著而重要的协同效应。相关的协同效应评估重点在于减缓行动产生的减排量、控制措施的成本，以及所带来的健康影响与货币化的健康效益估计结果。

评估标准一：减排量包括局地大气污染物与温室气体的减排量

为了体现综合效益与协同效益，选择评估减排量的排放物要同时包含局地大气污染物和具有高减排潜力的温室气体。IPCC 在第五次评估报告中提供了气候减缓情景对于大气污染物减排协同效应的估计结果（如图 7-5）。在具体评估协同效应时，应通过对比当地空气质量监测数据和现有的空气质量标准选择目标排放物，同时还应将环境浓度接近或高于国家标准的排放物纳入其中。

评估标准二：控制措施的成本

虽然对于决策者来说，减排量及其避免的健康影响所产生的经济效益固然重要，但是他们也关注控制措施的成本。通过分析控制货币化效益与成本之间的关系，就可以评价不同类型控制措施的净效益。

评估标准三：健康影响及其产生的货币化经济效益

暴露在常规大气污染物特别是颗粒物下，会导致一系列疾病甚至死亡。其中有些健康影响可以被量化，而有些则不能。但截至目前，还没有将 CO_2 浓度与健康影响联系在一起的研究。因此，针对健康影响的评估，只适用于去估算温室气体减排措施对局地大气污染物减排的协同效应。

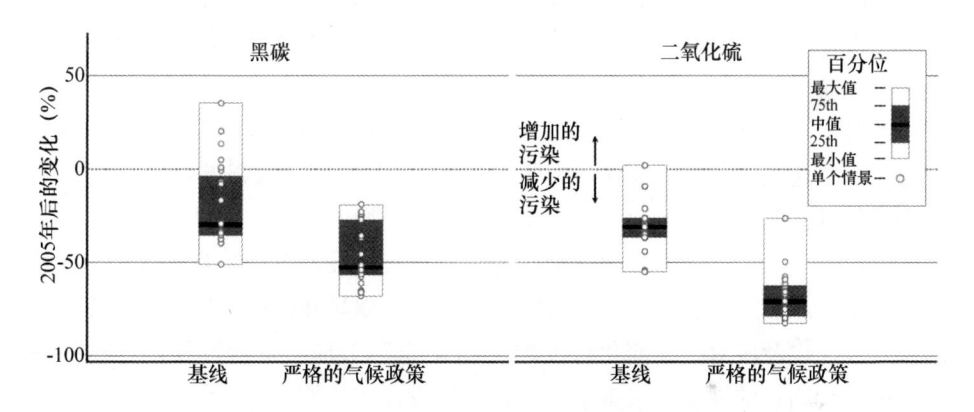

图 7-5　温室气体减排产生的污染物减排协同效应

注：图中表示与 2005 年（2005 年的水平 = 0）相比，2050 年黑碳（BC）和二氧化硫（SO_2）的空气污染物排放水平。

资料来源：IPCC, *Climate Change 2014*: *Mitigation of Climate Change*, Contribution of Working Groups Ⅲ to the Fifth Assessment Report of the Intergovernmental Panel on Climate Change, IPCC, Geneva, Switzerland, 2014。

第六节　国际谈判与碳排放权分配

一　博弈论研究方法

博弈论研究的是参与者在给定环境及约束条件下，根据掌握的信息，包括对手方根据自己的行为进行的对策预判，同时或先后，一次或多次，在策略空间内确定最优策略的过程。博弈论作为一种研究方法，研究的对象就是行为体如何试图实现利益最大化，又可以通过怎样的有效手段来实现这些利益。博弈论是现代微观经济学中一个重要的研究领域，由于气候变化问题涉及的大气环境具有公共物品属性，各国在气候谈判中各自利益诉求存在差异，因此为博弈论方法在该领域的应用提供了应用基础。如何在维护本国利益的前提下，实现广泛合作对于妥善应对全球性的气候变化问题非常关键。

为了纠正气候谈判中的合作困境，很多学者从经济理论中的博弈论出发，针对气候变化国际谈判，考虑设计有利于国际合作的机制设计。这些研究主要可以分为两大类：第一类是在传统博弈分析基础上，根据气候变化问题的特点，考虑产生的一系列影响，研究全球性气候变化对传统博弈结果的冲击；第二类是直接针对国际气候谈判，运用博弈方法分析，解释并提出改善气候谈判博弈均衡结果的方案。

针对国际谈判的博弈论研究可以对谈判现状进行解释和分析。在气候谈判过程中，所达成的一些国际法律文本，如《京都议定书》《巴黎协定》等，背后都蕴含着博弈本质。最后的结果是各方利益平衡的产物。

由于近年来，气候变化国际合作和谈判进程进展缓慢，尤其是针对一些重要的议题，难以达成各方一致认可的方案。这种僵局和困境，均源自环境资源的公共性，以及应对气候变化行动的"搭便车"效应。针对合作博弈结果在现实中渐行渐远的现实，很多学者开始积极设计替代的改善方案，而这些机制设计都是以合作博弈或非合作博弈理论分析为基础。

博弈论在气候变化领域的应用不断增多，针对其适用性的讨论也在持续深化。针对气候变化问题的研究，所考察的博弈参与主体特征、策略选择空间还有主体偏好等条件都与传统的博弈理论应用有明显差异。因此在这一领域的方法学发展的一个重要方向是针对博弈分析工具在气候谈判中的应用进行修正、拓展和完善。

二 碳排放权分配

在国际气候谈判中，为实现气候变化框架公约确定的稳定大气温室气体浓度目标，需要针对不同国家分配碳排放权。由于碳排放权涉及发展权益，与气候变化的历史责任、减排责任分担有着密切的联系，成为发达国家和发展中国家两大阵营在国际气候谈判中最大的矛盾焦点。各国政府及研究机构针对碳排放权的分配提出了多种方案,这些方案所基于的原则也存在明显的差异。受各自国家的利益驱使,有些分配方案强调效率优先,有的则主张公平,有的强调需要追溯历史责任,有的则只聚焦当前的现实排放水平。

目前,国际上比较有影响的碳排放权分配方法主要包括趋同法、巴西案文法、内部分担法、碳预算法等。

(一) 趋同法

关于碳排放权分配的趋同方法,最终的思路都是使最终排放趋于相同,因此是基于人均碳排放的减排思路。但是在具体的设计思路和执行方法上,不同机构提出的方案也各不一样。

简单的趋同法要求发达国家实现减排,并使人均碳排放水平稳定降低,而发展中国家的人均排放水平可以随发展需求而慢慢提高,直至两个集团的人均排放水平实现趋同,代表方案有全球公共研究所(Global Common Institute, GCI)提出的"紧缩与趋同"方案。其具体分配公式为:

$$S_{y+1} = S_y - (P_y - P_{y+1}) \times e^{-a(1-t)}$$

式中,S_y 为 y 年某国的允许排放量与该年全球允许排放量之比;P_y 为 y 年某国的人口与该年全球的人口之比;a 为收敛率,可以设定为不同的值;t 取值在 0 到 1 之间,起点年的 t 可以设为 0,收敛年 t 可以设为 1。

但这种方案忽视了发达国家造成气候变化的历史责任,并使发展中国家的人均排放水平一直都低于发达国家,无法体现公平性原则。于是在此基础上也有一些机构提出修正方案,如清华大学团队提出的"两个趋同"方案等。两个趋同要求趋同年各国的人均碳排放先趋同,同时从减排基年开始到趋同年,各国累计的人均碳排放量也趋同。这种方案考虑了发展中国家的经济发展需求,因此相对前一种趋同方案要更加接近公平性原则,而发展中国家也能获得更多发展空间。

(二) 巴西案文法

巴西案文法是巴西代表团在 1997 年京都气候变化大会上提出的一种排放权分配方案。分配方案以巴西案文中提出的量化模型为基础,根据从温室气体排放浓度到辐射强迫再到全球温升或海平面上升之间的关系,提出了"有效排放量"概念,在设定了明确的减排目标后,要求非附件 I 国家按照有效排放量分配"清洁发展基金"(Clean Development Fund),用于支持适应和减缓气候变化的项目和措施的实施。

有效排放量的概念是巴西案文中的精髓，可以根据简单的气候模式公式计算出来，如下式所示：

$$\rho(t) = c\int \varepsilon(t')\exp[-(t-t')]/\tau]dt'$$

其中 $\rho(t)$ 为 t 年大气中温度气体浓度；$\varepsilon(t')$ 为 t' 年温室气体排放量；τ 为温室气体的时间衰减常数，c 为常数。因此有：

$$\Delta T(t) = \beta \int \rho(t')dt'$$

其中，$\Delta T(t)$ 表示 t 年温度的上升；β 是一常数。

（三）内部分担法

内部分担法最先是欧盟提出，又叫三要素法（Triptych）。该方案将国民经济分为民用部门、重工业部门和发电部门三大产业部门，通过考虑欧盟各成员国在人口、经济发展水平、经济结构、能源效率、燃料结构、气候等与减排相关要素的差异性。其中民用部门的减排按照人均趋同原则确定，另两个部门通过设定年效率提高率、碳排放强度下降率等来确定减排目标，将这三个部门的目标汇总就获得了国家减排总目标，因此这是一种基于行业的自下而上分配方案。

（四）碳预算法

2008 年开始，中国社会科学院团队提出了"碳预算"方案，随后印度、德国等学者和研究机构也相继提出类似的方案，均用预算的方法对全球排放权进行分配。各机构提出的碳预算方案均需要评估出满足全球长期减排目标的碳预算总额；并以基年人口为标准，基于人际公平的原则对各国碳预算进行初始分配。但不同碳预算方案中，对历史排放问题的处理存在差异，以德国为代表的发达国家研究机构选择的基年较晚，而中国方案则考虑了自 1900 年以来的历史排放，还提出了应根据各国气候、地理和资源禀赋等自然因素对各国碳预算进行必要的调整。由于各国在国际气候谈判中有着不同的利益诉求，因此这些机构提出的碳预算方案，尽管原理类似，但在总量计算和分配结果方面仍存在较明显差异。此外，这些研究还提出了分配之后的后续操作机制。

第七节 低碳经济评价

一 低碳经济评价指标体系

低碳经济评价指标体系是对低碳经济发展程度的一种客观评价方法,通过识别出影响低碳经济发展水平的主要影响因子,来构建一套可以评估某个地区低碳经济发展状况的指标体系。根据研究需要,一般可以采用层次分析法、综合指标法或物质流分析法等不同的评价方法来构建低碳经济评价指标体系。

(一) 层次分析法 (AHP)

层次分析法是指将与低碳经济发展有关的元素分解成目标、准则、方案等层次,在此基础之上进行定性和定量分析。层次分析法最初是一种权重决策分析方法。将其运用于低碳经济评价领域,可以在不同层次选取具体指标进行综合评价,反映待考察地区或对象低碳经济发展的整体状况。

根据层次分析法构建低碳评价指标体系,可以以促进低碳发展为目标,将评价指标分解为不同的层次,并按照各指标间的相互关联影响以及隶属关系按不同层次聚集,形成一个多层次的分析结构模型,而低碳评估的实质成为核算最低层指标相对于低碳发展相对重要权值的确定或相对优劣次序的排定。

(二) 综合指标法

通过对各低碳发展指标进行综合合成的方法,也能全面地反映低碳经济发展水平。这种方法需求对各指标进行无量纲化处理;然后确定指标权重,将各指标相对于低碳发展整体水平的相对重要性用数量来表示。权重确定科学与否对于低碳综合评价的结果有着决定性影响。确定权重可以采取专家意见法(或德尔菲法),通过专家的判断力,以定性评估的方法来确定重要指标的权重。然后可以用线性加权和法、乘法合成法、加成混合合成法等方法来综合合成最后的指标值,根据合成结果并参考国内外低碳经济评价指标来进行综合性评估,确定低碳发展水平。

(三) 物质流分析法 (MFA)

物质流分析法是通过研究生态系统中物质运动和转化的动态过程,揭示物质在特定区域内的流动特征和转化效率,找到环境压力的直接来源,使研究对象的来龙去脉更加清晰明了的一种分析方法，也是推动可持续发展的重要研究方式和基础技术平台。用物质流分析法来构建低碳经济指标体系，可以以某个国家或区域碳能源的循环利用为主线，通过对投入区域内物质的全过程追踪考察，能够掌握区域输入、输出与碳排放与能源利用相关的物质流规模和种类，因此可以评估经济系统与生态环境间物质的流动方向和流量，从而起到评估低碳发展水平的目的。

二 碳排放驱动因素分解

碳排放驱动因素分解是采用各种方法将考察期内的碳排放总量分解为各种驱动要素贡献的相关研究。一般通过定量分解的方式，为实现减排或低碳发展提供依据。根据分解目标的区别，在实际分析中，也可采用多种分析方法，总体来说，这些方法的基本原理是基于历史数据所进行的统计或计量分析。经过几十年的发展，碳排放驱动因素分解研究已经形成了一定的体系，包括 Kaya 模型分解方法、STIRPAT 模型分解方法、指标分解分析（Index Decomposition Analysis，IDA）方法等。

（一）Kaya 模型分解方法

Kaya 模型分解法是以日本学者茅阳一（Yoichi Kaya）提出的 Kaya 恒等式为基础，将碳排放（或温室气体排放）分解成与人类生产活动与生活相关的四个因素，具体包括单位能源消费的温室气体排放量、能源强度、人均 GDP 和人口。

Kaya 模型分解方法的具体表达式为：

$$CO_2 = \frac{CO_2}{E} \times \frac{E}{GDP} \times \frac{GDP}{POP} \times POP$$

其中，CO_2 为二氧化碳排放量；E 为一次能源消费量；GDP 表示国内生产总值；POP 表示国内人口数量。

在对碳排放驱动因素进行分解考察各因素影响程度时，可以对上式两边取对数，并加以分析：

$$\ln(CO_2) = \ln(\frac{CO_2}{E}) + \ln(\frac{E}{GDP}) + \ln(\frac{GDP}{POP}) + \ln(POP)$$

（二）STIRPAT 模型分解方法

STIRPAT 模型的基础是保罗·埃尔利希（Paul R. Ehrlich）和约翰·霍尔

德伦（John P. Holden）提出的 IPAT 方程式[①]，该式将人类活动造成的环境影响归结为人口规模、财富水平和技术进步因素，如下式所示：

Impact（I）= Population（P）× Affluence（A）× Technology（T）

由于 IPAT 分析框架，无法对遗漏项进行假设检验，因此一些研究者在此基础上建立了一种随机模型形式，将环境结果视为人口规模、财富水平和技术进步因素的随机回归影响，简称为 STIRPAT 模型。由于该模型是随机形式，因此具体表达式变为：

$$I = cP^{\alpha}A^{\beta}T^{\gamma}e$$

其中，c 为常数项；α、β 和 γ 是人口、财富和技术要素的指数系数；e 是误差项。如果 $c = \alpha = \beta = \gamma = e$，该模型就变成 IPAT 等式。取对数后，STIRPAT 模型形式为：

$$\ln I = c + \alpha \ln P + \beta \ln A + \gamma \ln T + e$$

（三）指标分解分析方法

关于碳排放驱动因素的指标分解分析方法通常利用能源恒等式将碳排放量表示为几个因素指标的乘积，并根据不同的权重确定方法进行分解，以确定每个指标的增量份额。这一类分析方法的最大优点在于通过对子行业的分解能够追溯总指标（能源效率或能源相关的环境）变化的原因，找出间接影响总指标的深层次因素，从而提供切实可靠的政策措施。同时，该方法还适于进行时间序列分析及跨国比较。应用较为广泛的指标分解分析方法主要包括 Laspeyres 类指标分解与 Divisia 类指标分解。

Laspeyres 类指标分解法又被称为拉式指数法，该方法以考察年份为基年，通过固定其他要素相对于基年的值，观察某要素在某段时间内波动给总量带来的影响，可以计算该要素的变化所带来的冲击。Laspeyres 分解假定在 n 维空间中，变量 V 可被分解为 n 个影响因素，即：$V = \prod_{i=1}^{n} x_i$。在 $[0, T]$ 周期内，变量 V 的值从 V^0 变为 V^T。则有：$\Delta V = V^T - V^0 = \prod_{i=1}^{n} x_i^T - \prod_{i=1}^{n} x_i^0 = \prod_{i=1}^{n} \Delta V_{x_i}$

其中 $x_i^T = x_i^0 + \Delta x_i$，$\Delta x_i$ 为因素 i 在周期 $[0, T]$ 内的变动量。通过 Laspeyres

---

[①] Paul R. Ehrlich, and John P. Holdren, "Impact of Population Growth", *Science*, Vol. 171, 1971, pp. 1212 – 1217.

分解，因素 x_i 对总量 V 的影响为：

$$\Delta V_{x_i} = \frac{\prod_{k=1}^{n} x_k}{x_i} \Delta x_i$$

Laspeyres 分解方法是所有 Laspeyres 类指标分解的基础，并在此基础上继续衍生出 Paasche 分解、Marshall-Edgeworth 分解、Fisher 分解、Shapley 分解、Sun 分解等方法。

Divisia 类指标分解法 Divisia 指数分解法主要包括算术平均 Divisia 指标法（Arithmetic Mean Divisia Index，AMDI）和对数平均 Divisia 指标法（Log Mean Divisia Index，LMDI）两类方法。Divisia 分解通常假定待考察的碳排放指标 V 受 n 个因素的影响，有：$V = \sum_i x_{1i} x_{2i} \ldots x_{ni}$，且 $V_i = x_{1i} x_{2i} \ldots x_{ni}$。其中下标 i 表示构成总指标的类别，如所消耗能源的种类等。指标 V 从 0 期的 $V^0 = \sum_i x_{1i}^0 x_{2i}^0 \ldots x_{ni}^0$ 为 T 期的 $V^T = \sum_i x_{1i}^T x_{2i}^T \ldots x_{ni}^T$。在此基础上对 T 期内的排放变动量进行分解。Divisia 分解一般分为乘法分解与加法分解两种形式。

乘法分解模式为：$D_{tot} = \frac{V^T}{V^0} = D_{x_1} D_{x_2} \ldots D_{x_n}$

加法分解模式为：$\Delta V_{tot} = V^T - V^0 = \Delta V_{x_1} + \Delta V_{x_1} + \ldots + \Delta V_{x_n}$

延伸阅读

1. 王铮等：《气候变化经济学集成评估模型》，科学出版社 2015 年版。
2. 何建坤、陈文颖：《应对气候变化研究模型与方法学》，科学出版社 2015 年版。
3. 焦建玲、王宇、李兰兰、韩晓飞：《应对气候变化研究的科学院方法》，清华大学出版社 2015 年版。
4. 姜彤主编：《气候变化影响评估方法应用》，气象出版社 2019 年版。

练习题

1. 气候变化经济分析研究的对象大体上可以分为几类，各自适用哪些分析方法和工具？
2. 气候变化经济分析中的不确定性分析方法学有哪几类，各类方法可以解决哪些不确定性问题？

3. 气候变化影响评估的目的是什么，一般采用哪些分析方法？

4. 在解决国际谈判与碳排放权分配问题时，常用的经济分析方法包括哪些？

5. 碳排放驱动因素分解主要用于解决哪些问题，常见的因素分解方法有哪些？

第八章

应对气候变化问题的政策工具

针对气候变化问题的经济学分析一个重要的目标就是为选择合适的政策工具提供基础。本章主要介绍了各类被广泛运用的应对气候变化问题政策工具。首先，主要介绍适应气候变化的政策工具。其次，聚焦减缓气候变化的政策工具，按照市场化和非市场化政策工具进行划分。最后，对比分析各类政策工具的特点与局限性。

第一节 适应气候变化的政策工具

一 市场化政策工具

适应气候变化的市场化政策工具主要包括水权交易市场、生态环境服务付费以及各类保险等。

（一）水权交易市场

1. 水权交易市场的基本概念

水权交易市场包括水资源定价和水资源交易，是指对水定价以鼓励广泛提供和节约使用。通过水权交易，使水资源从较低价值用途转移到较高价值用途。定价规则也可以通过城市费用和房地产税来实现（就像许多国家的供水和城市雨水管理一样）[1]。水权交易市场可以改善气候变化的适应性。

---

[1] Olmstead Sheila M., "The Economics of Managing Scarce Water Resources", *Review of Environmental Economics and Policy*, Vol. 4, No. 2, June 2010, pp. 179–198.

2. 水权交易的类型

水权交易大致可以分为以下四类。

（1）短期水权交易和长期水权交易。所谓短期水权是指水权持有者每年根据来水量变化能够实际获得的水量，是一种季节性水权。而长期水权是指水权持有者能够长期地和持续地获得的水权。

（2）规则性水权交易和不规则水权交易。

（3）地表水权交易和地下水权交易。

（4）区域水权交易和跨区域水权交易。

2007年至今，由于受季节性因素的影响，短期水权交易市场交易频率波动较大，然而交易规模却不断扩大；长期水权交易无论是交易频率或者成交量都呈不断扩大态势。专栏8-1介绍了澳大利亚的水权交易市场。

专栏8-1　澳大利亚水权交易市场[①]

澳大利亚水权交易市场起步于20世纪80年代维多利亚州水权交易市场的有限开展，90年代逐步推向全国。进入21世纪，在千年干旱（1997—2009）的持续影响下，水权交易获得了爆发式的增长，当前，澳大利亚水权交易规模年均在10亿—20亿澳元。

澳大利亚水权交易市场发展迅速且层次多样。随着水权交易限制不断解除、交易成本的日益降低以及干旱的周期性发生，水权交易市场发展日益完善。多层次发展水权交易市场有利于澳大利亚水权交易市场的功能发挥。

农业水权交易是水权交易的主体。水的主要用途是农业，约占澳大利亚取水总量的75%。绝大多数水权交易也发生在农业生产者之间。农场主参与水权市场受降水季节性变化、气候变迁以及农产品市场供求等多重因素影响。维多利亚州环境水土计划局研究报告（2016）指出：80%的短期水权由灌溉农业主购买，9%由新南威尔士和南澳大利亚州购买（很可能也是灌溉农业主），1%是环境机构，5%是其他私人企业；而长期水权分

---

① 王世群：《澳大利亚水资源市场化改革及其启示》，《世界农业》2017年第9期。

别由灌溉者、环境机构、城市用水机构以及其他私人企业持有。参与水权交易较多的农业产业主要包括南澳大利亚州园艺作物、维多利亚州牛奶产业以及新南威尔士州大米和棉花产业等。

(二) 生态环境服务付费

1. 生态环境服务付费的基本概念

生态环境服务付费 (Payments for Environmental Services, PES) 是激励人们提供生态环境保护、土壤稳定等生态服务的一种市场化手段。生态环境服务付费具有以下四个方面的特点：第一，这是一种基于自愿的交易；第二，具有明确定义的生态服务或可能保障这种服务的土地利用；第三，在交易中至少有一个生态系统服务购买者和一个提供者；第四，这种付费必须以服务提供者（有条件的）保障其服务的供给为基础。

2. 生态环境服务付费的基本原理

由于生态环境服务的外部性和公共物品特性等原因，生态环境所提供的大部分环境服务没有进入市场，没有纳入私人部门决策体系，导致环境经营者很少愿意管理生态环境用于提供环境服务。在生态环境服务付费制度中，资金从环境服务的受益者（如水资源消费者）中征集起来或重新分配，并直接支付给服务的提供者（如上游流域土地管理者），环境服务市场因此而形成。建立环境服务市场可以提供对环境服务的经济激励，采取适当的经济补偿方式以降低交易成本，消除外部性，实现资源的合理配置。

图8-1进一步显示了生态环境服务付费机制的基本原理。生态环境的管理者，如森林保护区的管理者，从森林保护中获取的收益往往少于从土地转换（如将森林转换为农田或牧场）中获取的收益。虽然土地转换能为土地所有者带来更多收入，但由于生物多样性和碳汇的损失，下游用户不能再从水的过滤等服务中获益。通过建立生态环境服务付费机制，森林保护区的管理者将得到一定补偿，使他们更关注生态环境保护。同时，由于下游用户支付的生态服务费用要少于因森林转化为牧场而给他们造成的损失，下游用户也因此受益。

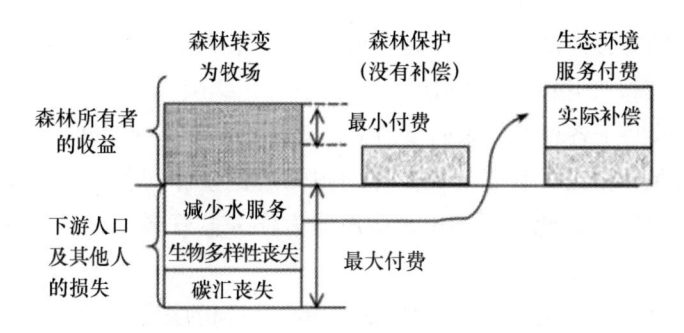

图 8-1 生态环境服务付费基本原理

资料来源：徐中民：《生态系统服务付费的研究框架与应用进展》，《中国人口·资源与环境》2009 年第 4 期。

3. 生态环境服务付费的类型

国际环境与发展研究所（International Institute for Environment and Development，IIED）对全球 65 个国家的 287 个生态环境付费案例进行了总结和归类，发现已有的生态环境服务付费中的生态环境服务可以分成四类，具体为流域生态服务、森林碳汇、生物多样性和景观。

（三）保险——气候风险的分担与转移

1. 保险的基本概念

保险可以通过分担和转移气候风险来直接促进适应气候变化，包括保险、小额保险、再保险和风险共担安排。

保险通常涉及持续的保费支付以换取事件发生后的索赔款。保险在发达国家的渗透率很高，而在发展中国家较低，1980—2004 年，30% 的损失在发达国家投保，而在发展中国家该比例仅为 1%。

2. 保险促进适应气候变化的机理

保险相关的工具可以直接或间接地促进适应气候变化。

保险的直接效应体现在能够在灾害性事件发生后对受害群体进行赔偿，从而减少后续的风险；此外，还能通过保险减轻某些事前风险并能够改进决策，例如，使用与贷款相联系的农作物微型保险，马拉维遭受严重干旱的农民能够种植高产量、高风险的农作物，从而提高了他们的收入。

保险的间接效应则是通过激励和抑制措施产生影响。风险担保的保费能够激励投保者通过减少风险以降低保费；但同时，购买保险可能减低保险代理人最小化风险的努力,这种行为称为"道德风险",从而不利于适应气候变化。

3. 适应气候变化的指数保险

指数保险基于各种指数来衡量损失,其优势在于标准明确、信息简化。与基于赔偿的保险相比,基于指数的保险担保的是事件(例如,由于缺少降雨量)而不是损失。在此类机制中,政府通常作为监管者、保险者或再保险者来发挥作用。

指数保险可以涵盖三个层面的风险:微观层面的指数保险涵盖个人;中观层面的指数保险涵盖银行、小额信贷机构、农业企业或出口公司等企业;宏观层面的指数保险涵盖政府在发生灾害或天气事件时可能面临的或有负债。

(1) 指数保险的优点

指数保险的最大优点是信息透明度高,减少了信息不对称的问题。一是指数比较易于标准化,保险市场双方在拥有指数信息方面相对更易于平等和对称,这将在一定程度上削弱保险的逆向选择行为;二是指数保险不易受单个投保人的影响,因为指数不是以个别生产者的损失作为赔付标准的,而是按照之前约定的指数实行统一的赔付标准。

指数保险具有低成本和低费率的特点,对收入较低的农户更具吸引力。指数保险信息透明、条款简化,减少了预防投保人逆向选择和道德风险的监管举措,监管成本明显下降。由于指数保险的理赔采取了标准化过程而简化了程序,触发机制相对简单,承保手续相对简化,因此指数保险在承保、查勘、定损、理赔等过程中的交易成本也较低。

指数保险可以有效转移巨灾风险,能够降低保险公司或风险承担方的风险。指数保险最吸引人的地方在于,能够在二级市场交易流通。由于指数合约具有标准化、透明度高、触发机制简单等特点,所以保单很容易在二级市场上进行交易。从长远看,农业巨灾风险可以通过指数化与期货市场、债券市场以及彩票市场进行有效衔接,从而将农户生产风险在更广阔的资本市场上得到分散。投资于农业部门的其他机构或者贷款给农户的银行等金融机构也能因此转移分散自身风险。

(2) 指数保险的缺点

第一,指数保险存在基差风险。指数保险作为一种风险管理工具,当指数计算的赔付与实际损失之间出现不一致时,就会出现基差风险(Basis Risk)。

如果指数计算的理论损失值高于实际损失值，就会出现被保险人获得超过实际损失量的赔付；如果指数计算的理论损失值低于实际损失值，就会出现被保险人发生了损失，但却不能获得足够保险赔付的情况。例如，天气指数保险存在基差风险，这种指数计算的理论损失值和实际损失值之间的差异可能来自两个方面：一是无法明确某一种天气指数与农业生产产量之间的相关关系，是缘于这一种特定天气模式变化，还是受其他各种天气灾害的影响，因此会出现较大的监测差异；二是保险区域位置与气象站较远，无法得到准确的监测指标，从而形成监测差异。

第二，不容易选择合适的指数。构建合适的指数本身就是一项技术难题。指数选取是否合理，取决于这一指数本身能否包含影响所保险地区（例如，村、乡镇或县）农作物产量的重要天气因素，如降水量、温度、湿度等。两者相关性越强，指数理论测损值与实际损失值之间的联系紧密程度就越高。但实际上，影响农作物生产的气候因素有很多，如上所述，很难找到单一指数与区域内所有的个体损失完全相关，因此如何设计指数保险，使其在计算赔付与个体实际损失之间保持高度的一致性，就成了指数保险能否成功推广的关键。

第三，对指数保险还存在一定的认知差距，有效需求不足是巨大障碍。按照指数保险的设计，个人能否获得赔偿，完全取决于预先约定的指数是否达到触发水平，而不是个人实际损失水平。因此，受经验和认知限制，如果农户灾后获得赔偿，他们对指数保险的接受度会高一些，如果灾后赔付无法弥补实际损失、或者受了灾反而什么都没获赔，指数保险就难以被认同，甚至更容易对指数保险产生排斥心理①。

专栏 8－2　应对气候变化的农业天气指数保险

农业天气指数保险是一种具有创新性的新型保险，其赔付是基于天气变化等事件达到预定指数（如降水量）而导致资产和投资（主要是营运资金）损失的保险产品。通常不需要传统的保险理赔服务，例如不需要通过

---

① 邢鹂：《考虑气候变化的农业生产风险解决方案：天气指数农业保险》，载马骏《金融机构环境风险分析与案例研究》，中国金融出版社 2018 年版。

现场查勘确定理赔金额，只要实际气象事件发生并达到理赔标准即支付保险金。在开始保险期之前，要制定一个统计指标，该指标用来衡量参数的偏差，如降雨、温度、地震震级或者风速。以此为基础对风险进行量化并为农民的生产生活提供保障。

二 非市场化政策工具

适应气候变化的非市场化政策工具主要包括战略规划与能力建设、技术转让等。

(一) 战略规划与能力建设

1. 战略规划

战略规划即将应对气候变化纳入国家自上而下的多部门整体性战略规划中，包括国家和区域计划，政府可在相关规划和实施方面发挥关键作用。例如，日本推出了《气候变化适应计划》《应对气候变化对策计划》以及《能源创新战略》等一系列战略规划以适应与减缓气候变化；欧盟气候变化计划（European Climate Change Program，ECCP），旨在确保欧盟在其管辖范围内制定最为经济有效的政策措施，减少温室气体排放。

（1）国家层面适应气候变化的战略规划

自 IPCC 发布第四次评估报告以来，国家在适应规划和实施方面发挥了关键作用，国家适应战略和规划方面取得了重大进展。其中包括最不发达国家编制的"国家适应行动计划"（National Adaptation Programme of Action，NAPA）以及 OECD 国家的国家适应战略框架。

（2）城市层面适应气候变化的战略规划

城市层面适应气候变化的战略规划包括城市改造计划、城市水管理计划、立足社区的适应规划等。全球约有 1/5 的城市制定了不同形式的适应气候变化战略。如美国纽约的适应计划、英国伦敦的适应计划、美国芝加哥的气候行动计划、荷兰鹿特丹的气候防护计划、南非德班的城市气候保护计划等。

2. 能力建设

适应气候变化的能力建设即通过基础设施建设、风险管理制度等措施提高气候灾害应变能力，增加应对气候变化的能力。例如，灾害风险管理，包括早期预警系统、灾害和脆弱性区划等；生态系统管理，包括维护湿地与城市绿地、流域及水库管理等。

（二）技术转让

由于技术转让可以通过知识转移使得全球获益，技术转让越来越被视为一种重要的适应气候变化的手段。在许多情形下，知识产权保护和专利会制约技术转让，而相应的专利收购（Patent Buy-outs）、专利池（Patent Pools）、强制许可和其他开源的方法已经被用于放松对技术转让的制约。

专利收购涉及第三方（例如国际金融机构或基金会）获得发展中国家专利产品的营销权。专利池是一种由专利权人组成的专利许可交易平台，平台上专利权人之间可以互相授权（封闭池），也可向第三方授权（开放池）。强制许可是指国家根据具体情况，可以不经专利权人的同意，通过行政申请程序直接允许申请者实施发明专利或者实用新型专利，并且向其颁发实施专利的强制许可。

第二节 减缓气候变化的政策工具

一 市场化政策工具

为减缓气候变化、控制 CO_2 等温室气体排放以应对全球气候变化对人类经济和社会可持续发展带来的不利影响，国际社会和各国实施了一系列应对气候变化的政策工具，其中基于《京都议定书》三大机制衍生出的市场化政策工具是运用最为广泛的市场化政策工具。尽管《巴黎协定》并没有明确延续"京都三机制"的市场手段，但这些方法本身具有创新性的政策属性，有的具有政策设计的参考意义，有的则直接为主权国家或企业付诸实施。因而，这些具有国际合作属性的政策手段，需要梳理和介绍。与此同时，各国也结合本国国情，采取了一系列基于市场机制的政策工具，包括国内碳排放权交易、绿色电力证书交易等。

（一）清洁发展机制

1. 清洁发展机制的基本概念

清洁发展机制（CDM）是《京都议定书》框架下建立的三大市场化机制之一，在此机制下，由发达国家作为投资国为发展中国家提供资金和技术，参与发展中国家的清洁合作项目（如可再生能源项目、造林项目、增加碳汇项目等），并获得经核准的温室气体减排量（Certified Emission Reduction, CERs），以抵消发达国家承诺的部分温室气体减排任务。CDM 项目减少或吸收 1 吨 CO_2，项目投资方将获得 1 个 CER。清洁发展机制的目的是协助未列入附件 I 的缔约方（多为发展中国家）实现可持续发展和有益于实现《联合国气候变化框架公约》的最终目标，并协助附件 I 所列缔约方履行其规定的定量化减排义务。

2. 清洁发展机制项目的类型

清洁发展机制项目分为四大类：分别为一般 CDM 项目，主要涉及能源、N_2O、HFC 等项目；一般小项目，分为可再生能源项目、提高能效项目和其他项目；碳汇项目（造林和再造林）；小型碳汇项目。

3. 清洁发展机制项目的基本要求

额外性、技术转让和项目资金是 CDM 项目的基本要求。额外性即温室气体人为排放量的减少应高于不开展 CDM 项目活动下会出现的水平，也就是项目必须带来温室气体减排。此外，在第一承诺期（2008—2012），基准年温室气体排放量最高 5% 能够被由森林活动项目产生的核证减排量来抵消，核能设施不能作为 CDM 项目。

4. 清洁发展机制项目的执行程序

《京都议定书》本身没有涉及执行 CDM 项目的操作指南，2001 年通过的《马拉喀什协议》规定了操作的具体内容和 CDM 项目的实践特点，CDM 执行理事会负责 CDM 项目执行方法和指南。CDM 项目的主要执行程序为：

（1）认证和制定经营实体。执行理事会认证达到认证标准的经营实体，向缔约方建议指定经营实体。

（2）审定和登记。经营实体根据 CDM 的要求和项目设计任务书对项目活动进行评估，后经执行理事会正式认可登记该审定的项目。

（3）监测。项目参与方应按照先前核准的监测方法在项目设计文件中列入监测计划，并执行已登记的项目所列的监测计划。

（4）核查和核证。经营实体定期独立评审和事后确定，核查因登记的 CDM 项目活动而监测到的温室气体源人为排放量的减少，并提出书面核证。

（5）核证减排量的发放。执行理事会根据核证报告构成的申请发放核证的减排量申请。

5. 清洁发展机制项目的实施成效

在发展中国家、发达国家以及世界银行等国际机构的积极参与和大力推动下，CDM 项目在发展中国家取得了良好的效果。统计显示，截至 2016 年 9 月，经 CDM 执行理事会批准注册的项目已经达到 7733 个，签发经核准的温室气体减排量达到 17.2 亿吨 CO_2 当量。中国、印度、巴西等发展中国家为代表的新兴经济体为清洁项目的主要东道国，提供的 CDM 项目占世界市场份额超过八成以上。欧盟、日本等发达国家是清洁项目的主要需求者和投资方。目前 CDM 项目主要集中在电力、可再生能源等清洁能源项目和新能源开发等领域，对发展中国家低碳技术水平的提高和低碳经济的发展起到了积极作用。以中国为例，截至 2016 年，国家发展和改革委员会批准的 CDM 项目达到 5074 项，减排量为 7.8 亿吨 CO_2 当量，其中 74% 为新能源和可再生能源项目。

（二）联合履约机制

1. 联合履约机制的基本概念

联合履约机制（JI）也是《京都议定书》三大市场化机制之一。在该机制下任一缔约方可以向其他此类缔约方转让、或从它们获得由其经济部门旨在减少温室气体的各种源的人为排放、或增强各种汇的人为清除的项目所产生的削减排放。它允许附件 1 缔约方之间投资温室气体减排项目，帮助减排成本较高的投资国获得该项目产生的减排单位，或者转让此减排单位以履行其温室气体减排承诺，同时，有利于减排成本较低的东道国获得资金支持和先进减排技术。

2. 联合履约机制的类型

根据使用的程序，联合履约机制项目有两种类型，即轨道 1 项目和轨道 2 项目。

轨道 1 项目是由东道国直接批准和发放信用的抵消项目，程序比较简单，但东道国必须达到联合国规定的资格标准，并且确实符合联合履约项目的操作指南。

轨道 2 项目由联合履约监督委员会批准，主要程序为：（1）项目描述；（2）准备项目设计文件；（3）授权独立实体鉴定；（4）联合履约监督委员会审查；（5）联合履约监督委员会最终决定；（6）东道国转让减排单位（Emission Reduction Units，ERUs）。

3. 联合履约机制的基本要求

联合履约机制的规则和具体执行程序同样由《马拉喀什协议》规定。联合履约机制的项目是在缔约方之间开展的，为了避免重复计算，发放的减排单位（ERUs）必须要在相应的分配数量单位（Assigned Amount Units，AAUs）中扣除，也就是要在国家登记簿中删除相应的 AAUs 数量。通过要求联合履约机制产生的信用，要出自项目东道国的 AAUs 总量，《京都议定书》确保了第一承诺期内缔约方之间的排放信用总量不会发生改变。

与清洁发展机制项目类似，联合履约机制项目也要求符合额外性要求。但是，批准联合履约项目的风险，仅限于发放的信用要出自东道国的 AAUs 存量。批准不具额外性的项目对东道国是不利的，因为会给其增加排放总量。

4. 联合履约机制与清洁发展机制的区别

联合履约也是一种抵消机制，与 CDM 运行方式很类似。但与 CDM 不同的是，CDM 项目在缔约方发达国家和发展中国家之间进行，而联合履约项目只在缔约方发达国家之间进行。减排成本较高的缔约方通过联合履约机制，在减排成本较低的缔约方实施温室气体减排项目，投资国可以获得项目活动产生的减排单位，用于履行其温室气体减排承诺，东道国可以通过项目，获得一定的资金支持和先进减排技术。

5. 联合履约机制的进展

从联合履约项目数量来讲，截至 2012 年 5 月，全球共有 550 个联合履约项目，其中 344 个成功注册，包括轨道 1 项目 305 个，轨道 2 项目 39 个。235 个联合履约项目获得签发的减排量，其中轨道 1 项目 208 个，轨道 2 项目 27 个。

根据项目的进展情况，参加联合履约项目的国家数量一直在增加，目前覆盖绝大部分的附件 1 缔约方。就联合履约项目的分布来说，大部分项目集中在东欧、俄罗斯和乌克兰，俄罗斯和乌克兰联合履约项目数约占 57%，且发放了约 86% 的 ERUs。就项目领域来说，随着越来越多的新方法学获得批准，获得注册的项目类型也越来越多样化，但占市场主导地位的是甲烷削减、水泥及煤矿层，其份额约占市场总额的 32%。其次是能效提高与可再生能源项目，分别约占市场总额的 30% 和 23%。联合履约机制为缔约方提供了一种灵活且符合成本收益原则的履行京都承诺的方式，同时，减少或清除排放项目的东道国也从外国投资和技术中获益。

(三) 碳排放权交易机制

1. 碳排放权交易机制的基本概念

《京都议定书》下的碳排放权交易机制（ETS）是通过建立碳排放权交易

市场，将温室气体减排义务与国际交易行为联系起来的国际减排履约机制，为清洁发展机制和联合履约机制两大履约机制产生的碳减排信用提供市场化的交易机制。在该机制下，温室气体排放权在排放总量目标约束下具有了经济学意义上的"稀缺性"，并以商品（温室气体排放配额）的形式在交易体系内实现买卖、流通和转让，交易方通过购买另一方一定数量的温室气体减排量以实现其自身减排目标。在控制温室气体排放总量的情况下，它允许那些温室气体排放量超过规定限额的国家（或地区）向未超过规定限额的国家（或地区）购买排放许可，以完成总量控制。通过这种市场机制实现奖优汰劣的市场化激励与惩罚。

之后，全球不少国家和地区也开始引入碳排放权交易机制，以控制本国或地区内的高排放企业的过量排放。政府通过给控排企业发放配额来控制企业的年度排放量，如果企业实际排放量低于发放的配额，就可以在碳市场上卖出多余的配额获利；反之，如果企业实际排放量高于发放的配额，就必须在碳市场上购买配额以履行减排责任。通过这种优胜劣汰的市场化机制，激励企业节能减排，促使全社会以成本有效的方法实现节能减排的目标。

2. 碳排放权交易机制的基本原理

碳排放权交易机制的基本理论包括外部性理论和科斯定理。碳排放问题根据庇古的观点可视为负外部性问题，同时根据科斯定理可视为公共品即不完全产权问题。

（1）外部性理论

外部性的概念是由剑桥大学的马歇尔和庇古在20世纪初提出的。具体而言，外部性是指某一经济主体的经济行为对社会上其他人的福利造成了影响，却并没有为此承担后果。根据外部性所带来的影响是增加了社会收益还是社会成本，可以将其划分为正外部性和负外部性。

碳排放具有典型的负外部性效应。人类的生产和生活过程向大气排放CO_2，当CO_2在大气中的浓度不断上升，超过了地球的吸收能力后，"温室效应"的平衡被打破，气候变暖现象随之出现。排放主体的排放行为虽然对周围的其他人带来了危害，却没有支付任何补偿，即碳排放的负外部性使得排放主体的私人成本小于社会成本。这使排放主体自己选择的产量必然大于社会最优产量，从而产生的碳排放量大于社会所能承受的最大数量，这就加速了"温室效应"的形成，对环境造成严重破坏。

与一般的外部性问题相比,由于 CO_2 在大气中的累积性和大气的流动性, CO_2 的过度排放在时间和空间两个维度都产生了外部性,其外部性是全球性的,因而更应受到重视并开展积极的应对。

(2) 科斯定理

解决负外部性问题的关键是如何矫正负外部性,即如何让排放主体承担排放的成本,从而使得其私人成本与社会成本相等。

罗纳德·科斯(Ronald Coase)于 1960 年提出了产权对于排放者和受害者之间讨价还价以解决污染问题的重要性[1]。科斯认为,如果市场是完全竞争的,产权是明晰的,交易费用为零或者很低,排放主体和受害者通过市场交易就可以解决外部性问题。

在此基础上,产权概念被约翰·戴尔斯(John Dales)引入污染控制领域[2]。排放权被定义为在符合法律规定的条件下,权利人向环境排放污染物的权利。在特定条件下,权利人将其进行交易,这项权利便成为可交易的排放权。因此,排放权就是对环境资源的限量使用权;更进一步,碳排放权就是对大气环境容量的限量使用权。政府将既定量的排放权通过科学的方法分配到排放者手中,这些排放权可以在排放者之间进行买卖,生产效率或减排成本较高的排放者可以从生产效率或减排成本较低的排放者手中购买更多的排放权,创造出更多的经济产出。通过发挥市场机制在资源配置中的积极作用,碳市场鼓励排放主体通过市场价格信号作出行为决策,以总体减排成本最低的方式控制排放总量,从而实现帕累托最优。

3. 碳排放权交易市场的基本类型

如图 8-2 所示,根据交易标的不同,碳排放权交易市场可以分为基于配额的市场和基于项目的市场。

(1) 基于配额的碳市场

基于配额的碳市场,即以碳排放权配额作为交易标的物的交易市场。政府设定减排目标和配额总量,通过免费或拍卖的方式向控排企业分配配额,企业在碳市场通过买卖调整余缺,从而通过市场机制实现低成本减排。

---

[1] Ronald Harry Coase, "The Problem of Social Cost", *Journal of Law & Economics*, Vol. 3, 1960.
[2] John Harkness Dales, *Pollution, Property and Prices*, Toronto: University of Toronto Press, 1968.

```
                              ┌── 基于配额的碳市场
                    ┌─ 交易标的 ┤
                    │         └── 基于项目的碳市场
碳排放权交易市场 ──┤
                    │         ┌── 强制减排的碳市场
                    └─ 交易模式 ┤
                              └── 自愿减排的碳市场
```

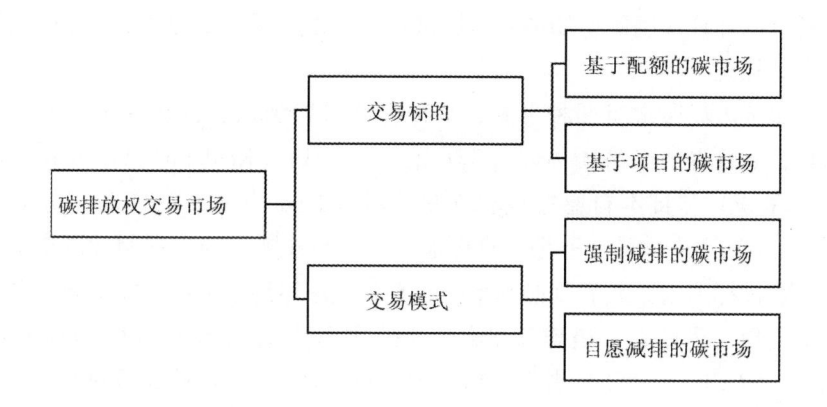

图 8-2　碳市场的基本类型

资料来源：笔者绘制。

在碳排放权交易体系下，配额总量一旦确定，无论企业采取何种减排方式，减排目标的达成都可以得到有力保障。而且碳市场对排放企业的竞争力和创造力不仅没有显著的负向影响，反而在一定程度上能激发碳密集型产业的低碳技术创新能力。

截至 2018 年根据覆盖地域范围，全球碳市场大致可以分为三种类型：欧盟碳市场（EU ETS），是全球首个碳市场，覆盖了欧盟 28 个成员国以及非欧盟的挪威、冰岛和列支敦士登三国；国家级碳市场，包括新西兰、瑞士、哈萨克斯坦、韩国和澳大利亚碳市场，以及中国全国统一碳市场；地区性碳市场，包括美国区域温室气体倡议（Regional Greenhouse Gas Initiative，RGGI）、美国加州碳市场、加拿大安大略省碳市场，以及中国七个碳排放权交易试点等。

（2）基于项目的碳市场

基于项目的碳市场，即以项目产生的减排量作为交易标的物的交易市场，包括《京都议定书》下的清洁发展机制和联合履约机制两种。关于这两种机制，前文已经论及，这里就不再赘述。

（3）自愿碳市场

基于配额的碳市场和基于项目的碳市场均属于强制性碳市场，即"强制加入、强制减排"。自愿碳市场，则多出于企业履行社会责任、增强品牌建设、扩大社会效益等一些非履约目标，或是具有社会责任感的个人为抵消个人碳排放、实现碳中和生活，而主动采取碳排放权交易行为，以实现减排。自愿碳市场可以弥补强制碳市场纳入门槛过高、覆盖范围有限的缺陷，是强制碳市场的有效补充。

自愿碳市场通常有两种形式，一种为"自愿加入、自愿减排"的纯自愿碳市场，如日本的经济团体联合会自愿行动计划（Keidanren Voluntary Action Plan，KVAP）和日本自愿排放权交易体系（Japan Voluntary Emission Trading Scheme，J-VETS）；另一种为"自愿加入、强制减排"的半强制性碳市场，企业可自愿选择加入，其后则必须承担具有一定法律约束力的减排义务，若无法完成将受到一定处罚，最典型的代表是芝加哥气候交易所（Chicago Climate Exchange，CCE）。由于后者发生前提为"自愿加入"，且随着强制性碳交易市场的不断扩张，此类实践逐渐被强制性或是纯自愿性碳市场所取代。

4. 碳排放权交易市场的进展

目前全球碳排放权交易主要还是强制性的碳市场，自愿碳市场的规模总体比较小。截至2020年，全球已建成21个碳市场，覆盖29个国家或地区。另有9个国家或地区正计划未来几年全面启动碳市场，其中包括中国、德国和哥伦比亚。除此之外，还有15个国家或地区正在考虑建立碳市场，作为其气候政策的重要组成部分，包括智利、土耳其和巴基斯坦（专栏8-3介绍了欧盟碳排放权交易体系）。

专栏8-3　欧盟碳排放权交易体系（EU ETS）

1997年，欧盟在《京都议定书》中承诺，附件Ⅰ的15个欧盟成员国作为一个整体，到2012年时温室气体排放量比1990年至少削减8%。为了帮助成员国实现《京都议定书》的承诺，1998年7月，欧盟委员会在《气候变化——走向欧盟的后京都战略》（Climate Change towards an EU Post-Kyoto Strategy）中第一次提出了建立欧盟减排交易体系的想法。2000年，欧盟委员会（European Commission，EC）在《温室气体绿皮书》（Green Paper on Greenhouse Gas Emissions Trading within the European Union）中，郑重提出了碳排放权交易的问题，认为建立一个协同一致的框架将为碳市场内部的有效运作提供最好的保障。2001年10月，欧委会向欧盟议会及欧盟理事会提交了关于建立温室气体排放权交易市场的草案，并在随后的两年中，对草案进行了多次的讨论和修订。2003年7月，欧盟议会投票通过了欧盟碳市场指令（Directive2003/87/EC）。该指令规定了温室气体排放权交易的适用范围、配额分配的条件和内容，排放权批准、分配、转让、放弃和注销的相关方法和程序，为欧盟碳市场提供了坚实详尽的法律准则。2005年1月1日，EU ETS正式运行，成为欧盟应对气候变化的重要手段。

在EU ETS建立之前，欧盟内部存在四个区域范围的减排交易计划，即英国碳排放权交易计划（UK Emissions Trading Scheme，UK ETS）、丹麦CO_2排放权交易机制（Danish CO_2 Trading Program）、荷兰碳抵消计划（Dutch Offset Programs）和英国石油公司碳排放权交易的内部试验（BP's Internal Experiment with Emissions Trading），这些实践为EU ETS的建立提供了经验。

作为一项长期性政策工具，EU ETS在实际操作过程中分阶段实施，目前已明确的阶段有四期：第一期（2005—2007年）为试行阶段，目的在于获得碳排放权交易的经验，并不要求一定达到《京都议定书》的减排承诺；第二期（2008—2012年），与议定书第一承诺期一致，即与1990年水平相比下降8%，各成员国需履行相应减排承诺，但在制度上基本与第一期保持一致；第三期（2013—2020年）为成熟发展阶段，减排目标设定为总量减排21%（2020年相比2005年），年均减排1.74%，欧盟在充分吸收前两期经验教训的基础上，对制度进行了全面改进和完善。第四期（2020年后），为了实现欧盟到2030年减排40%的目标，EU ETS的减排目标被设定为43%（2030年相比2005年），年均减排从上一期的1.74%上升到2.2%。

EU ETS作为世界上最早和最大的基于配额交易的强制碳市场，具有以下特征：（1）EU ETS属于总量交易（Cap and Trade）。欧盟各成员国根据欧盟委员会颁布的规则，为本国设置一个排放上限，确定纳入碳市场的行业和企业，并分配一定的配额——欧盟排放单位（EUA）。（2）采用分权化治理模式。分权化治理模式指该体系所覆盖的成员国在碳交易体系中拥有相当大的自主决策权，这是EU ETS与其他碳市场最大的区别。（3）实施方式循序渐进。为获取经验、保证实施过程的可控性，EU ETS的实施是逐步推进的，在运行阶段中不断进行制度优化，已在第三期对制度进行改革，第四期改革也已纳入议程。

> 2015年7月，欧委会提出了对 EU ETS 第四期进行改革的立法提议，这是欧盟履行到2030年温室气体较2005年减排40%的目标，同时为《巴黎协定》作出贡献的第一步。EU ETS 第四期的改革包括三个方面的内容：加快减排的步伐、更有针对性地预防碳泄漏以及促进低碳投资。随着第三期改革措施的到位和第四期改革政策的出台，欧盟碳市场逐渐表现出上升的趋势，碳价格在6欧元以下徘徊了好几年后，终于开始回升到25欧元左右，前景可期。

随着2017年年底中国全国碳市场启动，全球碳市场覆盖的全球碳排放份额增至2005年的三倍，达到近15%。已设立碳市场的司法管辖区 GDP 占全球的比重超过42%，将近六分之一的世界人口生活在实施碳市场的地区[①]。

（四）绿色证书交易

1. 绿色证书交易的基本概念

绿色证书，又称可交易绿色证书（Tradable Green Certificate），是一种可交易的、能兑现为货币的凭证，是对可再生能源发电方式予以确认的一种指标。对于利用可再生能源发电的企业来说，将根据发电量多少获得可交易的绿色证书，而未达到数量要求的发电企业则需要从市场上购买绿色证书。

2. 绿色证书交易的基本原理

绿色证书交易实质上是外部性理论和科斯定理在可再生能源领域的运用。由于可再生能源发电避免了传统化石能源发电带来的环境污染、健康损害等负外部性成本，因此能够产生隐性的社会效益。这种社会效益的规模，与可再生能源发电量成正比。而绿色证书所能提供的，是独立于发电过程的可再生电力计量工具。由于其独立性，绿色证书也可以用作转让可再生能源的环境效益等正外部性所有权的交易工具。借助于市场机制形成了一项对使用者的补贴，以此鼓励可再生能源的应用和发展。

3. 绿色证书交易的实践

目前，美国、英国、荷兰、丹麦、澳大利亚、墨西哥、印度等20多个国

---

① International Carbon Action Partnership, *Emissions Trading Worldwide: Status Report* 2020, Berlin Germany: ICAP, 2020.

家开展了绿色证书交易。国际经验表明，推行绿色证书交易，通过市场化的方式，给予可再生能源发电企业必要的经济补偿，是可再生能源产业实现可持续健康发展的有效措施，是一种市场化的补贴机制。

（1）美国的绿色证书交易

美国是实施绿色证书交易较为成功的国家。以 2015 年为例，美国绿色证书交易市场的交易电量已经占据了非水可再生能源电力交易的四分之一。绿色证书交易市场与为满足可再生能源配额制要求而存在的强制市场相辅相成，共同促进了美国可再生能源的发展。

专栏 8-4　美国绿色证书交易

在美国，绿色证书有两个截然不同的市场：履约市场（Compliance Markets）和自愿市场（Voluntary Markets）。履约市场是依据可再生能源配额标准（Renewable Portfolio Standard，RPS）相关法律法规创建的，也称为配额制，要求电力供应商在零售负荷中必须拥有一个最低的可再生能源比例。目前美国已有 29 个州以及华盛顿哥伦比亚特区实施了 RPS。为满足配额要求，电力供应方通过提高自身非水可再生电力供应比例，或选择在强制市场购买绿证，电力供应商的履约成本将均匀传导至其供电范围内的所有用户。自愿市场是消费用户出于自身支持可再生能源使用的意愿，而去购买可再生能源的市场。自愿市场的主要购买方为电力用户，可大致分为居民和非居民用户。相较强制市场，自愿市场更为灵活，用户可根据自己的偏好，自愿购买不同的绿电产品。

无论是在强制市场还是自愿市场中，可再生能源电力的购买者都希望通过一种形式宣称自己的购买行为，而可再生能源证书（Renewable Energy Certificates，REC）则是其购买行为的最佳证明。美国的 REC 与绿色证书类似，并会注明该电量的来源（风电、光伏发电等）、产地、生产时间、排放等信息。各个地区的资源基础或能源发展偏好不同，为了鼓励某种能源的开发利用或者解决不同资源类型发电成本差价太大的问题，美国采用了证书倍数的办法，比如每购买 1MWh 电能，风电只能相当于 1 份证书，而太阳能则相当于 5 份证书。

(2) 英国的绿色证书交易

作为低碳发展的领头羊，英国在促进可再生能源发展方面，从立法到实施的各个环节都处于世界领先地位，有着悠久的历史和丰富的经验。早在2002年，英国就开始实施可再生能源义务制度（Renewables Obligation），以及配套的可再生能源证书制度（实质上是一种绿色证书制度）。该制度在一定程度上促进了英国可再生能源的发展，其在总能源消费中的占比也不断提高，但是始终没有达到其目标，完成其应有的历史任务。自2010年起，从小型电厂开始，英国政府陆续将可再生能源义务制度转向上网电价制度（Feed-in Tariff, FIT）。2011年，英国能源部正式发布《电力市场化改革白皮书（2011）》，提出引入固定电价和差价合约机制，这份文件正式标志着英国能源政策的转型。至2017年，英国可再生能源义务制度正式取消，作为其配套措施的可再生能源绿色证书制度也相应取消。这与其他国家纷纷从上网电价（FIT）转变为绿色证书制度的大趋势完全相反。

(3) 中国的绿色证书交易

2017年2月，国家发展改革委、财政部、国家能源局发布《关于试行可再生能源绿色电力证书核发及自愿认购交易制度的通知》，宣布绿色电力证书自2017年7月1日起正式开展认购工作，这标志着绿色电力证书交易制度在我国正式启动。

二 非市场化政策工具

减缓气候变化的非市场化政策工具主要包括税收、补贴、标准、信息计划、政府提供的公共产品和服务、自愿行动等。

(一) 碳关税

1. 碳关税的基本概念

碳关税（Carbon Tariff）是指采取国内碳税或碳市场等温室气体减排政策的国家，对未采取相应温室气体减排政策的国家的碳密集型产品进口征收CO_2排放关税，或对本国的出口产品予以补贴或出口退税，从而抑制碳密集产品生产，减少碳泄漏，保护本国产品的竞争力。

2. 征收碳关税的原因

竞争力和碳泄漏是征收碳关税的主要政策考量。

(1) 竞争力

在美国退出《京都议定书》的情况下，法国前总统雅克·勒内·希拉克（Jacques René Chirac）建议欧盟国家对未遵守《京都议定书》的国家（当时主要针对美国）课征商品进口税，否则在 EU ETS 运行后，欧盟国家所生产的商品将遭受不公平的竞争。2009 年 3 月 17 日，美国能源部长朱棣文（Steven Chu）声称，如果其他国家未实施温室气体减量措施，在保护美国制造业前提下，不排除把征收碳关税作为相应的措施，因为如果未来其他国家并未提出与美国类似的温室气体减排计划，美国企业的国际竞争力将受到损害，美国企业处于不平等的竞争地位，那么建立碳关税制度则有助于提供公平的竞争环境。

(2) 碳泄漏

碳泄漏是指由于实施气候政策而使该国边际生产成本上升，境内生产转移至境外，导致其他国家工业实体排放量显著增加。欧美国家担心，在各国尚未普遍推行减排措施的情形下，率先实施减排政策将导致碳密集和能源密集型行业重新选址，生产转移至减排立法和标准较低的国家，导致全球碳排放总量没有减少，甚至可能增加。因此，希望通过征收碳关税的手段，避免碳泄漏。

3. 碳关税的进展

由于碳关税在法理上与世界贸易组织（World Trade Organization，WTO）规则相矛盾，在技术上存在许多障碍，同时，也遭到大多数发展中国家的反对，特别是美国特朗普政府退出《巴黎协定》，目前，碳关税并没有实施，但不排除未来碳关税被重新采纳的可能性。

(二) 碳税

1. 碳税的基本概念

碳税（Carbon Tax）一般指对化石燃料的使用依据其碳含量征收的税，是通过调控能源价格间接管控温室气体排放的一类重要政策工具。目的在于通过征收一定的税收使得使用能源产品的成本增加，以此刺激经济主体节约能源、使用低碳能源、寻找新的替代能源，并且碳税可以促进清洁能源和可再生能源技术的发展，达到减少 CO_2 排放的目的。

2. 碳税的基本原理

碳排放具有负外部性特征，这种负外部性会带来市场资源配置失效的问题。英国经济学家庇古（Pigou）于 20 世纪 20 年代指出，导致市场资源配置失效的原因是私人成本与社会成本不一致的问题，因此，政府可以通过征税或补贴来矫正私人成本。如果政府采取措施使得私人成本与社会成本相等，则资源配置就可以达到帕累托最优，这就是著名的"庇古税"。根据碳税的实施方案，排放者要为碳排放支付一定的费用，这种经济上的刺激会促使排放者调整自身经济活动以减少排放，从而实现全社会的减排目标。从碳税与其他资源税的关系上看，碳税属于包括消费税、资源税、硫税、氮税、废水税在内的整个环境税体系中的一员；从征收范围看，碳税有关化石燃料征收范围要大于资源税和消费税。

3. 碳税的征收方式

目前碳税征收的方式有两种，第一种方式是以 CO_2 的实际排放量作为征收碳税的基础值来进行计征；第二种方式是以煤炭、汽油、天然气等化石燃料的使用量折算的 CO_2 排放量为税基，是目前国际上较常采用的征收方式。

4. 碳税的征收目的

碳税作为环境保护税的一种，其最主要的目的就是保护环境，减少 CO_2 的排放量，减缓全球变暖的趋势。另外，碳税的开征使得化石燃料这些相对价格低廉的燃料单位成本上升，从而减少原有的成本差距，使得可以用来替代化石燃料的可再生能源、清洁能源在成本上就更具有竞争力，从而推进可再生能源、清洁能源的使用。

5. 碳税的实践

碳税最初于 20 世纪 90 年代在北欧国家首先出现。芬兰于 1990 年推出碳税，是第一个实行碳税的国家。1992 年，丹麦成为第一个对家庭和企业同时征收碳税的国家。实施碳税的国家或地区的税制可以分为两类：第一类是在全国征收的碳税制，主要集中在北欧国家，包括将碳税作为明确的税种直接征收的芬兰、瑞典、挪威、丹麦和荷兰，它们也是世界上最早开征碳税的 5 个国家。意大利、德国和英国则不将碳税作为单独的税种直接征收，这些国家将碳排放因素加入现有税收的税基，形成"隐形"碳税。第二类是只在国内特定区域实施的碳税制度，包括加拿大的魁北克省和不列颠哥伦比亚省、美国的加州等地区。

截至 2018 年 5 月，大约 25 个国家或地区引入了碳税，包括奥地利、捷克、丹麦、爱沙尼亚、芬兰、德国、意大利、荷兰、挪威、瑞典、瑞士等。典型国家的碳税征收模式如表 8-1 所示。专栏 8-5 对挪威的碳税制度进行了简要介绍。

表 8-1　　典型国家碳税征收模式对比

国家	开征时间	税率制定	征收模式	特点
芬兰	1990 年	1.2—20 欧元/吨 CO_2 逐渐增加	历经三个阶段：①1990—1994 年，碳税征收的初始阶段，基于能源产品中的含碳量计税；②1994—1996 年，税基是由能源产品的含碳量和所含能量确定的，两者的比例从 0.6∶0.4 转变为后来的 0.75∶0.25；③1997 年至今，碳税计算基础完全取决于能源产品燃烧释放的 CO_2	①煤炭和天然气在生产活动中不征收碳税；②当使用低排放的生产方法时，电力生产企业可以获得额外的补贴，且政府明确定义了低排放生产方式；③通过制定工业企业的低电价和高能工业企业的退税政策，保持国内工业企业的竞争力
瑞典	1991 年	43—106 欧元/吨 CO_2 逐渐增加	将碳税附加于能源税，不同的化石能源进行了差异化碳税税率设置。自 1995 年以来，通过考核 CPI 指标，使得碳税税率与通货膨胀率相联系	①家庭所承担的税负重于企业；②电力生产企业税收优惠政策更为丰富和完善；③将碳税与所得税挂钩，碳税收入可弥补部分个人所得税下降而造成的政府收入减少
挪威	1991 年	实行差别税率，根据行业从无税负到 40 欧元/吨 CO_2 不等	对石油产品和煤炭产品征税，天然气产品税率为零。对于不同的行业税收优惠及减免政策不同，并且存在一定的区域差异。比如，造纸、冶金和渔业税收优惠力度较大；北海地区享受的税收优惠比大陆更多	①挪威的碳税税率处于欧洲中等水平；②为了维护本国竞争力，挪威制定了一系列的碳税减免方案，减免办法体现了产业差异和地区差异，但是地区差异带来的减免幅度远远小于产业差异带来的减免幅度；③对冶金、渔业和造纸的税收减免力度最大，这种特点主要由该国行业结构决定
丹麦	1992 年	13 欧元/吨 CO_2	分两个阶段完成碳税的引入：1992—1993 年为第一阶段，当时开始对居民征收碳税；1994 年开始为第二阶段，企业也被纳入碳税的征收对象之中	①居民税负重于企业；②建立碳税等环境税的收入再循环系统，主要受益低收入和中等收入者；③税收转移计划不存在交叉补贴，消费者和企业获得的转移支付数额与其所缴纳的碳税数额直接挂钩

资料来源：张皓月、张静文、何彦雨：《碳交易和碳税模式的对比研究》，《煤炭经济研究》2019 年第 3 期。

专栏 8-5　挪威碳税

挪威政府自 20 世纪 80 年代即将减少温室气体排放、应对气候变化提上议事日程，1991 年起征收二氧化碳税，2005 年建立了挪威碳市场，并于 2008 年加入 EU ETS。其碳税的设计以及与碳市场机制的协调具有独特性。

挪威碳税的管控对象为液态燃油和离岸石油业所使用的原油和天然气，管控范围包括家庭、陆上交通和部分工业（纸浆和造纸、养鱼业等）等多个领域。自 1999 年起，挪威将国内航空和航运领域纳入碳税管控范围，但未对管控的化石能源品种进行调整，2010 年才将上述各领域中使用的天然气和液化石油气纳入碳税管控。

挪威碳税的税率水平设计与其他北欧国家有所不同，实行差别税率，即单位碳排放所对应的碳税税率水平依不同行业和能源品种不同。同时，挪威对于不同产业、不同地区实行的碳税减免方案有所差别，造纸、冶金、渔业享有的减免幅度较大，以及北海地区的优惠也较多。挪威的碳税在政策方面具有产业差异和地区差异，以在实现二氧化碳减排的同时维护本国的竞争力。

挪威在 2005 年建立了挪威碳市场。为了保证控制温室气体排放政策体系的协调，挪威政府规定已经纳入碳税管控或签署自愿减排协议的企业不必加入挪威碳市场。2008 年挪威加入 EU ETS 并终止了挪威碳市场。挪威政府对碳税与碳交易政策的协调方式进行了调整，调整后除离岸石油业外，其他所有被强制纳入 EU ETS 的设施不必再缴纳碳税。值得一提的是，由于离岸石油业是挪威经济的重要支柱产业，也是最大的温室气体排放源，挪威政府认为单纯依靠 EU ETS 无法达到足够的管控效果，因此将其同时纳入了碳税进行管控，但挪威政府下调了离岸石油业适用的碳税税率水平，以保证调整后的碳税税率与 EU ETS 下排放配额价格之和等于原碳税税率水平，即对离岸石油业的管控强度在加入 EU ETS 前后保持了一致。

（三）补贴

1. 补贴的基本概念

应对气候变化采取的相应行动（如可再生能源生产、消费与研发，减排技术的研发与应用，碳汇的建设等）具有正外部性，在此种情况下，应对气候变化行动产生的社会收益大于私人收益。因此，政府可以对正外部性进行补贴，使得市场参与者把外部性内在化来纠正市场失灵，从而使市场达到帕累托最优。

2. 补贴的不同形式

减缓气候变化的补贴手段在不同产业部门具有不同的形式。

（1）能源部门的补贴手段包括取消化石燃料补贴，即通过取消化石燃料补贴，不再鼓励低效的能源消费，从而为可再生能源提供公平的竞争环境（专栏 8-6 介绍了欧盟取消可再生能源补贴的案例）。可再生能源上网电价，即政府强制要求电网企业在一定期限内按照一定电价收购电网覆盖范围内的可再生能源发电量，包括政府直接定价、与市场价挂钩两种方式。

（2）交通部门的补贴手段主要包括生物燃料补贴、购车补贴和税收奖惩系统（Feebates）。

（3）建筑部门补贴手段包括高效建筑、改造和产品投资补贴或免税。

（4）工业部门补贴手段主要包括用于能源审计的补贴，以及财政激励（如用于燃料转换）。

专栏 8-6　欧盟逐步取消可再生能源补贴

传统能源匮乏的欧盟向来重视可再生能源的发展。为提高可再生能源产业的市场竞争力，降低碳排放，减少气候变化对环境的威胁，欧盟国家出台了多种补贴政策对可再生能源进行扶持。

早在 2001 年，欧盟就通过立法，推广可再生能源发电。此后，欧盟于 2009 年 4 月通过了新的可再生能源立法，将扩大可再生能源使用的总目标分配至各成员国。鉴于可再生能源生产成本较高，难以与传统能源同台竞争，欧盟国家普遍运用补贴手段予以扶持。欧盟的可再生能源补贴政策在行业发展初期有效提振了投资者和相关企业的信心，不少欧洲企业得益于政策扶持，在风能、生物质能等可再生能源领域掌握着前沿技术，成为行业的佼佼者。

但是，欧盟及其成员国对可再生能源的补贴做法也遭到了质疑，被认为妨碍了市场竞争。而且，在欧洲经济不景气的背景下，大多数欧盟成员国不再像从前那样"拥护"可再生能源补贴政策。欧盟委员会也指出，近年来可再生能源产业的成本已经大幅下降，欧盟范围内对可再生能源普遍实施补贴的制度"造成了市场的乱象，增加了消费者的支出"。

2014年，欧盟公布了新的可再生能源资助条例，明确将采取市场措施来取代可再生能源补贴，以确保"更具成本效益的"可再生能源发展。新条例于2014年7月1日起生效，经过2015年至2016年的试点之后，从2017年开始，所有的欧盟成员国都将进行招标，以支持新的绿色发电设施。新办法将取代现有的上网电价措施（FIT）。所有可再生能源发电企业都可以参加公开的拍卖或竞标过程，为获取政府资助展开公平竞争。

（四）监管标准

1. 监管标准的基本概念

监管标准在全球的环境和气候政策中具有重要的地位。监管标准是指建立规则或目标，污染者必须履行，否则将会面临处罚。

2. 监管标准的类型

使用于应对气候变化的监管标准主要包括以下三种类型。

（1）排放标准，即污染物允许进入环境的最大排放量，此种也可被称为绩效标准。

（2）技术标准，即要求特定的污染减排技术或生产方法。

（3）产品标准，即定义潜在污染产品特征。

监管标准在不同部门具体形式不同，在能源部门主要包括效率性能或环境绩效标准；在交通领域包括燃油经济性能标准、燃油质量标准和温室气体排放标准；在建筑领域包括建筑规范和标准、设备和家电标准等。

(五) 信息计划

1. 信息计划的基本概念

信息计划（Information Measures）是指强制性要求公开信息（例如，与环境有关的信息），通常由行业向消费者披露。这包括标签计划、评级和认证系统，以及旨在改变行为的信息活动，通常提供信息让企业或消费者采取适当的行动，此种行动通常是自发进行。信息计划广泛运用于所有行业，例如，家用电器和建筑物隔热设备的能效标识，以及建筑部门的碳足迹证书。

2. 信息计划在不同部门的形式

在交通部门，信息计划包括燃油标识和车辆能效标识。燃油标识指轻型汽车标明城市工况、郊区工况和综合工况下的油耗三类油耗标识，以方便消费者辨识油耗程度或节能效果。车辆能效标识指的是贴在车辆上的一种标签，用来表明用能车辆能效水平的高低，以便向消费者提供必要的信息。车辆的碳标识则是指单位里程车辆的碳排放水平。

在建筑部门，包括能源审计和标识计划等，标识计划指的是将绿色建筑与一般建筑在能效上加以区分，设定能效分级标识，有效提高建筑产品的能效水平和消费者的节能意识。

3. 信息计划在不同国家的实践

为了实现减缓气候变化的目标，作为温室气体主要排放国家和地区的英国、美国、日本和欧盟等纷纷将应对气候变化纳入决策之中，制定并实施了直接针对温室气体减排的政策法规和标准。如英国于2007年颁布《可持续住宅标准》，分为6个等级限定能源效率和水效率的最小消费标准，对所有租赁和出售的建筑物实行能源绩效证书管理制度。美国关于应对气候变化方面的标准主要侧重于汽车排放。其中包括首次设定国家汽车节能减排标准，目标是到2016年，美国境内新生产的小型汽车和轻型卡车每一百公里耗油不超过6.62升，CO_2排放量也比现有车辆平均减少三分之一。

专栏 8-7　什么是"碳足迹"？

碳足迹（Carbon Footprint, CFP）听上去似乎离我们很远，但其实，低碳行为与每个人的日常生活都息息相关。《联合国气候变化框架公约》

对碳足迹的定义是:"衡量人类活动中释放的或是在产品或服务的整个生命周期中累计排放的二氧化碳和其他温室气体的总量。"

通俗来讲,产品碳足迹就是一件特定产品从"摇篮到坟墓"的全生命周期中产生的温室气体排放量。"碳标识"即反映这一排放量的认证方式。碳足迹不仅是对温室气体排放的简单量化过程,更是体现从国家、组织(企业)、到个人的行为是否符合环境正义原则的途径。

产品的碳足迹可以间接反映一件产品的环境友好程度,近年来越来越受到国际上众多群体的重视。特别是在欧、美、日等发达国家和地区,客户甚至要求供应商必须提供其产品碳足迹信息。目前,包括百事可乐、可口可乐、吉百利、达能、博姿、特易购等公司均已经执行英国标准协会出版的PAS 2050,以评价其产品碳足迹;宜家、沃尔玛、特易购等零售商已要求主要供应商提供其产品碳足迹信息。

2013年,国际标准化组织出版的产品碳足迹评价标准ISO 14067正式取代英国标准协会的PAS 2050,成为量化和报告产品碳足迹的国际通用标准。标准出台后,将大力推动产品碳足迹认证的规范化和普及化。

计算产品碳足迹和认证碳标识可以为企业带来的价值包括以下几个方面。

第一,满足客户的期望。越来越多来自欧美等发达国家和地区的客户明确要求供应商提供其商品的碳信息;越来越多的消费者倾向于购买已明确承诺减少其环境影响的品牌或服务;产品的碳足迹可以看作是企业的差异化产品策略。

第二,提高声誉。企业应对气候变化的努力最有可能影响企业的声誉,展示企业正在承担减少环境影响的社会责任,以此与消费者和客户做到充分的沟通。

第三,降低成本。产品碳足迹显示了产品生命周期的温室气体排放,可以帮助企业发现其产品高环境代价的环节并进行改善,为企业发现降低财务成本和环境成本的潜力。

(六) 政府提供公共产品和服务

气候变化通常被认为是"公共恶品"(Public Bad),政府应对气候变化的行动和计划可以被视为"公共产品"。

在国家和地区层面以及能源、运输、农业和林业等行业中,政府提供的公共产品和服务对缓解气候变化发挥了突出作用。在国家层面,政府拨款对于低排放和零排放技术的基础研究至关重要。政府在不同部门提供公共产品和服务的具体内容见表8-2。

表8-2 不同部门政府提供的公共产品和服务

部门	具体内容
能源	——研究与开发 ——基础设施的扩建(集中供暖/制冷或公共承运人)
交通	——转运和人力驱动运输的投资 ——替代燃料基础设施的投资 ——小排量车辆采购
建筑	——高效建筑和家电的公共采购
工业	——培训和教育 ——为行业合作搭桥
农业、林业和其他土地利用	——保护国家、州和地方森林 ——在改进和推广创新型农业和林业技术方面投资
人类居住点和基础设施	——提供公用事业基础设施,如配电、集中供暖/制冷和废水连接等 ——公园改进 ——步道改善 ——城市轨道交通

资料来源:IPCC, *Climate Change 2014: Synthesis Report*, Contribution of Working Groups Ⅰ, Ⅱ and Ⅲ to the Fifth Assessment Report of the Intergovernmental Panel on Climate Change, IPCC, Geneva, Switzerland, 2014。

在能源部门,基础设施的提供和规划,无论是输配电还是区域供热网络、互连器、存储设施等,均是对于如风能和太阳能等可再生能源的发展的补充。从空运到铁路运输的模式转变,需要国家和地方政府将公共规划和服务作为政策组合中的一部分。在最佳情况下,这种模式转变可以减少65%—80%的相关排放。

(七) 自愿行动

1. 自愿行动的基本概念

自愿行动（Voluntary Actions）指的是企业、个人或联盟将减缓气候变化作为其社会责任的一部分，在办公设施、技术研发中减排，同时销售环境友好型设备。非政府组织也会参与自愿行动。

2. 自愿协议

自愿协议（Voluntary Agreements）是应对气候变化的自愿行动中重要的一部分，指的是整个工业部门或单个企业在自愿的基础上为提高能源效率与政府签订的一种协议，自愿协议的主要思路是在政府的引导下更多地利用企业的积极性来促进节能。它是政府和工业部门在其各自利益的驱动下自愿签订的，也可以看作是在法律规定之外，企业自愿承担的节能减排义务。

3. 自愿协议的类型

自愿协议主要包括以下三种类型。

（1）政府资助的企业自愿计划。政府资助的企业自愿计划是完全自愿的，对于未参与的企业没有惩罚。此类计划已在许多国家实施，包括美国和澳大利亚。在美国，美国环保局主导自愿计划，通过提供包括技术支持在内的手段促进工业和私营部门的伙伴关系。

（2）自愿协议作为强制性规定的补充。这种方法允许受监管的行业使用自愿协议，以满足其履行强制性规定的要求。例如，荷兰政府保证参加长期协议（Long-Term Agreements，LTA）的行业不用受限于额外的二氧化碳减排规定，并不再额外征收能源税。

（3）自愿协议作为政府减缓计划中的政策工具。自愿协议可以作为政府减缓计划中具有广泛覆盖面和政治突出性的主要政策工具，这种自愿协议已在日本和中国台湾地区实施。

第三节　应对气候变化主要政策工具的比较

市场化政策工具运用市场机制以最小化的成本完成应对气候变化的相应目标，具有成本有效性。尽管市场化政策在效率上具有优势，但可能存在市场失灵，而非市场化政策具有直接性、强制性、行政性和靶向性，可以有效弥补市场化政策工具的不足，但也可能出现政府失灵的问题。不同类型的应对气候变化的政策工具相互补充，才能使政策效果得到有效发挥。

一 适应气候变化的主要政策工具比较

现有的适应气候变化的政策工具可以通过鼓励预判和降低影响，从而促进适应。适应气候变化的政策工具需要合理设计，以产生有效的、具有成本收益的结果。政策设计的一个基本问题是理解该项政策会影响最受益的主体的行为。因此，经济学家倾向于支持基于市场机制的政策工具，而不是强制性的或统一的政策工具。此类政策包括水权交易市场、保险市场和各种环境服务付费市场。

包括保险在内的风险分担和风险转移手段被广泛地视为成本有效的适应气候变化的市场化工具，其能够提高财务弹性（Financial Resilience），特别是与事后的灾害援助相比。风险分担和风险转移手段可以增强对极端气候的抵御能力，但其对缓发型（Slow-onset）气候变化的冲击并不适用。

技术转让带来的技术发展和扩散对许多适应气候变化的工作至关重要。虽然很多适应工作可以通过现有的技术实现，技术通过扩大机会和降低成本提高了适应的可能性。

与信息收集和传播相关的技术对于适应气候变化的战略规划设计尤为重要，特别是在极端事件和紧急情形下的数据收集和信息传播技术。而技术的选择可能降低风险，也可能加剧风险，其在适应战略规划中的使用需要考虑其潜在的影响。例如，技术能够加强如桥梁和建筑物的基础设施，使它们能够承受更极端的风险。但是，相对集中的高科技系统虽然在正常情况下可以提高效率，在发生紧急情况时却有发生连锁故障的风险。

二 减缓气候变化的主要政策工具比较

普遍认为，碳市场和碳税都是低成本、高效的减缓气候变化的方式。碳税确定碳税确定了碳价格，需求曲线决定排放量；而碳市场通过限制排放权的数量，即配额总量，限制了排放量，而需求曲线决定了碳价格（如图8-3）。

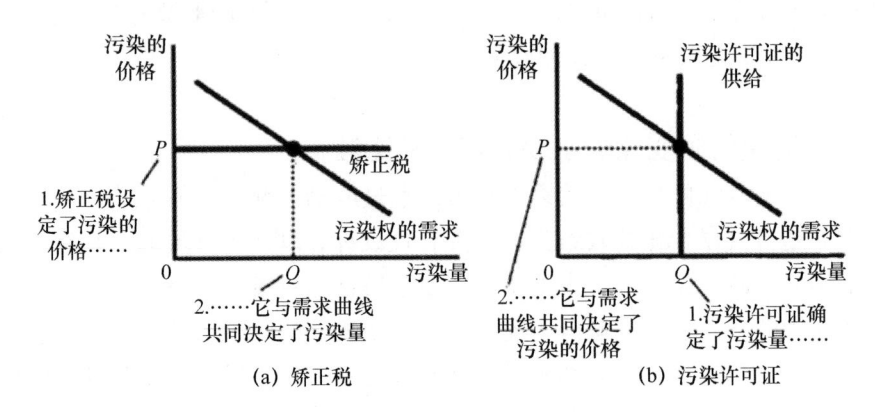

图 8-3 碳税和碳市场比较

资料来源：笔者绘制。

就具体政策而言，碳市场通常适用于重要的经济部门，尤其是能源和工业部门。碳市场加上其他的一些辅助措施可成为减缓气候变化的主要政策工具。其优点在于以下几个方面。

第一，确保减排效果的实现。通过确定配额总量控制实际排放量，碳市场在很大程度上确保减排目标的实现，与其他政策工具相比具有较大的优势。

第二，确保成本收益。通过排放权交易能使减排活动发生在成本最低的区域，从而能确保总体经济以最低的成本实现减排。

第三，能够加速低碳技术的开发和应用。通过长期的排放总量控制，碳市场释放长期的价格信号，鼓励投资方在低排放或零排放技术上的投资和应用，从而在宏观经济上进一步降低减排成本。

然而，碳市场也存在一定的问题：一是碳排放权价格波动性较大，碳排放权作为商品，其价格受到政策、配额分配、经济增长、能源价格等一系列因素的影响；二是碳市场作为"人为"创设的市场，其运行效果离不开科学合理的制度和规则设计，约束监管机制的不健全可能会损害碳市场的减排效果。

碳税设计简洁，且可广泛覆盖所有的技术和燃料，从而唤起成本最小化的生产和技术投入组合，并导致消费行为的变化。这使得碳税与直接监管手段相比更加有效。然而，碳税在实际操作过程中也存在一定的困难，主要的问题是税率的确定：税率过低无法达到征收碳税的目的，而税率过高又会增加企业负担，影响经济发展。确定最优税率所必须的信息很难获得，政府必须掌握企业全面的边际成本、边际收益情况。但现实是政府无法掌握足够的信息，企业没有动力向政府如实报告其私人成本和收益，而面对众多排放企业，管理部门收集每一个企业的成本和收益的信息比较困难。

实践中，合理的碳税设计能够带来"双重红利"：第一重红利即减排；第二重红利则是政府通过征收碳税，减少征收其他税目，如个人所得税、中小企业税负等，达到"税收中性"（Revenue Neutral），或将碳税收入用于支持减排技术研发、低碳产业发展或社会福利事业。然而，碳税的作用也存在争议，反对者认为，碳税增加了企业运营成本、降低产业竞争力，化石能源价格上涨诱发通货膨胀，从而对经济产生负面的影响；另外，对居民生活也有不利影响。

碳市场和碳税作为减缓气候变化的政策工具最具成本效益。然而，市场失灵或政府失灵的存在，意味着一种政策工具不足以全面地处理气候变化相关问题。认知和制度性的因素会阻碍市场对碳价格的反应。因此，监管标准、信息计划、政府提供的公共产品和服务、自愿行动作为定价政策的补充，可以起到降低应对气候变化成本的作用。此外，由于碳市场政策经常因为政治等原因而使用不足，因此，其他政策工具可以发挥替代作用。

监管方法和信息措施可以广泛使用，且通常具有环保效应。监管手段是用于跨部门的政策工具，通常与其他政策一起使用。监管手段在减缓气候变化中的作用体现在以下方面：（1）监管手段通过指定特定的技术、性能或标准直接限制温室气体排放；（2）在城市规划等部门中，其活动受政策规划和规定的影响很大；（3）诸如可再生能源配额标准（RPS）的监管手段可以促进新兴技术的传播和创新；（4）监管手段能够消除提高能源效率过程中的障碍。例如，企业和消费者在获取和处理能效投资信息时的障碍。信息计划通常作为其他政策工具的辅助工具进行使用，例如，能效标签通常与能效标准一同作为单独的政策方案使用。这也使得评估信息计划的实施效果变得比较困难。

在交通、城市规划和建筑、能源、林业等几个部门，政府规划和提供基础设施对以成本收益的方式实现减排至关重要。如果缺乏适当的基础设施，实现大幅减排的成本可能是巨大的。

延伸阅读

1. ［英］理查德·S.J.托尔：《气候经济学：气候、气候变化与气候政策经济分析》，齐建国、王颖婕等译，东北财经大学出版社有限责任公司 2016 年版。

2. 齐绍洲、程思、杨光：《全球主要碳市场制度研究》，人民出版社 2019 年版。

3. Michael A. Professor Toman，*Climate Change Economics and Policy：An RFF Anthology*，Routledge，2010.

4. ［法］格斯奈里、［比利时］托尔肯斯：《气候政策设计》，裴庆冰等译，高等教育出版社 2011 年版。

练习题

1. 减缓气候变化的政策工具和适应气候变化的政策工具的主要区别是什么？
2. 应对气候变化市场化和非市场化的政策工具区分标准是什么？
3. 简述外部性理论和科斯定理在应对气候变化政策工具中的运用。
4. 减缓气候变化的主要政策工具各自的优缺点是什么？
5. 适应气候变化的主要政策工具各自的优缺点是什么？

第九章

气候变化经济分析的范式转型与未来发展方向

由于气候变化问题具有自然科学属性，不同于一般的经济现象，基于传统西方经济学理论的气候变化经济学分析范式难以从根本上解决现实中面临的各类与之相关的经济与政策困局。首先，从当前分析框架面临的分析范式、分析工具、政策设计和国际合作机制研究等方面开展讨论。其次，则侧重介绍气候变化经济分析的现实需求。最后，对气候变化经济分析的未来发展方向进行展望。

第一节 气候变化经济分析的范式转型

从20世纪70年代中期威廉姆斯·诺德豪斯的开创性研究算起，气候变化经济学已经历了四十多年的发展，它由一个少数人研究的"冷门"领域发展成为被主流经济学认可和接受的经济学分支。气候变化经济学还成为各国政策制定者倚重的政策分析工具，其各种预测和政策预期效果的评估结果常见于主流媒体。然而，气候变化是一个非常复杂且极具挑战性的问题，目前经济学对气候变化的理解、解释、评估和提出的政策建议饱受争议，还存在相当大的局限性，有必要对气候变化经济学的研究现状进行梳理，并展望未来的发展方向。

气候变化经济学从其诞生开始就遵循的是新古典经济学的传统，力图在最优化和市场均衡的框架下理解和分析气候变化问题，但气候变化不同于一般的经济现象，这种极其简化的分析范式和模型工具逐渐暴露出诸多的局限性。

一 分析范式的局限性

普遍认为，气候变化是一个环境问题。新古典经济学认为环境问题是市场交易的负外部性，是一种市场失灵，矫正市场失灵的干预措施就是将外部性内部化。正统经济学对待气候变化很大程度上遵循了这种范式，认为全球变暖是外部性造成的结果，温室气体排放是市场交易的外部性引起的。当温室气体排放增加，地球气温升高，引发气候灾难，造成人类经济社会损失。于是，就构造一个"损害函数"来衡量"碳的社会成本"。再通过利用碳税或碳交易机制进行"碳定价"内部化，通过碳的价格信号引导市场主体的碳排放（或减排）行为。当碳排放的边际成本等于碳社会成本时，最优的排放水平就达到了，气候变化问题就解决了。这就是新古典经济学的基本逻辑，当然，没有哪个经济学家会认为现实世界真的如此简单。

然而，气候变化不是一般的环境问题，它是所有环境外部性中最显著的。它涉及范围最广，涉及全球每一个人的生产和消费行为，其影响也遍及全球每一个人；影响时间最长，可长达几十年、几百年。而且，单个国家和个人却没办法阻止这种变化。全球外部性不同于局部和国家公共物品，市场和单个国家政府都难以发挥作用[①]。因而，现有的以新古典经济学为主流的分析范式难以抓住气候变化本质。

第一，气候变化是系统性问题，局部均衡分析过于简单化。从表面上看，碳与其他污染物没什么不同，但碳减排和减少污染物排放是不同的原理和过程。污染物可以通过改变生产过程中的一个要素而减少或消除，碳减排则需要系统地改变生产过程、基础设施和社会制度。例如，减少二氧化硫排放可以通过在发电设备上安装脱硫设施实现，不需要改变发电的核心技术和工艺。但二氧化碳对于燃烧过程是根本性的，它嵌于为全球经济每个部门的经济活动提供能源的过程中。不像其他污染是局部问题，而是系统性问题。因此，解决这一问题仅靠新古典传统的边际主义分析是不够的。从现有经济体系消除碳不只是在矫正小的市场失灵中找到静态均衡，也不只是单个技术问题，而是涉及整个生产、分配和消费系统的根本性重塑，需要建立更丰富的、动态的、进化的和

[①] Nordhaus William, "Climate change: The Ultimate Challenge for Economics", *American Economic Review*, Vol. 109, No. 6, 2019, pp. 1991–2014.

制度的经济思想脉络，需要从系统转型的创新、路径依赖的作用中理解增长的基础。

第二，气候变化很多问题并不能市场化、货币化。气候变化经济分析的很多结论是在约束条件下达到市场均衡的结果，例如，碳社会成本作为气候变化经济学的核心概念，是指当前一吨碳排放在未来所有时间点的社会福利变化的货币化的期望值，它来源于多种约束条件下的最优化和二元线性规划的结合。然而，气候变化的很多问题是没法进行市场化和货币化的。例如，气候变化引起的生态服务损失、公共健康影响、民事冲突的增加和主观福利影响等难以货币化衡量的非市场损失。

第三，现有的分析框架还不能很好地理解和分析极端气候事件的可能性及其影响。在一个不确定的世界，低概率高损失的巨灾（Catastrophes）是气候变化研究中必须重视的一种风险。依照现有的分析框架，巨灾的气候损失的期望值，很可能被看成是中等损失事件。因为，碳的社会成本按照定义就是边际上额外一吨 CO_2 的社会成本。但是，一个高损失的气候事件，即使它发生的概率很低，一旦发生，对生态系统和经济社会造成剧烈的影响，如南极冰川的融化等。

二 分析工具的局限性

经济学模型是必要的分析工具，有助于检验理论与经验行为的关系，进而清晰地描述和理解复杂世界的运作方式。气候—经济数值模拟是伴随着气候变化经济学而产生的，是理论建模和政策效果评估的主要分析工具，四十多年来，世界各地的研究者们相继开发了多种模型，目前主流的模型是将经济系统和气候系统整合在一个模型框架内的综合评估模型（IAM）。尽管该模型应用十分广泛，但招致的争议和批评也非常多。首先，气候变化综合评估模型缺乏坚实的理论和实证基础综合评估模型依赖于一系列的假设，如未来人口水平、生产力的增长、技术变化、气候敏感性参数（Climate Sensitivity Parameter）和损害函数的性质（Nature of the Damage Function）等。但这些假设的给定在很大程度上具有随意性，缺乏实证基础，尤其在不确定性、损害函数、技术进步、贴现率和经济主体的异质性等方面都存在很大的争议。其次，综合评估模型对长期的预测受到广泛质疑。经济模型是理解短期变化的强有力的工具，但提供长期的预测就不是那么有效。因为时间跨度越长，把经济结构的任何方面视为给定就越不合理；结构不确定性越大，模型预测结果越精确，就越具有误导性。尤其是预测重大经济转型，如技术创新和结构变化，以及那些由气候变化引起的非边际影响，很可能从根本上改变参照情形。因而，基于 IAM 的碳社会成本及其气候政策分析只能给人一种精确的感觉，但这种感觉是一种幻觉，具有误导性。

三 气候政策设计的局限性

气候变化经济学的一个重要作用是为各国政府决策者提供政策制定的思路和评估政策实施效果的方法。虽然气候变化经济学的研究机构很多已经是各国决策者的重要支撑，但从实际效果来看，气候变化经济学发挥的作用还存在很大差距。其原因是：首先，由于气候变化经济分析的理论和模型工具的局限性，研究者们提出的思路存在巨大差异，使决策者莫衷一是。例如，诺德豪斯和尼古拉斯·斯特恩由于采用不同的贴现率，得出的最优政策结论相差甚远。诺德豪斯的"斜坡理论"遵循的是前松后紧的减排轨迹[1]；斯特恩[2]的最优政策则是立即开始大幅减排，他估算的不行动的气候损失和短期减排成本比威廉姆斯·诺德豪斯的最优政策高十倍。哪一个才是最优政策呢？其次，气候变化经济学家往往倾向基于市场的反映碳价格信息的政策，如碳排放权交易和碳税，而对这些政策实施的市场条件研究的不够，从各国碳交易和碳税实施的效果看，成功的范例并不多。相反，气候变化经济学家对能效标准、新能源产业政策等非基于市场的政策研究不够，而这些政策或许对减少碳排放能起到更直接的作用。

四 国际合作机制研究的局限性

气候变化是一个全球性环境问题，是一个超越主权国家的外部性问题。由于不存在一个超越主权国家的政府，在现有的国际法下，也没有一个合法的机制，使一部分国家要求其他国家承担管制全球外部性的责任，更不可能使用武

---

[1] William Nordhaus, "Impact on Economic Growth of Differential Population Growth In An Economy With High Inequality", *South African Journal of Economics*, Vol. 76, No. 2, 2008, pp. 314 - 315.

[2] Nicholas Stern, *The Economics of Climate Change: The Stern Review*, Cambridge, UK: Cambridge University Press, 2006.

力等超越法律的方式要求其他国家合作减排，只能通过国家之间谈判和签订协议来解决。谈判就涉及参与者、谈判策略、收益函数、信息等，这就使博弈论成为研究这一问题的重要工具。研究表明，满足个体理性的国际减排联盟一定是小规模的联盟，大量参与方的气候变化合作是不可能的，所有或几乎所有参与方一致行动的全球气候协议只能导致两个同样不好的结果中的一个：要么制定和达成一个减排目标较低的协议（如京都议定书），要么制定一个虽有雄心勃勃的目标但缺乏惩罚力而不能实现的协议。但如何设计更好的国际气候合作机制，现有研究并没有发挥很好的支撑作用。有人批评，现有研究过分强调以均衡为中心，只注重依赖于很强的参与国个体理性和偏好不变的假设条件稳定性，而对扩大国际气候合作的阻碍因素及潜在路径等关键问题分析得不够。为了充分理解这些问题，需要分析无均衡动态、参与国之间的学习和相互影响等。

第二节　气候变化经济分析的现实需求

近年来，全球平均气温升高的趋势越来越明显，极端天气和气象灾害发生的频率和强度不断增加，气候变化可能带来的生态安全、生物安全、粮食安全、经济安全、社会和政治不稳定等风险逐渐升高，全球共同采取更严格的措施应对气候变化已迫在眉睫。气候变化经济学作为世界各国气候政策最重要的技术支撑之一，理应从学理、方法和政策评估与咨询上发挥更重要的作用。现实中最迫切的需求主要在以下几个方面。

一　不确定性与风险的经济分析

气候变化的形成及其影响和损害在人们的认识中还存在很大的不确定性，大气中一定的温室气体浓度能够带来多少升温？一定水平的升温能在多大范围影响更广义的气候变化？气候变化对生态系统的影响有多大？使生态系统发生不可逆变化的关键生态阈值或临界点（Tipping Points）在哪儿？气候变化对经济系统影响多大？对人类福利又是影响多大？等等，这些问题都充满了不确定性。只有对这些不确定的事件可以确定一个适当的概率分布，这些不确定性才可以转变为风险，进而评估其影响和损害，这是评估气候政策的成本收益的前提和基础。过去气候变化经济学对这些问题考虑甚少。尽管在气候变化研究中如何对不确定性建模是学者们所面临的一个很大的挑战,但现实迫切需要更深入的研究。

二 创新、技术进步与经济转型

由于碳排放嵌于经济系统的程度如此之深和范围如此之广,应对气候变化的根本途径是经济系统的彻底转型,要从生产、分配、消费各个环节彻底摆脱对化石能源的依赖,转向以无碳的可再生能源为动力支持的经济系统。在这个转型过程中,创新和技术进步无疑是第一推动力。遗憾的是,现有气候变化经济学对技术进步的研究还相当薄弱,有些模型将技术进步简单地作为给定的外生变量,有些虽然作为内生变量,但对创新和技术进步推动经济转型的作用分析得远远不够。而现实中,以光伏和风能为代表的可再生能源技术和能效技术近二十年来发展相当迅速,光伏发电和风电在一些国家已经达到"平价上网"的水平,正在加速推进经济低碳转型,再加上信息技术、互联网技术和人工智能等技术的进步和扩散,世界即将迎来经济系统的全面转型。相对而言,气候变化经济学对创新和技术进步的研究落后于现实发展,需要赶上现实的步伐,准确把握技术进步的规律,提出相应的战略和政策,推动技术进步为应对气候变化发挥更大的作用。

三 适应气候变化

由于适应气候变化具有较强的地方色彩和数据的不易获得性,在气候变化经济学中受重视程度远不如减缓气候变化。随着气温升高,气候变化引起的灾害发生的频率和损失越来越大,如何适应气候变化就成为越来越紧迫的现实需求:一是气候风险和脆弱性的评估,以及适应预案和规划的制定;二是关键风险点的监测、预警和信息化网络建设;三是适应生态系统的变化,相应调整生产方式(如农业),同时加强生态保护和修复;四是适应气候变化引起的经济社会的变化,将城市规划与建设、公众健康、公共安全、减贫等经济社会发展问题与适应气候变化相协调。适应气候变化问题实用性、地域性、针对性较强,为气候变化经济学的应用研究提出了更高的要求。

四 全球气候治理机制

应对气候变化需要世界各国的广泛参与，但目前全球气候治理陷入了僵局。《巴黎协定》虽然已经签署并生效，而《巴黎协定》确立的"国家自主贡献"机制能否保证长期目标的实现，甚至各国自愿提出的"国家自主贡献"目标能否实现，都存在疑问。纵观国际气候制度变迁的历史，《京都议定书》无果而终，共同但有区别的责任原则一步步流于形式，由于《巴黎协定》的自愿属性和缺乏惩罚机制，细化落实困难重重，以及美国的退出，说明建立在《联合国气候变化框架公约》基础上的全球治理机制需要反思。随着应对气候变化的形势日趋严峻和紧迫，迫切需要气候变化经济学设计出更好的国际气候合作机制，以打破目前的僵局，推动全球气候治理取得实质进展。

五 气候公平与发展中国家问题

如果将温室气体排放空间看作是全球公共资源，温室气体排放又是人的生存和发展的各种活动必然的副产品，那么应对气候变化还涉及发展权益和气候公平的问题。关于气候公平有"人际公平"和"国际公平"之争，也有人提出"两个趋同"的解决方案，即人均趋同与人均累计趋同，其核心是如何看待发展中国家的问题。发展中国家，尤其是最不发达国家，人均排放水平很低，其排放属于"基本需求排放"，增长也无可厚非。同时，最不发达国家又是受气候变化影响最大、最脆弱的国家和应对气候变化能力最弱的国家，对其给予资金和技术援助符合气候道义。但是，通过分析全球排放数据发现，1990—2017年，最不发达国家的碳排放总量在这期间增长了361.3%，是全球所有国家或集团中增长速度最快的群体。2017年，发展中国家占全球排放比例为62.1%，即使减去中国30.3%的占比，还剩31.8%，与发达国家总体占比37.9%已相差不多。印度和最不发达国家尽管人均排放还很低，但在人口和经济增长的推动下，碳排放仍将快速增长，同时其资金和技术需求也将大幅增长，这种趋势将改变全球治理格局。发展中国家问题或许会成为最棘手的问题，"两个趋同"显然是不现实的，如何协调发展权益、气候公平和全球目标之间的关系，亟须气候变化经济学深入研究并提出解决方案。

第三节　未来发展方向展望

气候变化是人类迄今为止面临的最大挑战之一，也是"经济学的终极挑战"[①]。现有气候变化经济学的局限性就在于用传统的经济学教条来认识、理解和解释气候变化问题，因而难以满足应对气候变化的现实需求。气候变化经济学要发展，必须跳出新古典经济学的条条框框，以海纳百川的胸襟汲取各个学科之所长，将自身定位为具有交叉性、复合性、综合性、集成性等特征，既包含自然科学与人文社会科学的交叉，又包含社会科学内部多学科的融合，集实证研究、规范研究、方法论研究和政策研究于一体的大学科[②]。要建立完善的气候变化经济学学科体系，或许需要几代人的努力，短期内有望在以下几个方面取得进展。

一　创新驱动的经济系统转型

应对气候变化，不同于对某些污染物的清除，需要经济系统从根本上转型。而往哪个方向转型？如何转型？转型有哪些障碍？需要什么样的政策推动转型？这些问题目前已有不少研究，但还没有形成理论体系，需要进一步深入研究。

首先，往哪个方向转型？也就是未来要建立什么样的经济体系？要回答这个问题，需要全面反思工业文明下的生产、分配和消费方式和传统的经济理论体系，依赖资本积累和物质扩张的经济体系是环境污染、资源耗竭和气候变化等问题的根本原因，必须建立新的经济增长范式，马尔萨斯主义的"稳态经济"亦不可行，要探索建立生态文明的发展范式[③]，走"碳中性"或"生态中性"经济增长的道路[④]，现实经济增长与碳排放及物质资源消耗的脱钩。

[①] William Nordhaus, "Climate change: The Ultimate Challenge for Economics", *American Economic Review*, Vol. 109, No. 6, 2019, pp. 1991–2014.
[②] 潘家华：《气候变化的经济学属性与定位》，《江淮论坛》2014年第6期。
[③] Jiahua Pan, "Environmental Sustainability of Mega-City: Technology Possibility and Boundary Rigidity", *Chinese Journal of Urban and Environmental Studies*, Vol. 3, No. 4, 2015.
[④] 陈洪波：《构建生态经济体系的理论认知与实践路径》，《中国特色社会主义研究》2019年第4期。

其次，如何转型？驱动力是什么？创新和技术进步是最重要的驱动力。菲利普·阿吉翁①等研究者的实证研究发现，低碳创新对其他行业的溢出效应可能比其他技术要高，其中因素之一是它有助于驱动整体增长。低碳技术可以渗透到各个行业和各个环节，与信息技术和互联网技术融合，形成知识资本。知识资本具有不变或递增的收益，可以克服物质资本的收益递减规律，推动经济体系的全面转型并实现增长。通过利用取之不尽的零碳能源（如太阳能和风能）和通过基于知识资本和信息的商品和服务，在保持持续增长的同时，去碳也变为可能。

再次，转型的障碍是什么？最大的障碍或许是路径依赖。经过数百年建立起来的依赖于化石能源的经济系统，存在一系列的"锁定效应"，如基础设施和装备的技术锁定，利益集团的利益锁定，制度惯性，甚至包括"知识惯性"，因为"知识是建立在知识的基础上"，"创新是路径依赖的，它受制于以前发生的事情"。路径依赖为转型增加了巨大的成本。

最后，如何推动转型？突破路径依赖的惯性需要强有力的政策予以推动，决策者要富有远见和决心，制定目标导向的政策，抵御利益集团的阻挠，强力推动。创新和技术扩散在初期有可能非常昂贵，一旦到达投资和政策的引爆点，网络效应就开始生效，技术的溢出效应将加速经济体系的变化过程，相互增强机制会导致突然的阶跃变化。这一点在中国的光伏政策的推行过程中可以得到初步验证。

二 完善气候—经济模型

尽管现有的气候—经济模型还存在很多局限性，但气候变化经济学的理论和政策研究都需要模型工具做支撑，很多国家制定政策框架都需要直接或间接地参考气候变化影响的定量评估结果，一些具体政策的出台也需要事先模拟、评估政策实施效果及其对宏观经济影响，等等。因此，完善或开发新的模型工具仍然是未来气候变化经济学发展的一个重要方向②。

一是完善现有模型。综合评估模型是过去几十年最常用的气候变化经济和

---

① Aghion, Philippe, "Rationalizing Scherer's Prophecy of An Inverted-U Relationship Between Competition and Innovation", *Economia e Politica Industriale*, Vol. 41, No. 1, April 2014, pp. 13–23.

② 张莹：《气候变化问题经济分析方法的研究进展和发展方向》，《城市与环境研究》2017 年第 2 期。

政策分析模型工具，尽管面临较多质疑，但未来仍将是气候政策分析的主流工具，未来发展方向将是更新和修正各种假设条件和处理方法，如在 DICE 模型的基础上将技术进步、制定变迁引致的经济增长内生化，增加灾难性气候损害，将不可逆的气候临界点纳入随机 DICE 模型的框架，以及改进不确定性条件下参数取值估计的计算方法等。

二是应用动态随机一般均衡模型。宏观经济学中常用于分析货币政策的动态随机一般均衡（Dynamic Stochastic General Equilibrium，DSGE）模型近年来被引入分析气候问题，该模型相比较于 IAM 对不确定性的处理更加复杂和细致，其优势是可以改进过去的气候变化经济模型。DSGE 包括了标准的碳循环、辐射强迫且温度动态变化过程，模型中气候模块更为完整，新的模型框架对于贴现率水平、"遗漏的碳汇"以及气候敏感性等关键问题的不确定性都进行了相应的处理，也得出一些新的政策建议。DSGE 模型可以采用内生技术进步、技术进步路径依赖和锁定效应的假设，但是当技术进步被内生化处理之后，DSGE 模型可能会面临和 CGE 模型一样的规模报酬递增和均衡状态不唯一的问题。而在对损害函数的处理上，DSGE 模型也并没有办法完全解决 CGE 模型所面临的问题，过于复杂的假设和处理可能会导致无法获得均衡解。但无论如何，DSGE 模型在气候变化领域的应用将是一个很值得深入开发的方向。

三是发展智能体模型。智能体模型（Agent-Based Model，ABM）也是近年来被引入分析气候变化问题的一种模型，与传统 IAM 中大部分参数都采用外生赋值的方法不同，ABM 的所有参数都基本需要通过实证研究进行估计。ABM 目前已经被广泛运用于各个领域，既包括冲突动态分析和城市规划等非经济问题，也包括电力市场、排放交易市场、金融市场以及技术使用、锁定效应和技术转移等经济问题。ABM 的灵活性意味着在气候变化经济学领域的研究中可以考虑不同的决策主体，形成不同的决策制定进程。模型还可以用不同的技术和计算法则去模拟主体学习和适应的过程，能有效解决传统气候评估模型面临的问题和质疑。例如，各种不确定性问题，ABM 可以通过采用不同的参数值反复模拟来检验这些假设条件下模拟结果的敏感性，研究者就能够直观地观察到哪个参数的不确定性对于最后模拟结果的影响最为显著。ABM 对于技术的处理也比过去的气候变化经济模型更加合理，而且更加适合模拟非线性和相互关联的技术进步和扩散过程。应该认识到，基于主体建模的分析方法在经济学中的应用仍然较少，建模实例也还在发展过程中，也存在数据收集、整理和运算工作更为繁重的缺点。但 ABM 的灵活性以及运行和模拟过程更加符合客观现实，未来有可能在能源和气候变化领域得到广泛应用。

三 国际气候谈判与合作

基于博弈论的国际气候谈判及联盟形成仍将会是一个重要研究方向，近年来一些研究出的新的思路有可能得到继续发展：一是学习与合作。米歇尔·布列塔尼（Michèle Breton）等[1]思考了国际减排协议的签约国或非签约国的国家的集合，非签约国最大化各自的福利，签约国最大化他们共同福利，其解显示，可以出现不合作、部分合作或全面合作的多重解。在一个 N 人讨价还价博弈的谈判，参与国谈判的是他们的减排比例。通过这个博弈，谈判成功的潜在障碍与可行方案的稳定性无关，而是学习者（谈判人）能否找到可行方案并避免不合作的均衡。参与谈判的人越多，达成协议的可能性越小，但一些国家子集（小集团）之间的协议可以促成全球解。这似乎意味着逐步形成气候俱乐部可以作为全球气候合作的另外一种途径[2]。二是谈判人之间互动的作用。各国气候合作在很大程度上受到参与谈判的专家在一系列谈判中互动关系的影响，在这个过程中，谈判人会相互模仿、说服或劝阻，其行为在一定程度上对能否谈判成功起到作用，非直接参与气候谈判的游说机构也具有一定的影响力，表明微观行为主体对国际气候合作自下而上地施加影响。

四 其他研究方向

除了上述三大主流方向外，还有一些具体的领域也值得关注，如气候风险与气候保险经济学、能源市场与能源政策、贸易与气候经济学、适应经济学、气候金融学，等等。总之，气候变化影响着经济社会发展的方方面面，经济学科中的许多子学科与气候变化结合，都可能产生一个新的研究领域。作为一门新兴学科，气候变化经济学尚处在起步阶段，随着越来越多的经济学者和学生

---

[1] Michèle Breton, Lucia Sbragia, Georges Zaccour, "A Dynamic Model for International Environmental Agreements", *Environmental and Resource Economics*, Vol. 45, No. 1, January 2010, pp. 25-48.

[2] William Nordhaus, "Climate Clubs to Overcome Free-Riding", *Issues in Science and Technology*, Vol. 31, No. 4, July 2015, pp. 27-34.

的关注和加入，未来必将拥有美好的发展前景。

延伸阅读

1. 王灿、蔡闻佳：《气候变化经济学》，清华大学出版社 2020 年版。

2. 潘家华：《气候变化经济学》（全二卷），中国社会科学院出版社 2018 年版。

3. 宋立刚，[澳] 郜若素（Ross Garnaut），蔡昉，[澳] 江诗伦（Lauren Johnston）主编：《中国经济增长的新源泉（第 1 卷）：改革、资源能源与气候变化》，社会科学文献出版社 2017 年版。

4. Kevin Maréchal, *The Economics of Climate Change and the Change of Climate in Economics*, Routledge, 2012.

练习题

1. 请思考气候变化经济分析在发展中面临哪些局限性？
2. 气候变化经济学分析的现实需要包括哪些方面？
3. 如何在气候变化经济分析中考虑创新驱动因素的影响？
4. 气候变化经济模型的发展方向包括哪些方面？
5. 请结合教材内容和延伸的文献阅读思考气候变化经济学未来还有哪些发展方向值得深入研究？

附 录

英文缩写对照表

AAUs	Assigned Amount Units，	分配数量单位
ADB	Asian Development Bank	亚洲开发银行
AFOLU	Agriculture, Forestry and Other Land Use	农业、林业和其它用地
AHP	Analytic Hierarchy Process	层次分析法
AMDI	Arithmetic MeanDivisia Index	算术平均 Divisia 指标法
APEC	Asia–Pacific Economic Cooperation	亚太经济合作组织
AR4	Fourth Assessment Report	IPCC 第四次评估报告
AR5	Fifth Assessment Report	IPCC 第四次评估报告
B2DS	Beyond 2 Degrees Scenario	超越 2 度情景
BaU	Business as Usual	基准情景
BECCS	Bioenergy and Carbon Dioxide Capture and Storage	生物能和二氧化碳捕获与储存
CBA	Cost–Benefit Analysis	成本-效益分析
CCS	Carbon Dioxide Capture and Storage	二氧化碳捕集和储存
CCX	Chicago Climate Exchange	芝加哥气候交易所
CDM	Clean Development Mechanism	清洁发展机制
CDR	Carbon Dioxide Removal	二氧化碳清除
CERs	Certified Emission Reduction	经核准的温室气体减排量
CFP	Carbon Footprint	碳足迹
CGE	Computable Generalized Equilibrium	可计算一般性均衡
DA	Developmental Adaptation	发展型适应
DICE	Dynamic Integrated Climate–Economy	动态气候经济综合模型
DIVERSITAS	An InternationalProgramme of Biodiversity Science	国际生物多样性计划

续表

EEA	European Environment Agency	欧洲环境署
EC	European Commission	欧盟委员会
ECCP	European Climate Change Program,	欧盟气候变化计划
EPA	Environmental Protection Agency	美国环保署
ERUs	Emission Reduction Unit	减排单位
EU ETS	European Union Emission Trading Scheme	欧盟碳交易机制
ET	Emission Trade	排放贸易
FAR	First Assessment Report	IPCC第一次评估报告
FIT	Feed-in Tariff	上网电价制度
FOLU	Forestry and Other Land Use	林业和其他土地利用
FUND	Climate Framework for Uncertainty Negotiation and Distribution	不确定性、谈判和气候框架模型
GAINS	Greenhouse Gas - Air Pollution Interaction and Synergies	温室气体-大气污染相互作用协同模型
GCI	Global Common Institute	全球公共研究所
GCM	General Circulation Model	大气环流模式
GDP	Gross Domestic Product	国内生产总值
IA	Incremental Adaptation	增量型适应
IAM	Integrated Assessment Model, IAM	气候变化综合评估模型
ICAO	International Civil Aviation Organization	国际民用航空组织
ICLEI	Local Governments for Sustainability	地方可持续发展协会
IDA	Index Decomposition Analysis	指标分解分析
IEA	International Energy Agency	国际能源署
IGBP	International Geosphere - BiosphereProgramme	国际地圈生物圈计划
IHDP	International Human DimensionsProgramme on Global Environmental Change	国际全球环境变化人文因素计划
IIASA	International Institute for Applied System Analysis	奥地利应用系统分析国际研究所
IIED	International Institute for Environment andDevelopment	国际环境与发展研究所
IMO	International Maritime Organization	国际海事组织
IPCC	Intergovernmental Panel on Climate Change	政府间气候变化专门委员会

续表

JI	Joint Implementation	联合履约
J-VETS	Japan Voluntary Emission Trading Scheme	日本自愿排放权交易体系
KVAP	Keidanren Voluntary Action Plan	经济团体联合会自愿行动计划
LEAP	Long-range Energy Alternatives Planning System	长期能源替代规划系统
LMDI	Log MeanDivisia Index	对数平均 Divisia 指标法
LTA	Long-Term Agreements	长期协议
MAC	Marginal Abatement Cost	边际减排成本
MERGE	Model for Evaluating the Regional and Global Effects of GHG Reduction Policies	区域与全球温室气体减排政策影响评估模型
MFA	Material Flow Analysis	物质流分析法
NAPA	National AdaptationProgramme of Action	国家适应行动计划
NDC	Nationally Determined Contribution	国家自主减排贡献
NGO	Non-Governmental Organizations	非政府组织
NIES	National Institute for Environmental Studies	日本国立环境研究所
OECD	Organization for Economic Co-operation and Development	经济合作与发展组织
PAGE	Policy Analysis for the Greenhouse Effect	温室气体影响政策分析模型
PEM	Policy Evaluation Models	政策评估模型
PES	Payments for Environmental Services	生态环境服务付费
POM	Policy Optimization Models	政策优化模型
RCPs	Representative Concentration Pathways	典型浓度路径
REC	Renewable Energy Certificates	再生能源证书
RGGI	Regional Greenhouse Gas Initiative	美国区域温室气体倡议
RICE	Reginal' Integrated Climate-Economy	区域气候经济综合模型
RPS	Renewable Portfolio Standard	可再生能源配额标准
RTS	Reference Technology Scenario	参考技术情景
SAR	Second Assessment Report	IPCC 第二次评估报告
SCC	Social Cost of Carbon	碳的社会成本
SEI	Stockholm Environment Institute	斯德哥尔摩环境研究所
SRES	Special Report on Emission Scenarios	《排放情景特别报告》
SSP	Shared Socio-economic Pathways	共享社会经济发展路径

续表

STIRPAT	Stochastic Impacts by Regression on Population Affluence, and Technology	可拓展的随机性的环境影响评估模型
TAR	Third Assessment Report	IPCC第三次评估报告
UNDP	United Nations DevelopmentProgramme,	联合国开发计划署
UNEP	United Nations EnvironmentProgramme	联合国环境署
UNFCCC	United Nations Framework Convention on Climate Change, UNFCCC	《联合国气候变化框架公约》
WB	World Bank	世界银行
WCRP	World Climate ResearchProgramme	世界气候研究计划
WITCH	World Induced Technical Change Hybrid	全球技术诱导混合模型
WMO	World Meteorological Organization	世界气象组织
WTO	World Trade Organization	世界贸易组织
2DS	2 Degrees Scenario	2度情景